La grammaire des gestes

Sommaire

Avertissement

La personnalité d'un individu ne se restreint pas à des automatismes gestuels. Nous adoptons tous beaucoup d'attitudes corporelles qui ne peuvent se limiter à un portrait-robot. Chacun est le fruit d'une histoire personnelle qui ne saurait se confronter avec aucune autre.

Pour préserver l'anonymat des personnes que je cite dans les nombreuses anecdotes de ce livre, j'ai changé les époques, les identités, les lieux et les secteurs d'activité. Toute ressemblance avec... vous connaissez la suite.

Un premier tour de piste

Un discours sans gestes est comme un regard sans âme.

IL SUFFIT DE TROIS GESTES

Que je vous présente d'abord les trois gestes qui vont hypnotiser votre vision quotidienne et occuper votre vie dès à présent !

CROISEZ LES BRAS !

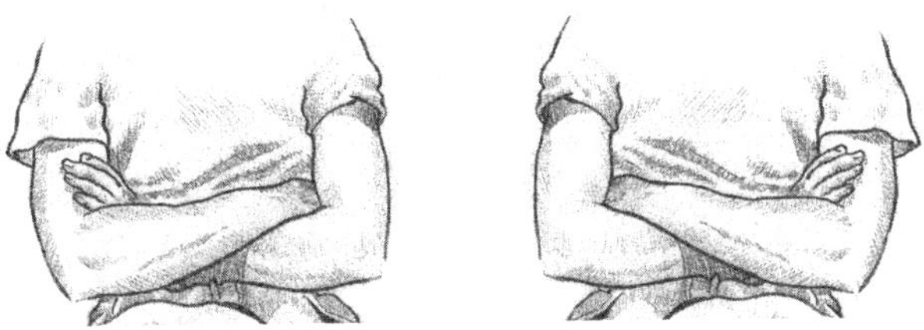

Confiance en soi ou ***estime de soi*** sont deux armures psycho-énergétiques fondamentales sans lesquelles il est impossible de vivre en société. Suivant la manière dont vous croisez les bras, vous saurez laquelle de ces deux armures est celle qui protège *a priori* votre territoire mental.

CROISEZ LES DOIGTS !

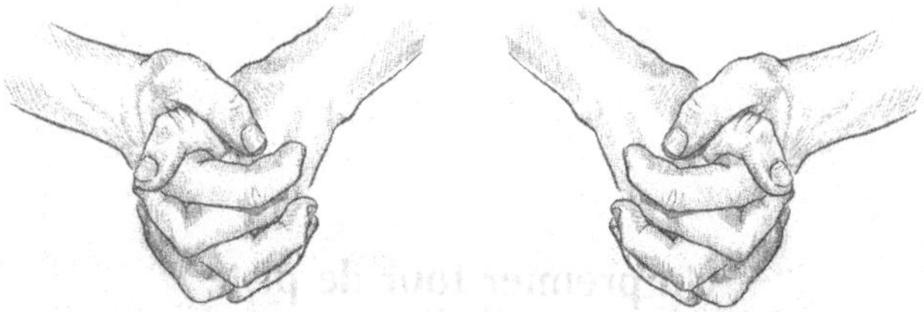

Êtes-vous ***un enfant du désir*** ou ***du plaisir*** ? On peut imaginer une vie sans désir pour autant qu'il y ait quelques menus plaisirs, mais peut-on imaginer une vie sans plaisir ? La dynamique de vos sentiments s'évalue en fonction de la manière dont vous croisez les doigts.

ET VOTRE PORTABLE ?

De quelle oreille écoutez-vous au téléphone ? ***L'oreille introvertie*** ou ***l'oreille extravertie*** ?

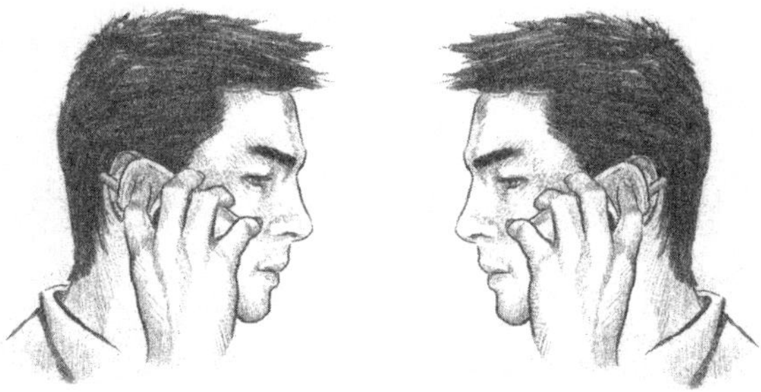

MAIS AUSSI...

— Quel est votre type d'intelligence ? ***Sociale ou interpersonnelle, créative ou empirique***, ***fonctionnelle*** ou ***pratique, logique*** ou ***spéculative*** ?

— Comment vous adaptez-vous à votre entourage ? Êtes-vous ***individualiste, solidaire***, ***autonome*** ou ***dépendant du groupe*** ?

— Quel est le rôle socioprofessionnel auquel vous vous identifiez ? ***Initiateur*** ou ***fédérateur***, ***animateur*** ou ***meneur***, ***révélateur*** ou ***compassionnel, coordinateur*** ou ***organisateur*** ?

— Quel est votre profil psychogestuel ? Huit tribus se partagent le monde ! Quelle est la vôtre ? Êtes-vous ***intuitif***, ***sensitif***, ***narcissique***, ***cérébral***, ***challenger***, ***relationnel***, ***idéaliste*** ou ***tribal*** ?

Trois refrains gestuels génériques suffisent à répondre à toutes ces questions.

Bien sûr, il existe quelques dizaines d'autres refrains gestuels invariables, mais j'ai jugé préférable de limiter cette introduction à la *Grammaire des gestes* à ces trois refrains élémentaires pour vous permettre, cher lecteur, d'en maîtriser tous les aspects et la masse d'informations sur laquelle ils débouchent. Les autres refrains seront exposés dans un ouvrage à paraître ultérieurement.

Comme nombre d'entre vous le savent déjà, j'ai décortiqué la signification de milliers de gestes, de postures et autres attitudes au fil de la dizaine d'ouvrages que j'ai consacrés au langage non verbal depuis plus d'une décennie. Progressivement, mes observations se sont affinées et j'ai repéré certains gestes récurrents que j'ai baptisés « refrains gestuels ». J'ai très vite constaté qu'il y en avait de deux ordres : les refrains gestuels invariables et les refrains gestuels alternatifs. Fort de cette nouvelle orientation dans ma recherche, je me suis intéressé à la fréquence de leur reproduction. Ce sont les premiers résultats de cette recherche qui font l'objet de cette introduction à la grammaire des gestes, une *terra incognita* dans laquelle je vous invite à m'accompagner. Chaussez vos bottes de 7 lieues, car vous allez parcourir les distances infinies et inexplorées de votre subconscient.

Comment croisez-vous vos bras ?		Comment croisez-vous vos doigts ?		De quel côté écoutez-vous au téléphone ?		Vous êtes…
Bras droit dominant Offensif		**Pouce droit dominant** cognitif		**Oreille droite dominante** Extraverti		Challenger (voir p. 150)
Bras droit dominant Offensif		**Pouce droit dominant** cognitif			**Oreille gauche dominante** Introverti	Narcissique (voir p. 214)
Bras droit dominant Offensif			**Pouce gauche dominant** Affectif	**Oreille droite dominante** Extraverti		Tribal (voir p. 259)
Bras droit dominant Offensif			**Pouce gauche dominant** Affectif		**Oreille gauche dominante** Introverti	Créatif (voir p. 173)
	Bras gauche dominant Défensif	**Pouce droit dominant** cognitif		**Oreille droite dominante** Extraverti		Relationnel (voir p. 225)
	Bras gauche dominant Défensif	**Pouce droit dominant** cognitif			**Oreille gauche dominante** Introverti	Cartésien (voir p. 137)
	Bras gauche dominant Défensif		**Pouce gauche dominant** Affectif	**Oreille droite dominante** Extraverti		Idéaliste (voir p. 200)
	Bras gauche dominant Défensif		**Pouce gauche dominant** Affectif		**Oreille gauche dominante** Introverti	Sensitif (voir p. 243)

Découvrez votre rôle social (voir p. 83)

Découvrez votre type d'intelligence (voir p. 110)

Découvrez votre faculté d'adaptation (voir p. 96)

Prologue

Le corps est le sanctuaire de l'esprit.

Jean-Michel, 53 ans, est devenu artisan après avoir dirigé plusieurs magasins de meubles pour une chaîne durant une grande partie de sa carrière. À l'âge de 51 ans, il a monté une petite structure de rénovation de bâtiments dans laquelle il travaille avec un ami et son épouse. Jean-Michel est ce qu'on appelle un Challenger en psychogestuelle. Il croise le bras droit sur le gauche, le pouce droit domine le gauche quand il croise les doigts et répond au téléphone en portant son portable à l'oreille droite. Sa petite entreprise marche bien, malgré une morosité économique et la concurrence déloyale d'entreprises du bâtiment qui ne se gênent pas pour employer des ouvriers au noir. Ce qui n'est pas un scoop dans le secteur du bâtiment. Mais Jean-Michel n'aurait pas réussi sa reconversion s'il n'avait pas sa femme Patricia à ses côtés. Une femme dont le profil s'adapte idéalement à celui de son époux : elle est Sensitive, croise le bras gauche sur le droit, le pouce gauche sur le droit et porte le téléphone à son oreille gauche. Elle est donc l'image inverse (on dit aussi antagoniste complémentaire) de Jean-Michel. Ils sont mariés depuis trente-trois ans et prétendent toujours éprouver la même passion l'un pour l'autre. Il se dégage de ce couple une espèce de solidité affective qui se rencontre rarement après une si longue cohabitation intime.

Comme j'ai l'intention de vous le démontrer dans cet ouvrage, vous verrez que l'observation de ces signes gestuels extérieurs que sont les refrains gestuels invariables (dont les trois premiers permettent une véritable radiographie de vos interlocuteurs) représente un atout majeur si vous souhaitez stimuler l'efficacité de votre communication interpersonnelle.

Qu'il s'agisse d'une situation de séduction, d'un entretien d'embauche, d'une phase d'adaptation à de nouveaux collègues, d'un rendez-vous entre amis, d'un conflit familial, d'une rencontre commerciale ou d'un harcèlement moral dont vous pourriez être la victime, toute situation de confrontation avec d'autres individus ou plus est un challenge dont vous ressortirez vainqueur, si vous vous appliquez à décrypter d'entrée de jeu les trois refrains génériques de votre entourage. En les comparant à votre profil gestuel, vous saurez comment réagir pour ne pas heurter les sentiments de l'autre ; vous saurez immédiatement si le feu est au rouge, à l'orange ou au vert selon le degré de résonance émotionnelle entre votre profil et celui d'autrui. En fonction de votre tribu psychogestuelle, je vais vous apprendre quelles sont les distances à respecter pour ne pas provoquer de levée de boucliers.

Ce phénomène de la compatibilité interindividuelle est tellement évident que j'y consacre un chapitre de ce livre pour vous apprendre l'art de la mesurer en toute discrétion. Ce n'est pas la panacée universelle, mais elle se vérifie statistiquement, tout au moins. Il y a toujours des exceptions qui confirment la règle, comme de juste.

Trop d'infos tue l'info

Aucun auteur, spécialiste de la gestuelle, n'a jamais évoqué l'existence des refrains gestuels qui sont l'objet de ce livre. J'ignore pourquoi. L'un d'entre eux m'a répondu que cette alternance du croisement des bras devait être subordonnée à la latéralité du sujet observé. « Si vous êtes gaucher, c'est le bras gauche qui domine le droit, en somme, et *vice versa.* » L'ineptie de son raisonnement ne l'a pas marqué à la culotte.

De tous les gestes, de toutes les attitudes ou de toutes les postures du corps humain, les refrains gestuels invariables sont à la fois les plus évidents et ceux qu'on remarque le moins. Les spécialistes de la gestuelle se sont astreints, comme je l'ai fait durant des années, à comptabiliser une multiplication de postures, d'attitudes corporelles complexes ou de répliques gestuelles simples, les ont observées, investiguées, disséquées, interprétées, catégorisées et classifiées sans s'apercevoir qu'il existait une famille de gestes que reproduisent tous les hommes sans distinction de contexte, d'âge, de sexe, de culture, de race ou de religion. L'évidence est souvent ignorée et encore plus souvent découverte par hasard alors qu'elle s'étale sous nos yeux depuis toujours.

Trop d'informations tue l'information ; trop d'évidences rend l'homme aveugle à l'évidence. Quelle est la couleur des yeux de votre boulangère ? Si vous vous contentez d'aller chercher votre baguette tous les matins, je parie que vous n'y avez jamais prêté attention. Moi, non plus ! Il en va des refrains gestuels comme de ces détails insignifiants auxquels nul n'accorde d'importance. Le succès de vos démarches dépend aussi de votre capacité d'observation et de la signification accordée à trois refrains gestuels banals que votre interlocuteur reproduit, en toute bonne foi, sous votre nez.

La perception subliminale

Dans le domaine des sciences du comportement, peu d'hypothèses ont été à l'origine d'autant de controverses : l'idée qui affirme que les êtres humains peuvent être affectés par des stimuli externes dont ils restent totalement inconscients. Cette perception subliminale a toujours été considérée comme allant de soi de la part de philosophes comme Démocrite, Socrate, Aristote ou Leibniz, même si de nombreux psychologues ont tenté de démontrer le contraire. Elle fait intervenir une relation causale entre la conscience, les réactions comportementales et les attitudes corporelles, relation de cause à effet à laquelle j'adhère à force d'avoir étudié mes contemporains sur les registres verbal et non verbal. Le geste exprime, le subconscient imprime. En d'autres termes, les gestes récurrents de votre interlocuteur n'échappent pas à votre inconscient.

La grammaire des gestes

La grammaire des gestes est née de l'observation préliminaire de trois refrains gestuels invariables dont j'ai situé la signification sur le plan comportemental, après plusieurs années d'investigation.

Le tout premier de ces refrains concerne les bras croisés que vous reproduisez toujours de la même manière, instinctivement, et qui débouche sur deux modes de comportement antonymes : les modes *Offensif* et *Défensif*. Si vous croisez les bras, vous constaterez immédiatement que votre bras dominant se positionne toujours de la même manière. S'il s'agit du bras droit et que vous êtes droitier, vous fonctionnez sur le mode *Offensif*. S'il s'agit du bras gauche (toujours en tant que droitier), vous êtes *Défensif*.

Vient ensuite la manière de croiser les doigts dans laquelle le pouce dominant définit le mode dynamique d'investissement de vos sentiments sur le plan comportemental : *Affectif* ou *Cognitif*. Votre pouce droit domine le gauche, vous êtes *Cognitif*. Votre pouce gauche domine le droit, vous êtes *Affectif*. Si vous êtes gaucher, il suffit d'inverser les rapports.

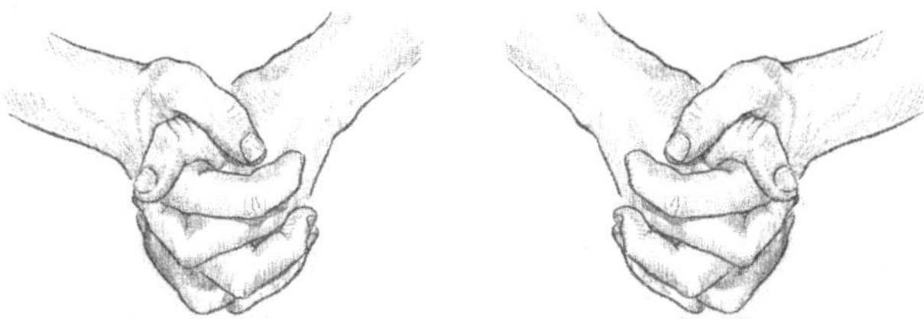

Enfin, le choix de l'oreille téléphonique qui définit votre manière de communiquer est le troisième refrain gestuel. Il indique votre appartenance aux modes *Introverti* ou *Extraverti*. L'oreille droite est *Extravertie*, l'oreille gauche est *Introvertie*.

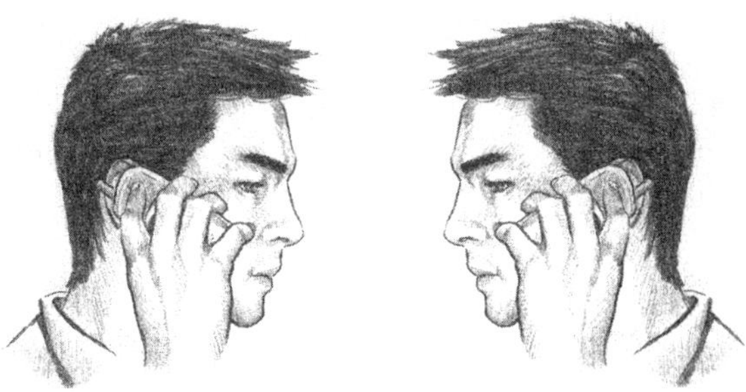

Être, aimer, parler

Les bras croisés identifient le mode de gestion du territoire (votre bulle, si vous préférez). L'Offensif s'affirme et s'impose au groupe ; il vise à maîtriser sa confiance en soi en priorité. Le Défensif a besoin d'être accepté par le groupe dont il souhaite faire partie ; il vise à alimenter son estime de soi.

Le croisement des doigts détermine la dynamique de vos sentiments. Sont-ce vos émotions qui dominent votre raison, alors votre mode d'investissement est Affectif (vous êtes un être du plaisir). Ou l'inverse ? Votre raison domine vos émotions. Alors votre mode d'investissement est Cognitif (vous êtes un être du désir).

L'oreille privilégiée établit votre mode de communication interpersonnelle. L'Introverti **se** communique tandis que l'Extraverti communique **avec**.

Protection du territoire, investissement émotionnel et mode de communication sont trois conduites essentielles de préservation de l'espèce humaine. **Être, aimer** et **parler** sont les verbes moteurs qui leur correspondent le mieux. Trois actions dont on peut dire qu'elles définissent idéalement la société humaine.

Ce ne sont pas les seuls refrains gestuels qui composent cette nouvelle grammaire, mais ils sont essentiels à la compréhension de l'interaction entre comportements et mouvements du corps. C'est pourquoi ils introduiront ce nouvel opus gestuel, très différent de tout ce que j'ai écrit sur le sujet jusqu'à présent.

PREMIÈRE PARTIE

LES TROIS GESTES QUI VOUS TRAHISSENT

I

Les bras croisés

Le corps a besoin des gestes comme un mot a besoin d'une émotion pour avoir un sens.

Faites donc l'expérience de croiser les bras, vous ressentirez une impression de sécurité et de détente musculaire du dos. La seconde impression est légitime et bien réelle, la première est une impression travestie. Le croisement des bras ne protège pas plus votre corps qu'un marcel ne vous évite d'attraper un rhume en hiver. En revanche, quand vous croisez les bras, vous protégez bien un mécanisme psychologique fondamental qui administre votre espace vital : votre territoire mental. Et ce territoire particulier est le creuset de deux armures psychiques essentielles : la **confiance en soi**, celle que vous vous accordez en exclusivité, et **l'estime de soi**, celle qui est alimentée par la reconnaissance d'autrui.

Au-delà du territoire corporel, nous disposons tous d'un territoire mental souvent vulnérable aux agressions verbales. L'évolution a institutionnalisé des moyens de défense pour protéger ce territoire mental, une série de refrains gestuels et de postures invariables ou alternatives (croisement des jambes en position assise, ancrages, etc.), dont le croisement de bras est le plus remarquable.

Vous avez peut-être constaté que la manière de croiser les bras est différente selon les individus. Certains croisent le bras droit sur le gauche. Dans ce cas, on dit que le bras droit est dominant. D'autres croisent le gauche sur le droit. Le bras gauche devient dominant.

Non, non ! Ce n'est pas qu'une question de latéralité, comme vous pourriez l'imaginer à juste titre. Tous les droitiers ne croisent pas le bras droit sur le gauche, et tous les gauchers le gauche sur le droit. Le croisement des bras est un refrain gestuel invariable totalement indépendant de votre latéralité, une posture qui s'installe dès la prime enfance. Si vous avez des enfants en bas âge, vous pourrez constater qu'ils adoptent leur croisement définitif entre 2 et 3 ans. Ce qui signifie qu'un enfant de cet âge choisit le mode de défense de son territoire mental, dès qu'il est en mesure de communiquer verbalement avec son entourage. L'enfant droitier sera Offensif (bras droit dominant) ou Défensif (bras gauche dominant). L'enfant gaucher sera Offensif (bras gauche dominant) ou Défensif (bras droit dominant).

Mais que signifient grossièrement ces deux désignations : Offensif et Défensif ? Que l'enfant Offensif a besoin de s'affirmer face au groupe pour conforter sa confiance en lui et que l'enfant Défensif a besoin d'être confirmé (reconnu) par le groupe pour se rassurer et établir les bases de son estime de soi. Le premier sera un « Moi, je sais le faire... », quitte à se vautrer ; le second recherchera vos applaudissements ou votre approbation pour se construire. C'est toute la différence entre l'enfant autonome et l'enfant dépendant.

Les mécanismes de la confiance en soi ou de l'estime de soi s'installent et se développent à partir des échanges qui s'établiront entre l'enfant et son entourage socio-affectif, mais le mode de défense territorial qu'il choisira est probablement déjà inscrit dans son patrimoine héréditaire. Et même si ce n'était pas le cas, quelle importance ? Le mode choisi est celui qui lui convient, comme la main qu'il adoptera instinctivement pour dessiner et écrire ses premières lettres.

Les bras croisés et la confiance en soi

Chaque fois que l'espace de votre conscience est envahi par des pensées parasites, la confiance que vous vous accordez est fragilisée. L'espace de la conscience est ce que je nomme le territoire mental. Un territoire dédié à la liberté de penser, la capacité de réfléchir, donc de mettre de l'ordre dans vos pensées ; un territoire qui est régulièrement laissé en friche et squatté par de multiples obsessions, images mentales fragmentées, souvenirs, scénarios fantasmatiques et autres mélodies obsessionnelles. Vous remarquerez que plus vous laissez votre conscience produire ce type de pollution, plus vos bras auront tendance à se croiser. Sur des photos de groupes de sportifs, on observe rarement des individus qui croisent les bras. En revanche, sur les photos de groupes de touristes, le geste est courant.

L'époque la plus productive en pensées parasites est la puberté et l'adolescence. C'est la raison pour laquelle les filles pubères croisent souvent les bras dans diverses circonstances et, notamment, en marchant dans la rue. Elles tentent de protéger ce territoire fragile en pleine transformation qu'est leur corps. Les garçons ont moins tendance à croiser les bras, peut-être parce que leur corps ne développe pas autant de signaux sexuels que celui des filles.

La posture des bras croisés rassure le mental, elle représente une barrière de protection contre la pollution des pensées parasites. *« Que pense-t-il de moi ? » s'interroge-t-elle en lançant un regard en coin au joli garçon qui se moque d'elle. Et de croiser les bras instinctivement.*

Notez que le croisement des bras ne se manifeste jamais quand vous êtes détendu, l'esprit vide. En revanche, si vous appréhendez un événement à venir, si vous êtes dans l'attente d'une action à accomplir, si vous attendez votre tour dans la salle d'attente du dentiste, le geste se produira automatiquement pour vous mettre à l'abri de vos angoisses et vous permettre de les évacuer.

« Mais je croise les bras parce que ça me détend », se défend la chroniqueuse avec laquelle je vais monter sur le plateau de télévision. Elle a le trac.

Les individus qui croisent fréquemment les bras en face à face ont un *déficit de confiance en soi*. Les confrontations les mettent mal à l'aise, elles les paralysent socialement. Les personnes timides ou fragiles psychologiquement y ont recours plus souvent que les autres.

> Je me souviens d'une très jeune fille qui m'appela littéralement au secours du regard, puis d'une toute petite voix, alors que je la dépassais dans une venelle à Boulogne-Billancourt. Elle semblait être en grande conversation avec une vieille dame. Elle avait les bras croisés face à cette vieille qui la subjuguait.
> « S'il vous plaît, sauvez-moi ! » supplia-t-elle au moment où je passai à sa hauteur.
> Interloqué, je crus un instant à une parodie, genre *Surprise sur prise*, une émission de télé culte. Il s'avéra très vite qu'elle subissait véritablement une emprise de la part de la vieille dame. Cette dernière la retenait par le coude tout en lui parlant sans arrêt. Une séance d'hypnose pure et dure en pleine rue. N'écoutant que mon courage, je dégageai

son bras et l'emmenai dans mon grand carrosse blanc jusqu'au prochain carrefour. Elle était mignonne mais un peu verte à mon goût. Elle me quitta en me remerciant d'un pauvre sourire de victime propitiatoire.

Il est parfois surprenant de s'observer en train de croiser les bras et d'analyser le facteur qui a favorisé ce refrain gestuel dans l'instant de sa reproduction. De la même manière que vous irez toujours rechercher l'inspiration en posant un index sur vos lèvres, vous reproduirez toujours la séquence des bras croisés dans certaines situations prérequises : émotivité soudaine, confrontation intempestive, ennui, contrainte sociale, trac, production de pensées parasites ou dispersion mentale, appréhension d'un événement.

La confiance en soi est, à la fois, une posture mentale, un carburant essentiel et un capital psychologique primordial. Je peux me faire confiance dans une situation que je maîtrise ou dont je contrôle tous les aléas. Avoir confiance en soi, c'est d'abord se faire confiance. Ne pas avoir confiance en soi consiste dès lors à se méfier de soi-même. Le mariage de la confiance et du Moi est un abus de langage. La confiance n'est nullement investie dans le Moi (ou le soi) mais dans la capacité d'affronter une situation nouvelle ou de maîtriser une activité.

Chaque fois qu'elle croise une copine sur le campus, Jade croise les bras par automatisme… Jade a peur des réactions d'autrui et se méfie d'elle-même dans la mesure où elle craint de ne pouvoir réagir de manière adéquate, dire les mots qu'il faut, ne pas bégayer, ne pas rougir, etc. Elle se dit nulle et se sent handicapée socialement. Jade est pourtant supérieurement intelligente, mais elle peine à exposer cette intelligence en société. Elle a peur de passer pour ridicule. Alors, elle fait l'autruche en croisant les bras, comme elle le dit elle-même.

Les bras croisés et l'estime de soi

L'image de soi est l'image du roi qui règne sur un immense royaume. C'est aussi un immense miroir d'une existence qui se déroule sous les projecteurs de votre ressenti mais surtout sous le regard de l'autre.

Image de soi + image publique = estime de soi !

La notion d'image est essentielle pour comprendre l'importance stratégique que revêt le langage du corps. L'image publique est celle que les autres distinguent à travers les artifices qui améliorent l'ordinaire. Elle est généralement très différente de l'image que vous percevez de vous-même et qui est l'image de soi. L'image sociale ou publique est forcément un reflet tronqué de l'image de soi dans la mesure où vous ne montrez jamais vos coulisses. Un sourire poli répondant à l'inconnu qui vous demande un renseignement ne fait pas automatiquement de vous un individu convivial. Certains refrains ou tics gestuels peuvent contredire votre pseudo-sourire, vos affirmations ou vos professions de foi. Le sourire se fige ou se désincarne face à l'hostilité ou l'indifférence de l'interlocuteur. Nous avons tous vécu ce genre d'expérience désagréable. Plus le fossé entre l'image de soi et l'image publique s'élargit, plus vous sonnez faux, en quelque sorte, et plus l'estime de soi se dévalorise. Votre degré de crédibilité en souffre fatalement.

« Dis-moi, miroir, si je suis la plus belle... »

L'image que vous avez de vous-même est indiscutablement subordonnée à la qualité des pensées qui vous traversent l'esprit. Quand tout va mal, les pensées morbides ne permettent certainement pas à votre image publique de rayonner. L'influence nocive d'un entourage morose dégrade aussi cette image. « Dis-moi qui tu hantes... » Or, cette fameuse image de soi est un capital essentiel et le moteur de votre estime de soi que vous renvoie le regard d'autrui. Il est facile, me direz-vous, d'avoir une bonne image de soi quand tout va bien. Détrompez-vous ! L'image de soi est toujours vulnérable du plus grand au plus petit, du plus célèbre au plus anonyme des individus. Réussir sa vie, c'est à mon sens réussir à conserver une image de soi (et une estime de soi) qualifiante envers et contre tout, et non offrir une image publique, abritée sous les paillettes d'un succès précaire. L'estime de soi dépend toujours du regard des autres. Nous vivons en société et nous projetons nos sentiments à travers une image publique sur notre entourage. Vous avez besoin des autres « Moi » pour rassurer le Moi qui est en vous.

Un homme séduisant vient à passer, vous l'observez avec un zeste de concupiscence dans le regard mais il vous ignore. Le regard d'une jolie femme croise le vôtre, vos pupilles se dilatent d'envie mais elle détourne la tête pour vous effacer de son champ visuel. Un sentiment d'amertume vous envahit, l'espace d'un instant. Un instant seulement mais suffisant pour que votre Moi se sente égratigné. Concupiscence et envie sont des sentiments mal perçus par l'autre, car ils violent la liberté de choisir. Le message porté par le regard est impitoyable pour l'ego de celui qui l'émet.

Dans le fond, l'image de soi, c'est l'image du Moi qui se regarde dans le miroir de l'autre. Et c'est cette confrontation stratégique qui alimente le chaudron de l'estime de soi.

Le sanctuaire de la personnalité

Les premiers territoires de l'Homme sont sa confiance en lui et son estime de soi. Or, nul ne peut se faire confiance s'il ne se respecte pas. Les pensées pessimistes ou parasites sont des virus qui tuent la confiance en soi ; le discours « merdomaniaque » (« chié », « merde », « enculé ») ou le discours « prostitué » (« bordel », « putain ») sont des vecteurs verbaux qui polluent l'estime de soi[1]. Votre capacité de réussite dépend essentiellement de ce territoire exposé à toutes les pollutions psychiques et au non-respect de soi. Le refrain gestuel réflexe du croisement des bras est le premier de tous les modes de communication gestuelle et sans doute le plus important, le plus courant et le plus banal. Les raisons qui favorisent sa reproduction sont multiples. Mis en situation d'examen, vous protégez d'office votre territoire mental en croisant les bras. Face à un interlocuteur qui détient un pouvoir d'influence ou de nuisance, le croisement des bras est une barrière dérisoire instinctive mais presque obligée. Quand l'appréhension du résultat s'installe, la confiance en soi ou l'estime de soi s'effacent et les bras se croisent ; quand la confiance en soi ou l'estime de soi s'installent, l'appréhension du résultat s'efface et on décroise les bras. Tel est le lien de cause à effet qui institutionnalise cette réaction corporelle banale.

À l'instar du territoire physique, le territoire mental individuel est un espace sacré, un sanctuaire, dont le rôle consiste à défendre les idées, les projets, le credo ou la foi du sujet. Mais il est surtout dédié au respect de soi. En butte aux critiques ou aux reproches, le territoire mental individuel perd ses moyens, et les bras croisés ont pour

1. Je vous renvoie à notre précédent ouvrage, *Les mots qui polluent, les mots qui guérissent*, publié aux Éditions J'ai lu en 2007.

fonction première de vous permettre de prendre du recul pour réorganiser vos défenses.

Le système immunitaire

L'identification à l'un des deux modes de défense gestuelle de ce territoire mental est un critère fondamental dans la construction de la personnalité. Le territoire mental est le siège d'une variété de sentiments cousins, essentiels à l'équilibre psychosocial de l'individu : convictions, croyances, motivations, ambitions, désirs, foi, etc. En un mot comme en cent, tous ces sentiments nous ramènent à nos deux carburants essentiels : estime de soi et confiance en soi. Si l'un de ces sentiments est mis en doute ou déstabilisé, c'est la confiance en soi ou l'estime de soi qui en feront les frais. Toute perturbation du territoire mental entraîne dans son sillage un affaiblissement du système de défense immunitaire, le corollaire physiologique de l'estime de soi.

Comme le démontre Marie-France Hirigoyen dans ses nombreux ouvrages consacrés au harcèlement moral : « Les victimes tombent non seulement en dépression mais la plupart développent des pathologies psychosomatiques. »[1] Leur système immunitaire devient déficient suite à la perte d'estime de soi.

Cette vision donne au territoire mental une dimension insoupçonnée de chef d'orchestre de l'équilibre psychosomatique.

Une haute fréquence du croisement des bras est un signal fort et surtout prédictif. Il faut y être attentif car il signifie que soit la confiance en soi est ébranlée et qu'elle est occultée par le doute, soit que l'estime de soi perd des

1. *Le Harcèlement moral : la violence perverse au quotidien,* La Découverte, 2003.

points, soit que le reproducteur ne dispose pas d'un territoire suffisant au sein du groupe social. Ce qui me conduit à prétendre que le décryptage gestuel est un filtre de protection pour tout individu qui en maîtrise les ressorts.

Croiser pour se protéger

Nombre de femmes se promènent dans les endroits publics les bras croisés. Ce mode déambulatoire est typiquement féminin. Les hommes ne croisent les bras qu'en face-à-face. La confiance ou l'estime de soi de ces femmes sont-elles perturbées ? Les comédiennes reproduisent d'instinct cette attitude quand elles interprètent une scène conflictuelle prévue dans le scénario. Je crois que cette manie révèle effectivement l'intrusion d'un conflit : alors la confiance ou l'estime de soi vacille, et les bras se croisent. Au même titre que les hommes protègent souvent leurs testicules en croisant leurs mains ou en les superposant au niveau de l'entrejambe, les femmes croisent aussi les bras pour protéger physiquement leur poitrine qui est l'un des sièges symboliques de ces deux postures mentales que sont l'estime et la confiance en soi. La mise en valeur des seins par divers artifices confirme cette hypothèse.

Harcèlement

Il ne sert à rien d'empêcher les bras de se croiser, mais il est important de prendre conscience de la reproduction instinctive de ce mouvement. C'est un signal qui révèle toujours et sans exception que vous êtes en butte à une invasion du territoire mental ou à un harcèlement. Il en résulte logiquement que les personnes qui croisent systématiquement les bras sont plus influençables ou impressionnables que les autres. La prise de conscience de ce dernier aspect est importante car elle permet d'évacuer le doute. Si chaque fois que vous croisez les bras, vous vous donnez la peine de situer l'origine de ce réflexe, vous renforcerez *ipso facto* votre confiance en vous et vous mettrez le doute en situation d'échec.

> Le patron apostrophe Martinez devant la porte de l'ascenseur. Il lui reproche un manque de dynamisme. « Vous vous laissez aller, mon vieux. » Martinez croise les bras. Son regard introspectif indique qu'il objecte mentalement sans oser contredire son boss.
> — Que se passe-t-il ? poursuit ce dernier. Vous n'avez plus la pêche. Si ça continue...
> Il n'achève pas son imprécation lourde de menaces. Martinez décroise les bras et pénètre la tête basse dans l'ascenseur à la suite de son patron.

La scène est classique. Mais quel était le bras dominant de Martinez ?

Le profil Offensif

L'audace s'assoit sur le sens du ridicule.

Vous êtes droitier et votre bras droit domine systématiquement le gauche : votre attitude mentale est offensive.

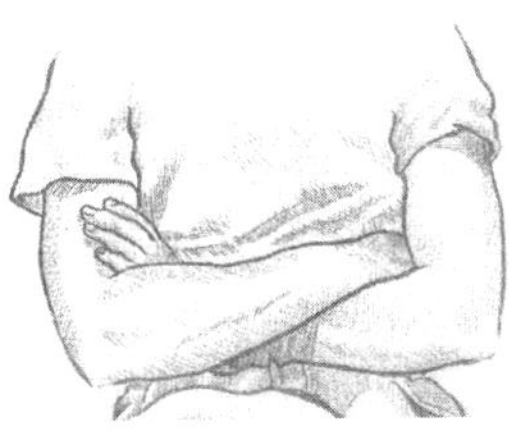

Le portrait d'un Offensif

Mon impulsivité me joue parfois des tours pendables mais elle sert aussi de coach à mon flair. Mon instinct me sauve plus souvent la mise qu'il ne me pénalise. Il faut dire que je déteste qu'on me frustre. D'ailleurs, mon degré de résistance à la frustration n'est pas vraiment au top. Mes comportements sont fondés sur l'attaque, le risque, l'invasion, l'audace et surtout l'affirmation de soi. Je vis très mal la mise en doute de mes compétences, d'où que vienne la critique, justifiée ou non. Il faut dire que je suis aussi versatile qu'enthousiaste. Je suis parfaitement capable de retourner ma veste alors que vous êtes déjà en train de savourer votre victoire. D'accord, je suis opportuniste, mais dans le bon sens du terme : je flaire les opportunités.

Cette profession de foi est celle d'un Offensif pur jus. Le cursus d'un Offensif n'est pas forcément linéaire comme celui du Défensif. Plus proactif que réactif, il est branché en permanence sur le futur et considère souvent le passé comme dépassé. Il se doit de fuir en avant pour ne pas retourner à la case départ du jeu de l'oie.

Les Offensifs en groupe

Un service ou une entreprise à majorité Offensive est difficile à gérer. Imaginez un ring de boxe sur lequel s'opposeraient dix couples de sportifs ! Le besoin de s'affirmer, qui représente le substrat du comportement offensif, peut entraîner une véritable anarchie au sein du groupe jusqu'à l'éclatement de la structure. Les Offensifs sont toujours des Individualistes ou des Autonomes. Ils s'intègrent facilement dans un groupe de travail, s'ils ne sont pas majoritaires. Pour l'Offensif, le territoire des autres est fonction des fluctuations de son propre espace vital. S'il est surchargé, sa table de travail ne sera jamais assez vaste pour étaler tous ses dossiers. Il aura tendance à envahir le territoire d'un collègue. À table, certains Offensifs (pas tous) posent leurs coudes en appui et prennent leurs aises en grignotant le territoire de leurs voisins. Vous connaissez certainement cette posture des bras tendus de part et d'autre, les mains posées à plat sur la table.

Le bras télescopique

C'est la posture classique des députés à l'Assemblée nationale. Les députés se dressent sur leurs ergots, tels des coqs de combat, prêts à en découdre avec l'adversaire politique qui défend son pré carré au micro. Les députés télescopiques (ils ne le sont pas tous) sont des agressifs, voire des individus qui rêvent de plaies et de bosses mais ils ne font que rêver, ce qui est bien dommage. Le spectacle de l'Assemblée y gagnerait. Un reality show hebdomadaire que les chaînes s'arracheraient.

En revanche, une communauté dans laquelle les Offensifs sont minoritaires sera respectueuse des règles imposées par la nation qui l'aura accueillie sur son sol. Ce qui ne sera pas forcément vrai avec une communauté à majorité offensive.

Le profil Défensif

« Je rêvais d'être intégrée [dans le groupe], ne fût-ce que pour m'offrir le luxe de me désintégrer ensuite. » Amélie Nothomb[1].

Une phrase remarquable qui résume assez bien le profil du Défensif.

Vous êtes droitier et votre bras gauche domine le droit, dans ce cas, votre attitude mentale est défensive.

1. *Antechrista,* Albin Michel, 2003.

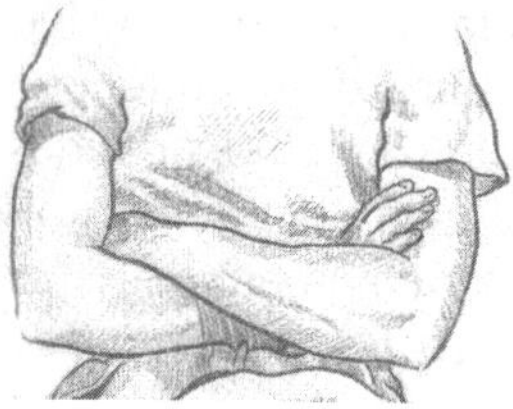

Le portrait d'un Défensif

Je suis, a priori, *un homme de réflexion là où les Offensifs sont plutôt des hommes d'action. Ce qui explique pourquoi je dispose d'une faculté de recul qui manque à mes amis Offensifs. Si vous êtes Défensif comme moi, vous direz plus facilement non avant de dire « oui, peut-être ». Mes conduites sont fondées sur le recul, la prudence ou la méfiance. D'accord, je ne me laisse pas facilement influencer mais, si j'adhère à votre point de vue, je serai fidèle à mes convictions ou à mes promesses et parfaitement capable d'agir en conséquence.*

En tant que Défensif, je suis un individu sédentaire, plus attaché à mes racines, à mon travail et à la continuité. Je suis fidèle à mes amitiés, à mes opinions et à mes croyances. La notion de statut et/ou de territoire est essentielle à mes yeux et doit être protégée coûte que coûte contre les prédateurs sociaux ou professionnels (manipulateurs et autres harceleurs) que je suis bien obligé de fréquenter. Je conserve toujours une distance de fuite suffisante pour leur échapper en cas d'urgence. Mon credo est le suivant : il n'y a pas d'équilibre sans stabilité, pas de bonheur sans sécurité, pas de réussite qui ne s'inscrive dans la durée. Sans fausse modestie, je sais être explicite, pédagogue, méthodique, responsable, doté d'un bon sens des valeurs et d'un sens hiérarchique qui fait souvent de moi la colonne vertébrale de l'entreprise ou du groupe social dont je fais partie. Dans le fond, je suis une sorte de régulateur ou de thermostat social.

Le Défensif dans le groupe

Un service ou une entreprise à majorité absolue défensive génère un niveau de retrait ou de méfiance qui est susceptible de handicaper la communication avec les autres services, les fournisseurs ou les clients, et de miner les relations au sein du groupe. Ce cas de figure se présente parfois dans les services administratifs. Sur le plan militaire, par exemple, une compagnie trop défensive (plus de 70 % de Défensifs, ce qui est le cas de l'armée française) sera disciplinée mais inapte au combat, quel que soit son niveau d'entraînement.

Dans le cas de figure d'une équipe commerciale, une majorité défensive sera incapable d'atteindre les objectifs décrétés par la direction. Les Défensifs peuvent être d'excellents commerciaux pour autant qu'ils soient en compétition avec un nombre suffisant d'Offensifs. Selon mes observations, on trouve relativement moins de Défensifs dans les secteurs d'activité qui exigent de l'audace ou une affirmation de soi incontournable.

La société française est majoritairement défensive, ce qui pourrait ressembler à un gage de stabilité sociale. Mais je vous rassure tout de suite, les choses ne sont pas aussi élémentaires, car les proportions recueillies sur la population française observée indiquent aussi un niveau de résignation militant, propice à une prise du pouvoir politique de ce pays par un candidat fort en gueule. Et comme par un fait exprès, la majorité des candidats à la candidature sont des Tribaux, des forts en gueule, comme nous le verrons dans le chapitre consacré aux tribus psychogestuelles.

Les chiffres qui suivent et qui confirment ce premier résultat proviennent d'une enquête particulière que j'ai réalisée personnellement au mois d'août 2005 sur une population cosmopolite de 1 101 individus rencontrés dans les sites touristiques parisiens. Des Japonais aux Hollandais, des Allemands aux Asiatiques en général et jusqu'aux Français, la majorité défensive (64 %) se confirme. Ce qui tend à prouver qu'une certaine société de personnes qui ont les moyens de voyager appartient à la même catégorie défensive que les citoyens français. Qu'en est-il des populations précarisées qui vivent dans des cités de banlieue ?

Quelques statistiques

Statistiquement, il y a moins d'Offensifs que de Défensifs dans la population française, mais aussi dans une population cosmopolite que j'ai observée au cours de mes enquêtes sur le terrain.

Soit une moyenne Offensive de 36 % sans distinction de sexes et une moyenne Défensive de 64 %.

Ces chiffres ressortent de plusieurs groupes d'observations gestuelles différentes effectuées sur le terrain dans diverses régions de France et réalisées sur 1 474 hommes et 1 769 femmes. La majorité Défensive de la population observée indiquerait une stabilité exemplaire de la société démocratique dans laquelle nous vivons. Une société à majorité Offensive serait invivable. Les Défensifs respectent les règles du jeu social, ils sont plus légalistes. Les Offensifs se servent des règles du jeu pour les contourner quand elles les dérangent. Ils sont plus entreprenants, plus autonomes ou plus individualistes que les Défensifs tout simplement. Plus tricheurs aussi !

La vie d'un Offensif est un combat permanent, émaillé de victoires ou de défaites. Battant ou perdant, c'est souvent un phénix qui renaît de ses cendres après un passage à vide obligé pour se ressourcer. C'est ce qui explique parfaitement les résultats statistiques obtenus pour une observation homogène effectuée sur les acteurs de cinéma et autres stars de la télévision.

Chez les acteurs

Acteurs
Offensifs : 54 %
Défensifs : 46 %

Soit une différence offensive de 19 % avec la population de référence citée plus haut, ce qui est colossal.

Différence défensive : également 19 % dans l'autre sens. Ce delta se justifie forcément par le fait que le métier d'acteur exige une certaine dose d'audace et de confiance en soi.

Actrices
Offensives : 32 %
Défensives : 68 %

J'ai observé moins d'actrices que d'acteurs dans la mesure où ce secteur d'activité est plus masculin que féminin. Il suffit de compter le nombre de comédiens masculins ou féminins dans chaque film : le rapport varie presque de un à trois. Les pourcentages des actrices se rapprochent de la population de référence. Les actrices auraient-elles moins besoin de s'affirmer pour séduire leur public (voir aussi l'enquête complète en annexe p. 349) ?

Dans un club de sport

Une dernière enquête homogène réalisée dans un club de sport à Amboise (Central Gym dont je remercie les patrons, Pascal et Marie, pour leur participation à cette enquête sur laquelle je reviendrai souvent, car elle est très significative) débouche encore sur des résultats différents des deux premiers groupes. Les personnes qui fréquentent une salle de sport ou de fitness ne sont pas, contrairement à ce qui est communément admis, des Narcissiques amoureux de leurs biceps ou de leurs fessiers. Il est surprenant d'y retrouver une majorité de profils Challenger, Relationnel et Idéaliste (64 % de la population étudiée) comme vous le constaterez dans les chapitres consacrés à ces tribus psychogestuelles.

Central Gym (population initiale : 100 individus)

Hommes
Offensifs : 19 %
Défensifs : 24 %

Femmes
Offensives : 24 %
Défensives : 33 %

Soit un total Offensif hommes/femmes de 43 %, que je compare aux 36 % obtenus pour la population de référence, et 57 % de Défensifs comparés aux 64 % de la population de référence. La persévérance qu'exige le sport en salle pour atteindre un résultat (perte de poids, développement musculaire, remodelage) se marque ici par un écart de 7 % chez les Offensifs et un écart de 7 % chez les Défensifs (je vous invite à vous reporter en annexe p. 351 pour l'étude exhaustive de cette population particulière).

Pour votre gouverne, l'équilibre sociétal théorique se situe à 45 % d'Offensifs pour 55 % de Défensifs. Ce qui signifie que le groupe de la salle de sport (43/57) est plus proche d'une population apte à se remettre en question que la population française étudiée (36/64).

Ambivalence gestuelle

Peut-on devenir Offensif après avoir été Défensif ? En principe, non ! Quelques individus croisent les bras de deux manières, mais ils représentent une infime minorité. Cette « ambidextrie » peut être la conséquence d'une latéralité contrariée au cours de la prime enfance. J'ai constaté qu'elle pouvait découler d'un stress majeur ou d'un surmenage qui perturbe les postures mentales. J'ai souvent observé des témoins interviewés par une équipe de télé qui peinaient à retrouver leur mode de croisement des bras ou des doigts. Ils étaient morts de trac face à la caméra. Certains acteurs de cinéma ont cette plasticité qui leur permet de croiser indifféremment dans les deux sens. Pour mémoire, j'ai observé ce phénomène chez Richard Berry et Victoria Abril, entre autres (voir la partie consacrée aux profils mutants p. 333).

L'équilibre du territoire mental est fondamental dans l'économie de la personnalité, tout comme n'importe quel phénomène qui permet de s'identifier pour permettre à l'institution qu'est le Moi de conserver confiance en soi ou estime de soi.

Pourquoi l'Offensif et le Défensif sont-ils si différents ?

• Quand un Offensif apprend une langue étrangère, il maîtrisera facilement les mots essentiels et conversera avec aisance sans pour autant comprendre tout à fait son interlocuteur. Sa facilité d'élocution dans sa langue maternelle se convertit naturellement dans une autre langue.

Le Défensif comprend mieux mais éprouve souvent des difficultés à exprimer sa pensée dans une langue qu'il s'évertue à maîtriser.

• Selon une enquête réalisée sur un groupe de 190 enfants de maternelle, j'ai pu constater que les enfants Offensifs parlent plus vite que les enfants Défensifs. Une hypothèse qui reste à confirmer.

La proportion d'enfants Offensifs de sexe masculin était de 33 % et la population Défensive masculine de 67 %.

La proportion d'enfants Offensifs de sexe féminin était de 40 % et les Défensives se montaient à 60 %.

Au total, sans distinction de sexe, les Offensifs représentent 37 % et les Défensifs 63 %. Ce qui nous ramène aux résultats obtenus pour la globalité des enquêtes de terrain (36 % d'Offensifs contre 64 % de Défensifs).

Les enfants de sexe masculin perpétuent la conduite de résignation de la génération précédente. En revanche, les petites filles sont plus dynamiques. Serait-ce là un signe de l'évolution des mentalités, une reconnaissance de la valeur active de la femme de demain ?

Encore une fois, qu'en sera-t-il des pourcentages que nous pourrions obtenir d'une étude faite en ZEP (zone d'éducation prioritaire) ?

• Doté d'un bon sens de l'improvisation, l'Offensif surestime l'efficacité de ses réflexes professionnels. Le Défensif est plus prudent, il a besoin d'un cadre de travail sécurisant et sous-estime en général ses potentiels.

Quelle que soit votre posture mentale naturelle, Offensive ou Défensive, je vous propose de comparer ce que vous venez de découvrir avec ce que vous connaissez de vous-même. Si vous estimez ne pas correspondre au profil identifié par votre type de croisement, sachez qu'il y a toujours une marge d'erreur dans toute science humaine. Elle tourne autour des 15 %, d'après mes observations.

La proportion idéale

Les Offensifs sont des animateurs ou des meneurs à différents niveaux de hiérarchie, c'est la raison pour laquelle j'ai considéré qu'une légère minorité d'Offensifs par rapport aux Défensifs équilibrerait un modèle social tel que le nôtre, soit une proportion de 45 % d'Offensifs contre 55 % de Défensifs.

La disproportion de 54 % d'Offensifs et de 46 % de Défensifs que j'ai rencontrée dans un groupe d'étudiants HEC auquel j'ai tenté d'enseigner la sémantique gestuelle pourrait indiquer qu'il y a parmi ceux-ci trop de dominants, des individus qui rêvent de s'affirmer ou d'affirmer leur valeur marchande sans se taper la hiérarchie pour y parvenir. La proportion de ce groupe est comparable à celle obtenue pour les acteurs de cinéma et autres animateurs pipoles, ce qui laisse sous-entendre que les étudiants HEC visent la poursuite ou le devant de la scène et non les coulisses. Confiance en soi avant estime des autres ! Le contraire eût été alarmant pour la réputation de cette école. Ce qui ne signifie pas automatiquement que les Défensifs sont des êtres dominés. Même s'il semble vrai que la majorité des grands patrons sont des Offensifs : Arnaud Lagardère, Jean-François Dehecq de Sanofi-Aventis, Xavier Fontanet d'Essilor, Yves St Laurent, etc. On trouve aussi une grosse minorité de Défensifs : Vincent Bolloré, Jean-Luc Lagardère, Pierre Cardin, etc.

Si je compare les résultats HEC à la proportion obtenue pour la population de référence tous sexes confondus (36 % Offensifs/64 % Défensifs), soit un delta de 18 % des deux côtés conduit à inférer, une fois de plus, que la population française baigne dans un état de résignation et de soumission aux événements.

En ce qui concerne les sportifs, je trouve 38 % d'Offensives et 62 % de Défensives chez les femmes, soit un manque de dynamisme collectif *a priori*. En revanche, les proportions des hommes sont plus encourageantes : 44 % d'Offensifs et 56 % de Défensifs, des pourcentages qui confinent au modèle idéal de société exprimé plus haut. Il est vrai que si on mélange les sexes, cela donnera 41 % d'Offensifs et 59 % de Défensifs.

Les 9 % qui manquent à la population française pour accepter d'enterrer le passé glorieux de la France, ces 9 % de vision pragmatique du présent soumis à des réalités sans fard viendront peut-être du vote féminin, donc des femmes françaises qui sont plus en prise avec le réel quotidien que les hommes. C'est d'ailleurs ce qui explique l'émergence, un peu partout dans le monde, de la femme en politique. Serait-elle le recours contre la résignation des populations et l'émergence sauvage de l'ultralibéralisme que prône la mondialisation ? La candidature de Ségolène Royal plébiscitée par des sondages procède-t-elle de ce raisonnement ? L'avenir nous le dira.

Je vous invite à poursuivre votre lecture en abordant le deuxième refrain gestuel basique : le croisement des doigts.

II

Les doigts croisés

La vie satisfait plus les plaisirs qu'elle ne comble les désirs.

La mère

Elle n'arrête pas de se triturer les doigts, les croisant et les décroisant sans cesse. Les pouces jouent à saute-mouton, ils passent chacun leur tour en position dominante sans que les autres doigts ne changent de place. Le geste est suffisamment rare pour qu'il m'interpelle. Ce type de mouvement digital est le signe d'un trouble émotionnel spécifique rejoignant le tableau clinique de la névrose d'angoisse.
« Je sais que je m'angoisse pour rien mais chaque fois qu'il découche, j'imagine des choses terribles (elle parle de son fils chéri qui vient de fêter ses 25 ans).
— Il habite encore chez vous ?
— Mais... Bien sûr ! Où voulez-vous qu'il aille ? Il est chez lui... chez moi.
Elle n'a pas relevé la contradiction de son propos qui trahit la mère fusionnelle.
— Je suis capable de comprendre qu'à 25 ans, un jeune homme normal a des besoins... naturels, mais enfin, ces choses-là ne demandent pas toute une nuit, n'est-ce pas ?
Elle se remet à tricoter des doigts. Une mouche vient se poser sur la pile de feuilles blanches. Madame G. me

regarde sans me voir. Elle est séparée de son mari depuis une dizaine d'années. Il l'a quittée pour une danseuse de cabaret, prétend-elle.

— Vous savez bien, une de ces créatures qui vendent leurs charmes dans les bars le long des routes. Il était représentant. C'était facile pour lui de goûter au péché. Je suis très catholique, vous savez.

— Vous êtes toujours en contact ?

Elle décroise les doigts pour croiser les bras sur son opulente poitrine avant de me répondre.

— Évidemment, nous avons fait un enfant ensemble. Quand je pense qu'ils ont imposé cette moins que rien à mon fils pendant les dernières vacances d'été, ça me révolte.

— Pourquoi les vacances d'été ?

— Ils vivent à Tahiti. Mon mari a repris un hôtel avec sa maîtresse.

— Mais vous êtes divorcés ?

— Bien sûr que non ! Je vous ai dit que j'étais catholique. »

Elle a repris son manège avec les pouces. Je finirai par découvrir le pot aux roses, le secret de cette famille déchirée. Le père s'est mis en ménage avec un travesti en compagnie duquel il a créé une boîte de nuit et un hôtel en Polynésie. Le fils est homosexuel et entretient avec sa maman des rapports conflictuels de haine-amour.

La plupart des croyants qui prient dans un lieu de culte pressent leurs deux mains l'une contre l'autre ou tressent leurs doigts pour s'adresser à Dieu. Le geste en question n'est pas conventionnel, ni inscrit dans la liturgie catholique. La victime qui supplie son bourreau de l'épargner croise également les doigts de cette manière. Ce ne sont pas les images d'Épinal qui manquent à l'appel. « Je t'en supplie », implore-t-elle en joignant les doigts ! Pourquoi cet automatisme gestuel se reproduit-il dans les circonstances évoquées brièvement ?

Le mode de croisement des doigts représente le deuxième des trois refrains gestuels génériques de la grammaire des gestes. Comme pour les bras croisés, la haute fréquence de sa reproduction en fait un refrain gestuel non spécifique d'un contexte particulier. Je croise les doigts dans diverses circonstances qui n'ont pas toujours un parfum de supplication ou de religiosité. Selon mes observations, le tricot des doigts assure une meilleure interconnexion entre les deux aires cérébrales (cerveaux gauche et droit) symbolisées par les deux mains. La main droite représente le cerveau gauche et la main gauche, le cerveau droit. Pourquoi cette inversion ? Les scientifiques n'ont pas encore tranché cette question, ils se sont bornés à constater le fait. On peut en inférer que ce geste revient à rebrancher symboliquement les énergies entre les deux cerveaux. Mais ce n'est là qu'une hypothèse concernant le rôle comportemental que joue ce refrain gestuel.

Le fait le plus intéressant à observer se situe au niveau des pouces. Le pouce dominant est toujours le même quand vous croisez les doigts par automatisme. Si vous essayez de reproduire la version contraire, vous ressentirez une gêne, comme si cette version du refrain gestuel en question ne vous appartenait pas. Quatre-vingt-dix pour cent de la population planétaire croise les doigts selon l'une ou l'autre version.

J'ai interrogé plusieurs centaines de personnes en leur demandant quel sens symbolique ils attribuaient à ce geste. La grande majorité l'associe à la foi, viennent ensuite la compassion, l'espoir, l'engagement et l'idéal.

C'est dire à quel point ce refrain gestuel invariable est essentiel dans la radiographie de votre *profil gestuel*. J'ai pu constater que le recours fréquent au croisement des doigts désignait un individu plus compassionnel que la moyenne, mais il trahissait aussi un sentiment d'insécurité récurrent chez celui qui reproduisait régulièrement ce refrain.

En animant un tour de table dans une librairie « éso », il y a de cela un nombre certain d'années, j'avais remarqué qu'une bonne moitié des participants avait recours au croisement des doigts. Ce détail m'avait interpellé à l'époque, mais je n'ai pas cherché à faire une démarche analogique entre la mentalité (en recherche de solutions magiques) des personnes présentes et la reproduction du croisement des doigts. Or, tout individu qui croit qu'une solution magique peut régler son problème est un individu insécurisé affectivement et qui a souvent recours au tricot des doigts. De là à conclure que les individus qui fréquentent ce refrain gestuel sont plus superstitieux que la moyenne, il n'y a qu'un pas que je franchirai, car ce constat me paraît aussi évident qu'un postulat.

Toute communication repose sur une fréquence dynamique des sentiments (dite aussi dynamique mentale) qui anime le territoire mental (pour mémoire : le siège de la confiance en soi et de l'estime de soi). Je pose le postulat suivant : soit cette fréquence est *Affective* et/ou émotionnelle, soit elle est *Cognitive* et/ou rationnelle.

Avis aux animateurs !

Si vous organisez des stages ou des ateliers, soyez attentif à cette répartition gestuelle du tricot des doigts. Plus vous compterez de Cognitifs dans le groupe, plus vous (l'animateur) devrez prendre du recul pour éviter les affrontements avec ce type de profil gestuel intermédiaire. Si vous avez la possibilité de sélectionner les groupes, arrangez-vous toujours pour avoir une majorité d'Affectifs, plus indisciplinés certes, mais plus ouverts à la nouveauté et au changement que les Cognitifs. Ils sont aussi plus férus de psychologie que les Cognitifs.
En règle générale, les Affectifs sont majoritaires dans notre société française, mais qu'en sera-t-il en Belgique, en Suisse ou au Canada ? Je ne peux répondre à cette question tant que je n'ai pas eu le loisir d'investiguer les populations de ces pays.

La dynamique des sentiments

Un sentiment est une source d'énergie, donc un phénomène dynamique. Chacune des deux fréquences dynamiques *Affectives* ou *Cognitives* se subdivise en deux sections distinctes : **sociale** ou **créative** pour la fréquence affective ; **logique** ou **fonctionnelle** pour la fréquence cognitive. Ces désignations appartiennent à une combinaison entre le mode des doigts croisés et l'oreille privilégiée au téléphone, combinaison qui débouche sur la forme d'intelligence, sur laquelle je reviendrai dans la partie consacrée aux combinaisons gestuelles.

La dominance du pouce gauche est *Affective*, celle du pouce droit est *Cognitive*. Si vous êtes gaucher, il faut inverser les valeurs. Le pouce gauche est *Cognitif* et le pouce droit est *Affectif*.

Les sujets qui croisent les doigts en mode Affectif sont toujours plus sociables ou plus sensibles que ceux qui appartiennent au mode Cognitif. Ils ont besoin des autres pour se ressourcer, pour se motiver, pour progresser dans la vie. Ils initient ou révèlent.

A contrario, les individus qui croisent les doigts en mode Cognitif (pouce droit dominant) utilisent les autres pour le bien de la communauté ou dans leur propre intérêt. Ils sont plus motivants, ils animent, organisent ou régulent les activités du groupe. Ils sont plus ambitieux.

Quelques statistiques

Sur un total de 1 769 femmes observées, j'ai noté 53 % d'Affectives contre 47 % de Cognitives. En ce qui concerne les hommes, sur 1 474 individus observés : 56 % d'Affectifs contre 44 % de Cognitifs.

Comme vous le constaterez en annexe dans une étude effectuée sur les comédiens et acteurs (voir p. 350), la proportion est inverse du grand public : 45 % d'Affectifs et 55 % de Cognitifs chez les éléments masculins. En revanche, les éléments féminins de ce secteur d'activité sont nettement différents de la population masculine des acteurs : 67 % d'Affectives pour 33 % de Cognitives.
Ces pourcentages sont encore plus intéressants dans l'étude consacrée aux membres de la salle de sport d'Amboise (Central Gym, déjà évoquée) : 39 % de femmes Affectives contre 61 % de Cognitives. Les femmes qui fréquentent cette salle sont plus rationnelles que les actrices de cinéma et plus ambitieuses que les acteurs. Pour les hommes, les résultats avoisinent ceux des acteurs de cinéma : 48 % d'Affectifs contre 52 % de Cognitifs, soit une proportion qui rejoint l'équilibre sociétal théorique auquel je fais référence à la fin de ce chapitre.

En demandant à un groupe de stagiaires d'un atelier de développement personnel de croiser les doigts, j'ai été surpris de retrouver une majorité d'Affectifs (pouce gauche dominant). J'ai aussi pu remarquer que les quelques Cognitifs qui participaient à cet atelier étaient nettement plus interventionnistes et plus critiques vis-à-vis de l'animateur que leurs alter ego Affectifs.

La psychologie dynamique

Le terme « dynamique » utilisé dans le cadre du croisement des doigts n'est pas un effet de style. Il rejoint les règles de la **psychologie dynamique** initiée par Kurt Lewin, psychologue américain d'origine allemande, qui a étudié d'un point de vue dynamique les comportements associés à la motivation et l'apprentissage. Sa théorie fondée sur la notion de « champ psychologique » l'a conduit à analyser les interactions dynamiques à l'intérieur de groupes d'individus. Chacun de ces groupes est constitué des deux profils de base : Affectifs et Cognitifs en proportion variable.

Dans tous les cas de figure, soit la raison domine l'émotion et vous êtes Cognitif, soit l'émotion domine la raison et vous êtes Affectif.

Le mode Affectif

Quand l'émotion domine la raison

Si vous croisez les pouces sur le mode Affectif, le pouce gauche dominant indique la fréquence sur laquelle repose la dynamique de vos sentiments : votre fréquence dynamique est émotionnelle. La fréquence équivaut notamment au ton du discours, le ton de l'Affectif est plus passionnel que celui du Cognitif, il imagine mais ne raisonne pas comme le Cognitif.

Portrait d'une Affective

Je suis une femme très sensible, créative, curieuse de la nouveauté et vraiment tolérante. Je cultive le plaisir, privilégiant la qualité de vie « ici et maintenant » au désir d'aboutir, et je suis investie dans toutes les déclinaisons du plaisir, de l'émotion à l'imagination, de la créativité à l'empirisme. Le carburant de ma motivation prend sa source dans l'idée du plaisir que je retirerai de l'aboutissement de mes initiatives. Je m'engage toujours au coup de cœur et je marche à l'inspiration. Mes qualités primordiales : autodidacte, empiriste, instinctive ou intuitive. En un mot comme en cent : **je crois que ce que je ressens est vrai**.

Le mode Cognitif

Quand la raison domine l'émotion

Si vous croisez les pouces sur le mode Cognitif, votre fréquence dynamique est empreinte d'une certaine rigidité. Votre communication sera rationnelle, pragmatique et contrôlée. La fréquence correspond au ton de voix du discours, un ton plus uniforme, voire monocorde, que celui de l'Affectif.

Portrait d'un Cognitif

Sous un aspect extérieur plus distant ou plus froid, on me croit parfois rigide ou réservé. Il est vrai que mes relations avec autrui sont souvent fonction de ma vie professionnelle ou de mon domaine d'élection. Je suis plus ambitieux que motivé, pour moi le désir prime sur le plaisir de l'aboutissement. Rien n'est jamais acquis et toute victoire n'est qu'une étape. Je fonde mes démarches sur des preuves et non sur des hypothèses ou des intuitions pour progresser. J'exerce mon esprit critique en toute occasion, ce qui me rend plus difficile à influencer. Ma faculté de m'enthousiasmer est toujours sous contrôle. En réalité, je suis très saint Thomas, ***je ne crois que ce que je vois****.*

> Certains Cognitifs se sont inscrits en faux contre ce qui vient d'être évoqué. « Je suis pourtant très émotive », m'oppose cette dame qui travaille dans un secteur artistique. Elle est galeriste et s'en tire plutôt bien sur le plan financier. Un artiste peintre, Cognitif lui aussi, me fait la même remarque. Il se sent parfaitement créatif. Je lui réponds : « Vous confondez le terme créatif et la fonction du créateur. » Impossible de lui faire comprendre que son art n'est pas en cause, mais la manière cognitive dont il l'exerce. Très talentueux, il réussit admirablement dans son métier. Il est reconnu pour ses toiles de natures mortes. Elles se vendent comme des petits pains. Je le considère comme un excellent technicien mais pas comme un artiste avec ses failles. Ses natures mortes sont de véritables photographies, presque trop parfaites mais très figées. Comme lui. Je n'ai pas pu lui dire ce genre de choses, on s'en doute. Seuls les compliments sont reçus 5/5 par tous les artistes qui ont réussi dans leur domaine de prédilection.

Les proportions idéales

La parité entre les images paternelles et maternelles dans l'inconscient individuel (nous sommes faits de deux moitiés, synthèse biologique d'un couple d'individus) correspond à une parité sociétale entre Cognitifs et Affectifs.

La proportion de 49 % d'Affectifs et de 51 % de Cognitifs que j'ai recueillie auprès des étudiants HEC est évidemment idéale. Elle signifie que ces jeunes ont atteint la satisfaction de leurs désirs. Ce qui se traduit par une capacité d'achèvement de très haut niveau. La parité Affectifs/

Cognitifs indique la capacité d'achèvement moyenne d'un groupe socio-professionnel. Quel est le niveau d'achèvement d'une entreprise ? Il suffit de comptabiliser les proportions entre Affectifs et Cognitifs de haut en bas de la chaîne hiérarchique.

Une proportion 60 %/40 % (entre Affectifs et Cognitifs) trahit un investissement faible et une capacité d'achèvement fragilisée par une situation économique peu favorable, ce qui est le cas de la population masculine française de référence. La population féminine obtient 56 % d'Affectives pour 44 % de Cognitives, un résultat qui se rapproche du modèle d'achèvement équilibré, ce qui prouve que les femmes ont plus le sens des réalités que les hommes. On peut aussi conclure que la population masculine est plus influençable, voire plus superstitieuse que la population féminine. Cette dernière remarque va à l'encontre de l'image que nous avons de la faible femme confite en dévotion pour ses magazines pipole et son horoscope hebdomadaire. Il faudrait peut-être cesser d'assimiler les femmes à des héroïnes de romans-photos.

Que pouvons-nous en déduire ? Que le Français moyen est frustré de ses ambitions ou de ses désirs, d'où le recours aux plaisirs virtuels (oniomanie, Française des jeux, DVD, télé-réalité, etc.). Vous remarquerez que les femmes sont moins atteintes du virus du virtuel et donc plus en prise avec la réalité quotidienne (les gamins, le ménage, le boulot et souvent pas de conjoint, tels sont les ingrédients d'un réalisme au quotidien). Le sentiment d'inachèvement et/ou de précarité qui étreint notre société sont confirmés par le déséquilibre entre populations cognitives et affectives.

En comparaison, la proportion de 53 % d'Affectifs et de 47 % de Cognitifs pour les éléments masculins de l'étude réalisée sur la salle de sport se rapproche du résultat des étudiants d'HEC et indique une capacité d'achèvement dynamique. En revanche, la proportion de 45 % d'Affectives et de 55 % de Cognitives de la salle exprime une exigence d'achèvement quasi névrotique. La proportion de Cognitives indique un niveau d'ambition qui frise l'arrivisme chez ces dames.

Si ce résultat pouvait être transposé au niveau de la population féminine française, la France serait tirée d'affaire dans les trois années qui suivraient l'élection présidentielle. Mais je rêve !

Les croisements atypiques

J'ai observé attentivement des individus qui ne croisaient pas les pouces. Soit, ceux-ci reposaient côte à côte sans se superposer, soit les pouces étaient réfugiés derrière le tressage des doigts. Ni désir ni plaisir est la signification de cette position particulière des pouces. Ces variantes sont particulièrement visibles chez des individus inactifs ou les personnes âgées. Dans ce type de figure, il faut observer le croisement des index ou des auriculaires. Quand l'index droit domine, le sujet est Cognitif, quand l'index gauche domine, le sujet est Affectif.

Un cas d'école : les pouces croisés en alternance

L'alternance du croisement gauche-droite pour les pouces dévoile un état de surmenage. Ce type de conduite apparaît souvent dans les débats télévisuels chez des invités qui ne savent plus comment se tirer d'une situation qui les perturbe. Ils perdent littéralement les pédales. Si vous faites l'essai, vous constaterez que le croisement inverse de votre croisement habituel est inconfortable. Ce refrain gestuel est invariable pour cette raison. Sa modification intempestive indique clairement un état de confusion mentale ou émotionnelle. Le même phénomène se reproduit avec le croisement des bras chez les « traqueurs » (trac des situations d'examen).

> Une institutrice de maternelle à qui j'avais demandé de répertorier la fréquence des croisements de doigts parmi les enfants de sa classe (3-4 ans) m'a confirmé que ce croisement n'était pas vraiment fixé chez certains d'entre eux. Il semblerait que les enfants du plaisir (pouce gauche dominant) ne se distinguent pas encore des enfants du désir (pouce droit dominant) à cet âge-là.

Quelques singularités

L'attachement des Affectifs à la satisfaction de leurs plaisirs ou à la résolution de leurs problèmes et non à leurs ambitions sur le long terme les rend plus influençables que les Cognitifs.

Ce constat, qui concerne toutes les enquêtes hétérogènes[1] que j'ai effectuées à ce jour en France, explique peut-être le manque de détermination ou de ténacité d'une large partie de la population. La télévision nous renvoie cette image avec les plateaux de télé-réalité, la multiplication des émissions consacrées aux riches, aux stars, aux battants de notre société. Ce type de document entretient l'idée qu'on peut devenir une star en quelques coups de baguette magique face aux caméras. Une société à majorité Cognitive ne plébisciterait jamais ce type de programme. Pour eux, une ambition doit blanchir sous le harnais et il faut rester réaliste, la magie des victoires « du

1. La population hétérogène est une population observée sans interrogatoire de proximité, comme c'est le cas pour les groupes homogènes.

jour au lendemain » est un leurre pour gogos. Notre enquête effectuée dans la salle de sport d'Amboise confirme ce critère (voir en annexe p. 351).

Une population à majorité Affective privilégie les croyances occultes, ce qui explique le succès irrationnel des horoscopes dans les journaux féminins et sur les ondes de radios nationales, celui du métier d'astrologue ou de devin à notre époque de haute technologie. Un roman comme le *Da Vinci Code* de Dan Brown n'aurait pas remporté un tel succès au sein d'une population à majorité Cognitive. Il faut des Affectifs pour plébisciter les aspects magiques du roman.

Les Affectifs fréquentent la chance, les Cognitifs préfèrent bosser. Si je pouvais réaliser une enquête sur tous les joueurs qui consacrent leur obole quotidienne à la Française des Jeux, je suis certain de trouver une écrasante majorité d'Affectifs et une minorité de Cognitifs parmi eux.

> Le père et le fils grattent des Banco sur le comptoir du bistro de campagne où je sirote mon café de temps à autre. Je leur demande de croiser les doigts pour voir. Ils obtempèrent sans comprendre. Ils sont Affectifs tous les deux. Une mini-enquête qui m'a coûté deux euros, deux jeux à gratter. Perdu. Pas de chance.

Passons maintenant au troisième et dernier refrain gestuel invariable qui constitue l'infrastructure de la grammaire des gestes : l'oreille privilégiée au téléphone.

III

Le choix de l'oreille

« Si l'autre est comme moi, fonctionne comme moi, souffre comme moi, c'est qu'il est une partie de moi », médite l'Introverti.
« Si l'autre est différent de moi, ce qu'il ressent, ce qu'il pense, ce qu'il dit m'intéresse car j'apprends à mieux le connaître », conçoit l'Extraverti.

La parole sert à communiquer avec autrui et à transmettre des informations factuelles ou émotionnelles. La transmission introvertie distille une information filtrée par l'ego du sujet. Elle est subjective. La transmission extravertie définit un individu qui est à l'écoute de l'autre sans ressentir le besoin de faire référence à son propre champ d'expérience. Elle est donc objective. Il constate objectivement les faits qui lui sont rapportés sans se projeter sur l'autre.

À l'instar des gauchers du pied et droitiers de la main, il existe des gauchers ou des droitiers de l'oreille. Beaucoup de gens pensent qu'ils utilisent indifféremment l'oreille gauche ou droite pour écouter leur correspondant au téléphone. C'est faux pour la majorité d'entre eux, même s'il arrive que l'on passe d'une oreille à l'autre pour des raisons purement mécaniques. Si vous devez noter une adresse, vous reporterez inévitablement votre portable à l'oreille gauche afin de libérer votre main droite. Avec la banalisation du portable, le contact téléphonique est devenu une activité ordinaire, du plus jeune au plus vieux, du plus pauvre au plus riche. Un enfant de 3 ans capable de communiquer verbalement a déjà choisi son oreille privilégiée sur laquelle il pose instinctivement l'écouteur du portable ou du combiné. Ce faisant, il a aussi sélectionné son mode de communication qui dépend avant toute chose de **l'oreille qui écoute au téléphone**. La règle est simple : l'oreille droite est rationnelle puisqu'elle dépend du cerveau cognitif (le cerveau gauche) ; l'oreille gauche est émotionnelle puisqu'elle dépend du cerveau affectif (le cerveau droit). L'oreille réceptrice droite identifie un individu dont la communication est **Extravertie**. L'oreille réceptrice gauche identifie un individu dont la communication est **Introvertie**. En somme, cela revient à dire : « Dis-moi comment tu m'écoutes et je te dirai comment tu communiques. »

Le mode Introverti

L'Introverti cultive les opportunités au détriment des amitiés.

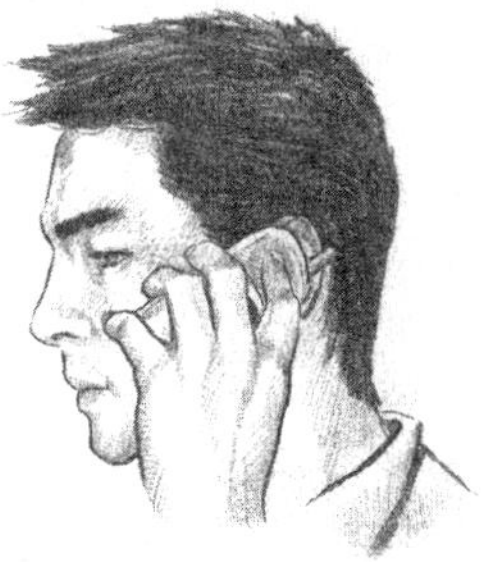

En principe, l'Introverti est vraiment curieux des informations qui le concernent en priorité. Il éprouve des difficultés à se décentrer et à faire abstraction de son Moi. Il arrive que certains Introvertis se défroquent et passent sans préavis à l'extraversion ; comme si leur oreille gauche entendait soudain moins bien que la droite. Ce genre de transfert est rare et souvent consécutif à une métamorphose en profondeur des comportements. Il existe aussi une minorité d'ambivalents qui utilisent indifféremment l'oreille gauche ou l'oreille droite. Il s'agit, comme nous le verrons par la suite, d'un **profil mutant** (voir p. 333).

Supposons que vous soyez Introverti et que vous souhaitiez faire l'effort d'écouter votre correspondant de l'oreille droite. Vous ressentirez très vite une fatigue du bras droit qui vous obligera à reprendre votre portable dans la main gauche. Vous aurez également la sensation d'entendre nettement moins bien. Pareil, si vous êtes Extraverti et que vous souhaitez faire l'expérience inverse.

L'Introverti se communique à l'autre, il emprunte le canal de son propre ego pour transmettre ses informations. Il est « je » avant d'être « tu » ! Il affirme plus qu'il ne questionne. L'Introverti peut aussi poser des questions, mais son ego le rend sourd à toute considération qui ne cadre pas avec ses convictions. L'Introverti projette ses désirs sur l'environnement par le truchement d'une conscience fortement imprégnée par son Moi. Il est très centré sur lui-même. Il ne perçoit les autres qu'à travers le filtre de son ego qui le protège efficacement contre toutes les frustrations de l'existence. Les Introvertis vivent en général plus vieux que les Extravertis, parce qu'ils sont plus égoïstes. C'est le principe de conservation de l'espèce édicté par Darwin dans sa théorie évolutionniste.

Carl Jung a défini quatre portraits de l'Introverti dont j'ai identifié les tribus psychogestuelles : les Cartésiens, les Sensitifs, les Narcissiques et les Créatifs, portraits que vous retrouverez dans les prochains chapitres.

Certains Introvertis sont très réservés, voire timides, d'autres donnent l'impression du contraire. Ce n'est qu'une impression. **La timidité n'est pas une maladie, mais une posture psychosociale qui dépend du mode de communication de l'individu.** J'ai connu des grands timides qui sont devenus des séducteurs d'une audace inouïe. Ils avaient besoin de se dépasser, de se prouver qu'ils étaient capables d'oser.

En conclusion, tous les Introvertis sont timides mais certains parviennent à dépasser leur réserve. Ils affrontent un défi permanent, en somme. Le problème de l'Introverti se situe dans son attitude émotionnelle face à l'audace qui lui fait souvent défaut.

Le mode Extraverti

L'Extraverti cultive amitiés et inimitiés au détriment des opportunités.

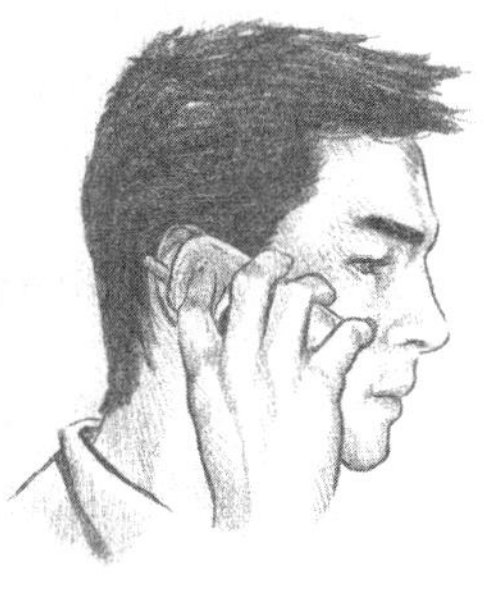

Comme je l'ai déjà évoqué, l'Extraverti communique avec l'autre, il est « tu » avant d'être « je » ! Il questionne plus qu'il n'affirme. L'ouverture aux autres est une richesse qui a un coût énergétique ! Les Extravertis dépensent beaucoup d'énergie à écouter le monde. Ils préfèrent souvent assister au spectacle que d'en faire partie. Ce qui ne signifie pas qu'ils négligent leur carrière pour autant. La différence avec l'Introverti, c'est que l'Extraverti qui réussit dans ses entreprises y arrive souvent grâce aux autres. L'Extraverti cultive les amitiés au détriment des opportunités. C'est là tout son secret !

Les Extravertis peuvent appartenir aux tribus des Idéalistes, des Tribaux, de Challengers ou des Relationnels, pour reprendre quatre des huit types décrits par Jung et que nous aborderons par la suite. Ils ont aussi leur lot de timides, bien entendu. L'Extraversion n'empêche pas la timidité.

En conclusion, toute communication verbale est une transmission d'information qui a besoin d'un canal pour être véhiculée. Il n'existe que deux canaux possibles : celui qui passe par l'ego du locuteur et celui qui passe par l'ego de l'interlocuteur.

Le génie de Jung

Jung considère l'introversion comme un repli sur soi et l'extraversion comme un intérêt pour le monde extérieur. Ce qui en clair laisserait sous-entendre grossièrement que l'Introverti est un individu subjectif, introspectif et égocentrique, et l'Extraverti un être objectif et sociable. C'est loin d'être aussi carré. Pour étayer sa théorie, il a établi une typologie originale des caractères qui relativise quelque peu cette première vision un peu escarpée. Je vous la livre brièvement.

• Le type « pensée-introversion » – la pensée tourne en rond sur elle-même en circuit fermé – décrit un théoricien dogmatique, arrogant, susceptible, pessimiste et dénué d'intuition. Un cerveau gauche pur et dur, en quelque sorte. Nous le baptiserons : **« Cartésien ».**

• Le type « pensée-extraversion » – la pensée s'exprime vers l'entourage ou l'extérieur – qui est une sorte d'idéologue intolérant et fanatique. Nous le baptiserons : **« Tribal ».**

• Le type « sentiment-introversion » – le sentiment passe par l'intérieur avant traduction en conduite externe. Un type féminin dont les jugements se soumettent à ses sympathies ou ses antipathies. Très émotif, il est souvent mal compris et incapable de s'exprimer autrement qu'en séduisant. Nous le baptiserons : **« Sensitif ».**

• Le type « sentiment-extraversion » – les conduites sont démonstratives, voire exaltées –, facilement influençable avec une forte tendance à vivre à travers les autres en s'identifiant à ses idoles, par exemple. Nous l'appellerons : **« Idéaliste ».**

• Le type « sensation-introversion » – émotion introvertie et orgueilleuse, tournée vers le moi fier de son apparence ou de sa *persona*. Irrationnel, sensuel, séducteur, imprévisible, comédien mais très calculateur. Nous le baptiserons : « **Narcissique** ».

• Le type « sensation-extraversion » – il a besoin de s'exprimer et surtout d'action aboutie pour satisfaire ses appétits. Il est avide de stimuli extérieurs qui doivent se renouveler fréquemment pour soutenir son intérêt. Il se lasse facilement de ce qu'il a adoré et se montre souvent très impatient ou très pressé d'aboutir. Nous pourrions le définir comme un « **Challenger** ».

• Le type « intuition-introversion » – guidé par son intelligence analogique, il vit de ses inspirations, le moteur de sa créativité – qui se préoccupe peu des événements qui ne le concernent pas directement, personnage parfois instable, souvent mal compris, décryptant le monde qui l'entoure en fonction de son intuition. Nous le surnommerons « **Créatif** ».

• Le type « intuition-extraversion » – il ressent les autres, leurs besoins, leurs chagrins, leurs rêves et leur offre ce qu'ils désirent, « en paroles » quand il n'a pas les moyens de sa politique – qui est un être instable, impulsif mais aussi optimiste et instinctif. C'est le **« Relationnel ».**

Je parie que vous ne vous reconnaissez dans aucun de ces huit portraits et je vous comprends parfaitement. Aucun d'entre eux n'est véritablement qualifiant pour votre ego. Et pourtant, vous êtes fatalement identifié partiellement à l'un d'entre eux, comme vous le constaterez par la suite..

Les statistiques

Je vous livre un extrait d'une étude partielle comparative entre les Introvertis masculins et féminins entre un groupe d'acteurs, population homogène, et le groupe de référence, population hétérogène.

Acteurs
205 individus
Introvertis : 52 %
Extravertis : 48 %

Population de référence
Sujets masculins : 1 474
Introvertis : 42 %
Extravertis : 58 %

On note donc une différence de 10 % (Introvertis et Extravertis) entre ces deux populations masculines. La population de référence est plus ouverte socialement au monde extérieur que celle des acteurs.

Actrices
96 individus
Introverties : 43 %
Extraverties : 57 %

Population de référence
Nombre de sujets : 1 769
Introverties : 36 %
Extraverties : 64 %

Les femmes sont moins égocentriques que les hommes, mais je suppose que je ne vous apprends rien de neuf. Elles communiquent mieux et de manière plus efficace que les éléments masculins. La différence de 7 % entre les deux sexes des populations de référence est significative. La population féminine de référence est très proche de l'équilibre sociétal, ce qui est encourageant car cela signifie que les femmes sont plus sociables et plus ouvertes au dialogue que les hommes. Et vous n'êtes pas au bout de vos surprises. Je vous renvoie à l'étude exhaustive en annexe (voir p. 350).

Le cerveau en ligne

Celui qui écoute comprend,
ce que ne saisit pas toujours celui qui entend.

L'inversion des commandes cérébrales des latéralités corporelles demeure un mystère non élucidé par la science. Pour faire simple, le cerveau droit (dit Affectif) commande la partie gauche du corps, le cerveau gauche (dit Cognitif) commande la partie droite du corps.

Partant de ce postulat neurobiologique essentiel, toute écoute téléphonique de l'oreille gauche est fatalement associée à l'hémisphère droit du cerveau. Il s'agira donc d'une écoute empreinte d'émotions, impliquée affectivement et fortement centrée sur le Moi du sujet en projection sur son interlocuteur invisible. Le sujet de l'oreille gauche (l'Introverti) n'est pas un auditeur mais un locuteur. Il a beaucoup de mal à écouter son correspondant sans intervenir. Le décryptage du message reçu est systématiquement confronté ou comparé à son expérience subjective. L'Introverti est incapable d'objectivité sauf dans l'exercice d'un métier qui l'oblige à laisser son ego au vestiaire.

L'écoute téléphonique de l'oreille droite, étant associée à l'hémisphère gauche du cerveau, sera une écoute cognitive, objective, rationnelle, fondée sur un besoin d'échanger des informations, donc d'accorder à l'autre un temps de parole non parasité. L'auditeur de l'oreille droite (l'Extraverti) est à l'écoute du monde réel ; son alter ego de l'oreille gauche est à l'écoute de SON monde émotionnel. L'auditeur Introverti est introspectif. L'auditeur Extraverti est extratensif, c'est-à-dire ouvert au monde qui l'entoure.

Au stade de la prime enfance et ce dès la naissance, le cerveau droit est sursollicité. Toutes les émotions infantiles y sont stockées à vie. Le cerveau gauche entre en action vers l'âge de 2 ans et demi à 3 ans, quand l'enfant commence à maîtriser la parole et à se confronter aux nombreux interdits de la société. C'est la période du pourquoi et de l'éclosion de l'intelligence, d'où l'appellation de cerveau cognitif attribuée à cet hémisphère cérébral.

Les proportions idéales

Une société extravertie est une société ouverte au progrès, aux réformes les plus hardies, mais qui doit être tempérée par un complément introverti (environ 1/3 de la population) pour ne pas rêver sur pied de victoires faciles et d'évolutions qui demandent du temps, de la sueur et des larmes. Si la population féminine est plus extravertie que la population masculine, ce n'est pas sans raison. La femme du XXIe siècle tente de se libérer du carcan culturel dans lequel elle est enfermée par la mentalité phallocrate de notre société et une éducation qui ne l'est pas moins. L'ouverture au monde (l'écoute) est la seule porte qui permet le changement des mentalités. Les hommes font de l'obstruction à leur insu (43 % d'Introvertis pour 57 % d'Extravertis) alors que les femmes sont Introverties à 35 % et Extraverties à 65 %.

À ce propos, le résultat obtenu pour la section des étudiants HEC dans laquelle j'enseigne est totalement atypique. Sur 35 individus administrés j'obtiens 14 % d'Introvertis pour 86 % d'Extravertis. Cela pourrait paraître logique dans la mesure où tout étudiant qui termine ses études dans l'enseignement supérieur aspire à franchir la frontière entre la théorie et la pratique dans les meilleures conditions possibles. Mais ces étudiants étaient déjà majoritairement Extravertis avant d'aborder le cycle supérieur, m'objecterez-vous ! Exact ! La question qui se pose est élémentaire : qu'en est-il de la majorité des étudiants du cycle supérieur en France ? Pas de réponse à ce jour ! On ne peut pas être sur tous les fronts en même temps, n'est-ce pas ? Car le degré d'extraversion de ce groupe HEC est atypique, comparé à celui des populations masculines et féminines de référence.

Extraversion rime avec capacité de concentration !

Dans le groupe témoin de sportifs, j'obtiens une proportion globale de 26 % d'Introvertis pour 74 % d'Extravertis, ce qui va dans le sens de la théorie que je propose : le besoin de changement, d'évolution, l'aspiration à se réformer, à une meilleure qualité de vie, attire plus les individus Extravertis qu'Introvertis. Un besoin d'ouverture sociale aussi.

La proportion 14/86 des étudiants HEC pourrait laisser penser qu'ils sont les rois de la communication. Cette majorité extravertie est à la fois remarquable et effrayante dans un groupe homogène. Tous les excès le sont. Elle s'explique notamment par une majorité de profils Challenger/Tribal/Idéaliste (75 %) qui sont tous des Extravertis à l'intérieur de ce groupe.

Pourquoi effrayante ? Parce que ce genre de proportions se retrouve dans des sociétés fermées dans lesquelles les libertés ne sont pas au programme ou soumises à condition. On peut inférer que le type d'écoute des étudiants du supérieur serait conditionné par une capacité d'apprentissage supérieure à la moyenne. La question reste entière. Curieusement, plus la population observée vit sous la contrainte d'un pouvoir despotique (Iran, Corée du Nord, Cuba) plus le pourcentage d'extravertis est important. Le déséquilibre rencontré à HEC pourrait procéder d'une *tyrannie intellectuelle* qui oblige les étudiants à l'excellence, comparativement à d'autres établissements. L'écrémage s'opère évidemment en « prépa » et ne laisserait passer que des étudiants supérieurement intelligents et prêts à se soumettre aux normes en vigueur sur le campus de HEC.

Les singularités

• Dans une société démocratique, la libre circulation des idées et la libre pensée peuvent expliquer la différence significative tous sexes confondus entre les Extravertis (61 %) qui communiquent AVEC, sans crainte de se voir pénaliser pour un délit d'opinion, et les Introvertis (39 %) qui SE communiquent aux autres, c'est-à-dire qui communiquent leurs états d'âme en priorité. L'équilibre plancher se situe à 1/3 d'Introvertis pour 2/3 d'Extravertis.

• L'Extraverti préfigure l'homme alphanumérique de demain. Il existe souvent à travers son portable, un objet intime qui lui permet de démultiplier ses contacts sociaux et ses relations. Il éprouve un besoin vital de communiquer de manière efficace. Le succès du portable repose probablement sur le pourcentage majoritaire d'Extravertis dans les populations urbaines.

• L'Introverti est un bavard. Il parle volontiers de lui ou de ses problèmes du jour, ce qui en fait un client potentiel des cabinets psy, contrairement à l'Extraverti. Les Extravertis ne s'exposent pas volontiers, ils préfèrent poser des questions que d'y répondre, surtout quand elles les concernent au premier chef. Sur 10 patients que j'ai reçus dans mon cabinet quand j'exerçais ma pratique psychothérapeutique, j'ai toujours compté 7 Introvertis pour 3 Extravertis.

• Quand un Introverti est obligé de se convertir à l'extraversion pour des raisons professionnelles, il ne se dépouille pas de son mode de communication favori, mais il le met entre parenthèses pour exercer son job dans les meilleures conditions possibles. Les Extravertis ne sont pas confrontés à ce type de situation, évidemment, sauf s'ils consultent un psy.

• En toutes circonstances, le temps de parole des Introvertis est nettement plus long que celui des Extravertis. Les mauvais conférenciers sont des Introvertis, les mauvais pédagogues aussi, sauf s'ils parviennent à se dépouiller de leur ego et à créer une interaction entre leurs auditeurs et eux-mêmes. Alors là, ils deviennent passionnants à écouter.

Après tout ce que vous venez de lire, il vous sera aisé de différencier les Introvertis des Extravertis et d'adapter votre mode de communication en fonction des uns ou des autres. Rappelez-vous simplement que les Extravertis répondront de manière laconique à vos interrogations et préféreront vous écouter ; que les Introvertis sont parfois de vrais moulins à paroles. Ils vous interrogeront toujours au plus mauvais moment.

Nous allons passer maintenant aux trois combinaisons en binôme de ces trois refrains gestuels élémentaires. La première de ces combinaisons situe une posture psychosociale : **le choix du rôle social** qui s'effectue apparemment très tôt dans la vie. L'association du mode de croisement des bras et du mode de croisement de doigts en représente les signaux gestuels.

Le couplage de la confiance en soi ou de l'estime de soi à la dynamique mentale émotionnelle ou rationnelle débouche sur quatre rôles sociaux distincts. Quel est le vôtre ? Quel est celui de votre partenaire, de vos enfants ou de vos amis ? Comment tirer parti de ces informations pour améliorer votre communication interpersonnelle dans le cadre de votre vie quotidienne ? Rendez-vous dans le prochain chapitre !

DEUXIÈME PARTIE

LES COMBINAISONS DE BASE

Les gestes expriment ce qui ne s'exprime pas.

Les trois combinaisons de base permettent de définir des champs psychologiques essentiels qui répondent à trois questions fondamentales que tout homme se pose dès qu'il recherche un sens à son existence :

– **Quel est mon rôle/ma mission dans la société ?**
– **Comment me faire accepter par le groupe social ?**
– **Ai-je les moyens intellectuels d'assumer mon rôle social ?**

Quel est votre rôle social ?

L'identification au rôle socioprofessionnel s'opère en combinant la posture des bras croisés et celle du croisement des doigts.

Les quatre variantes sont les suivantes :

• **L'Initiateur/fédérateur**
(Offensif Affectif, soit bras droit dominant et pouce gauche dominant – OFAF.)

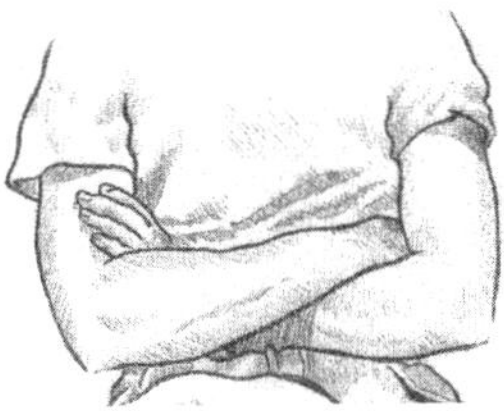

• **L'Animateur/meneur**

(Offensif Cognitif, soit bras droit dominant et pouce droit dominant – OFCOG.)

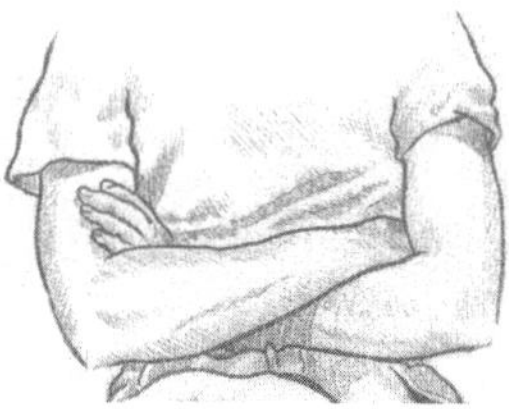

• **Le Révélateur/compassionnel**

(Défensif Affectif, soit bras gauche dominant et pouce gauche dominant – DEFAF.)

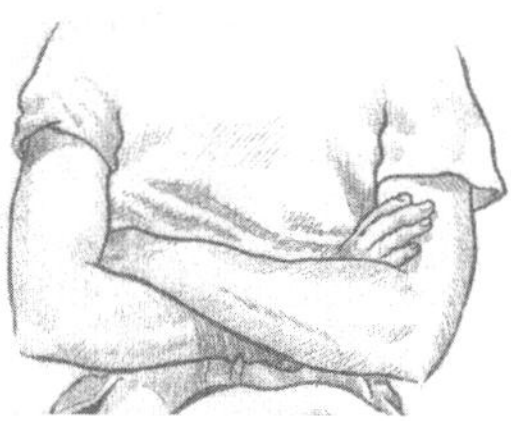

• **L'Organisateur/coordinateur**

(Défensif Cognitif, soit bras gauche dominant et pouce droit dominant – DEFCOG.)

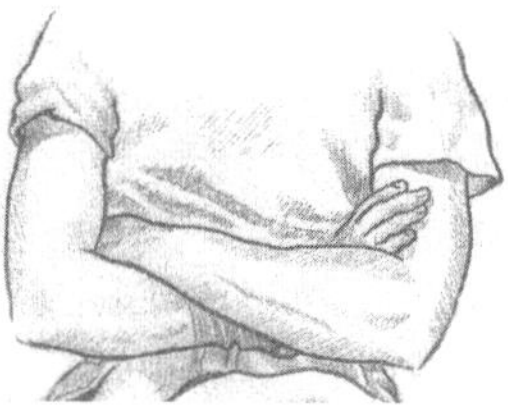

Comment vous adaptez-vous aux autres ?

Penchons-nous maintenant sur l'adaptation sociale, ou mode d'intégration dans le groupe/la communauté. Bras croisés associés au mode d'écoute téléphonique sont les deux refrains qui permettent de situer ce mode d'intégration en toute discrétion :

- **L'Individualiste ou le solitaire**

(Offensif Introverti, soit bras droit dominant et écoute gauche – OFIN.)

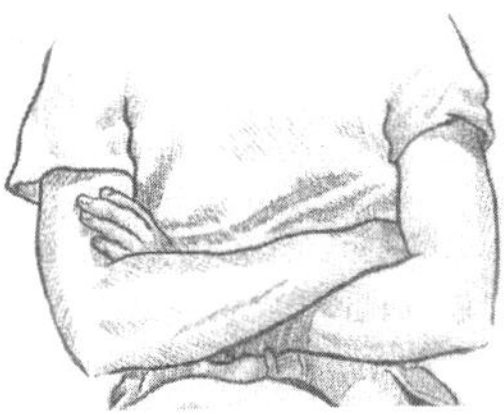

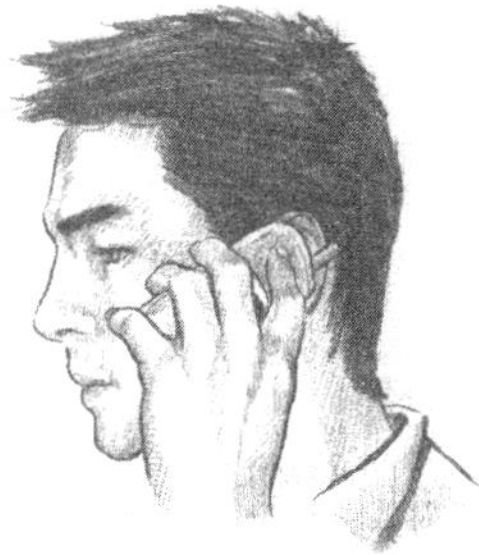

- **L'Autonome ou l'indépendant**

(Offensif Extraverti, soit bras droit dominant et écoute droite – OFEX.)

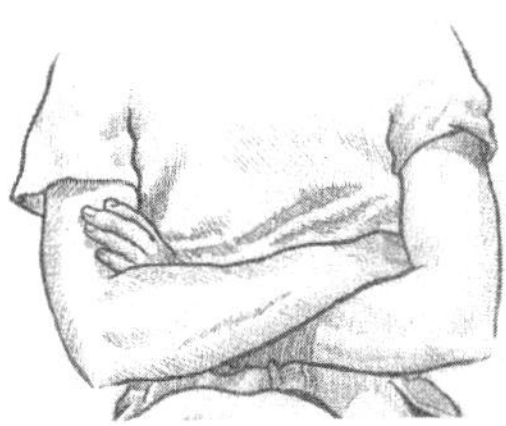

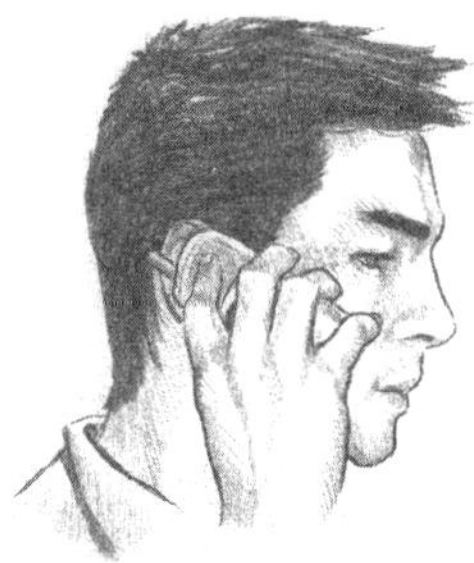

• **Le Solidaire ou le consensuel**

(Défensif Extraverti, soit bras gauche dominant et écoute droite – DEFEX.)

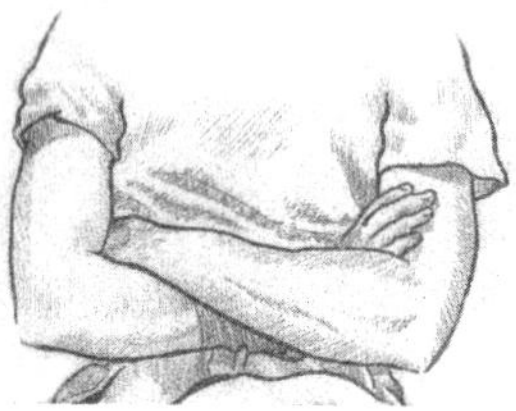

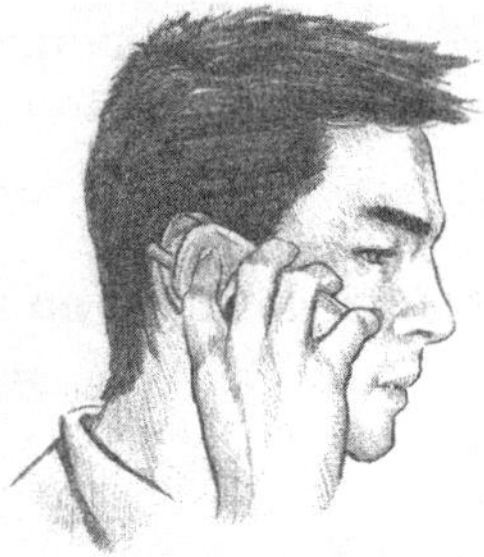

• **Le Dépendant ou le fusionnel**

(Défensif Introverti, soit bras gauche dominant et écoute gauche – DEFIN.)

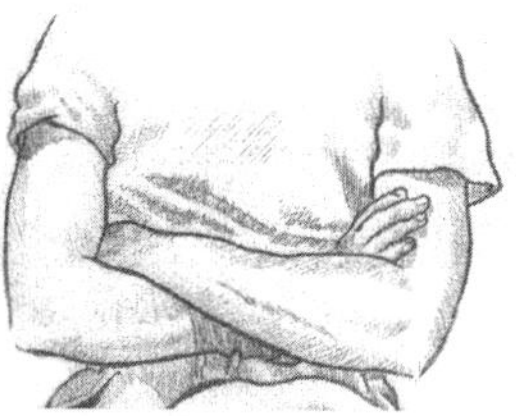

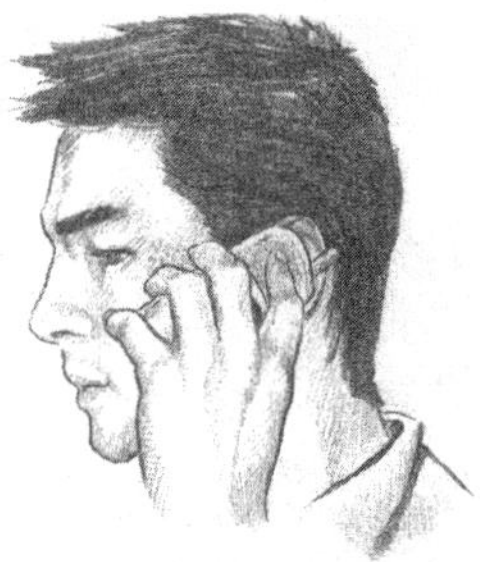

Quel est votre type d'intelligence ?

Intelligence émotionnelle ou rationnelle, les deux camps s'opposent et se complètent. La combinaison des doigts croisés et de l'oreille téléphonique suffit à catégoriser votre type de fonctionnement intellectuel :

• **Intelligence sociale ou interpersonnelle**
(Affectif Extraverti, soit pouce gauche dominant et écoute droite – AFEX.)

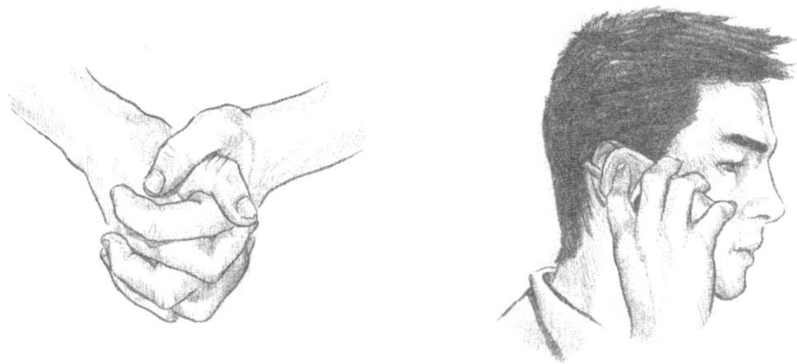

• **Intelligence créative ou empirique**
(Affectif Introverti, soit pouce gauche dominant et écoute gauche – AFIN.)

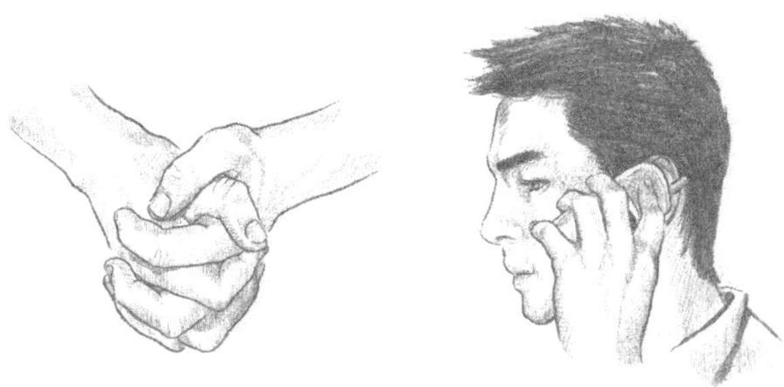

• **Intelligence pratique ou fonctionnelle**

(Cognitif Extraverti, soit pouce droit dominant et écoute droite – COGEX.)

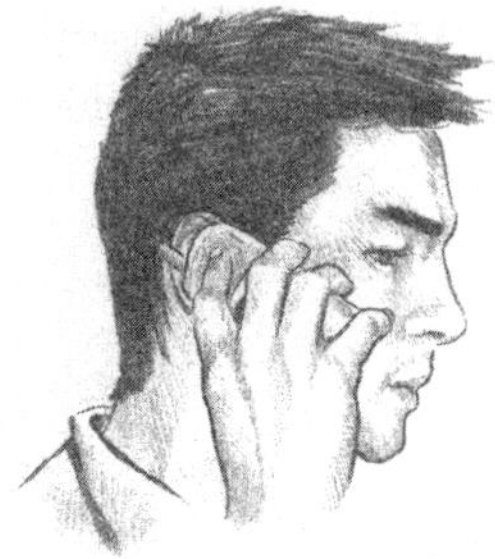

• **Intelligence logique ou spéculative**

(Cognitif Introverti, soit pouce droit dominant et écoute gauche – COGIN.)

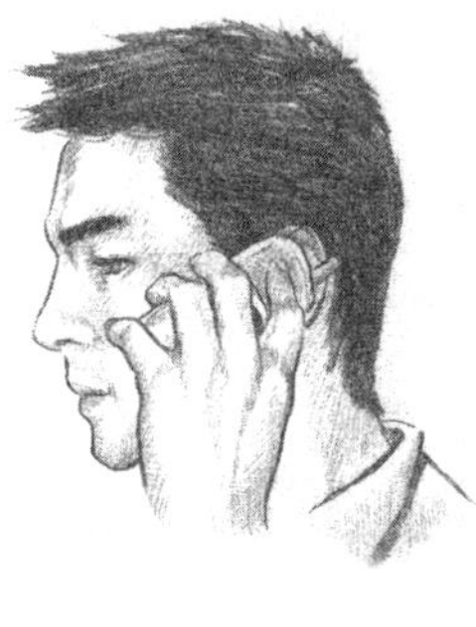

Je vous propose de commencer par l'identification au rôle social et/ou professionnel. Quel est votre rôle dans la société, la communauté, l'entreprise ou le groupe dans lequel vous évoluez ? Nous avons tous un rôle à jouer dans la vie, mais il arrive souvent qu'on nous en impose un qui ne nous convient pas vraiment. **La plupart d'entre nous font semblant d'être ce qu'ils font, mais ne font pas ce qu'ils sont.**

C'est ce que nous allons voir immédiatement dans le chapitre suivant.

I

Le rôle social : bras et doigts croisés

Chaque geste est un mot du corps dont les phrases sont des postures.

Le petit commerce

Kevin est commerçant ambulant. Il travaille sur les marchés matinaux en banlieue parisienne. Les affaires ne sont pas faciles. Il vend des chaussettes et un peu de lingerie, mais il arrive difficilement à joindre les deux bouts. L'un de ses potes, marchand comme lui, lui propose de venir l'aider dans son échoppe de fruits et légumes.

« Je suis dans la m…, ma femme m'a quitté. Elle est retournée chez son ex. Et la vendeuse est partie travailler comme caissière dans un hyper. Viens m'aider à tenir le banc, je te payerai sur le chiffre ! Et tu gagneras toujours plus qu'avec tes chaussettes à trois balles. T'as fait combien dimanche dernier à Saint-Germain ?

— M'en parle pas ! J'ai même pas fait 1 000 balles (150 euros). C'est la mort du petit commerce. Combien je peux me faire par semaine sur ton banc ?

— Je te filerai 10 % du chiffre d'affaires dès que tu pourras assumer le banc avec une petite jeune. Et pourquoi pas ta femme ? Elle a du boulot en ce moment ?

— Euh… Non ! Elle s'occupe du petit. Mais on peut le mettre en nourrice chez une voisine, ajoute Kevin précipitamment. »
Armand, le légumier, a parfaitement compris que le poisson est ferré mais qu'il faudra encore l'appâter pour assurer la prise.
« Bon ! Si ta femme vient bosser avec toi, je te propose 15 % du chiffre en caisse. À toi de payer tes charges. De toute façon, tu as un registre de commerce, tu n'as qu'à me faire des factures. Et pour le black… On s'arrangera entre nous.
— Ouais ! Mais 15 % ça représente combien environ… euh par jour ?
— Ça rapporte moins que la dope mais c'est un boulot honnête, rigole Armand. Je fais un peu plus de 1 200 de recette en moyenne. Cinq jours par semaine sur trois marchés en place fixe, ça me fait 6 000 par semaine…
— Tu parles en francs ?
— Tu te fous de moi ? On est passés à l'euro depuis des lunes, mon coco.
— 15 %, ça fait 900 euros par semaine ? calcule Kevin en haussant le ton. M… alors ! Mais c'est du bon beurre, ta proposition !
— …. et même le sourire de la crémière pour le même prix, renchérit Armand.
— Et comment qu'on va venir travailler pour toi. Et vite fait encore. On commence quand ?
— Demain à 4 heures du mat', ma poule. Tu viens avec moi à Rungis. On va chercher la marchandise. Et ta bourgeoise ?
— Pas de problème ! Elle sera sur le marché vers 6 heures, ça te va ?
— Banco ! »
Kevin a revendu son stock de chaussettes le mois suivant à un collègue.

Six mois plus tard, le chiffre d'affaires d'Armand a doublé sous l'impulsion et le dynamisme de Catherine, la femme de Kevin. Il a proposé à Kevin d'investir dans son affaire et de s'associer pour doubler les échoppes et investir d'autres marchés. Kevin a trouvé son rôle titre en changeant de produit, Catherine est vite devenue la marchande de fruits et légumes la plus populaire du marché de H...

Le rôle qui cadre avec vos potentiels ou vos talents est tapi dans l'ombre de vos chances. Ce n'est pas une figure de style. La chance est une énergie qui sommeille en chacun de nous. Elle ne s'éveille que dans un cas de figure et un seul : quand l'individu rejoint son authenticité, qu'il exerce une activité qui correspond à la programmation de ses aptitudes innées ou acquises et dont le sceptre est tout de même assez étendu. Nous ne sommes pas aussi monovalents qu'on le croit.

Catherine Lara était une violoniste classique de talent. Elle n'arrivait pas à se sentir parfaitement à l'aise dans ce rôle, elle s'est mise à la chanson de variété à l'âge de 27 ans et a connu le succès que l'on sait depuis.

Les réorientations de carrière ne signifient pas qu'il faille envisager un changement drastique. On marche souvent à côté de ses chaussures. C'est exactement le sens premier de cette expression idiomatique.

Un peu de théorie

La manière dont vous assurez la défense de votre territoire mental et la dynamique mentale qui vous anime (bras croisés et doigts croisés) donne la réponse à la première question : quel est votre rôle ou votre mission dans la société ? La vie est une symphonie inscrite sur une partition essentielle. À quel titre jouez-vous cette partition ? Êtes-vous un Initiateur, un Fédérateur, un Animateur, un Meneur, un Révélateur, un Compassionnel, un Organisateur ou un Coordinateur ?

Êtes-vous un Initiateur ?
(Ou un fédérateur ?)

Grille gestuelle : bras droit dominant + pouce gauche dominant.

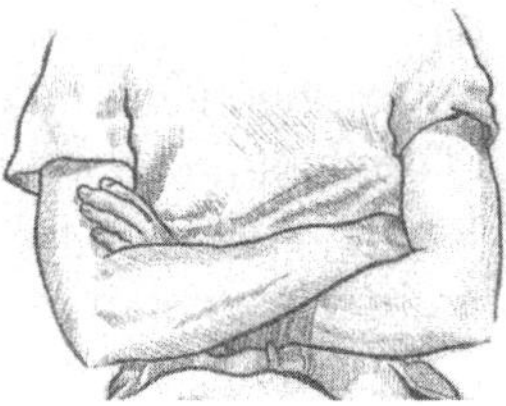

Sur le plan psychosocial, l'Initiateur (Offensif Affectif – OFAF) est un individualiste, pionnier et franc-tireur. Capable d'improviser en toutes circonstances, il retombe toujours sur ses pattes. Sa créativité remplace avantageusement le manque de références face à une situation nouvelle. Il agit en autodidacte, en empiriste, et se méfie de ses connaissances académiques. Sa vie est souvent une succession de « bœufs » (c'est-à-dire d'improvisations). L'Initiateur est un pédagogue au sens le plus large du terme. Il enseigne ce qu'il sait (ou ne sait pas) en faisant appel aux moyens de communication qui lui permettent de délivrer son message. Prêtre, prof ou instit, coach, psychologue, journaliste, écrivain, artiste toutes catégories, etc. Certains Initiateurs et/ou fédérateurs sont devenus des grands patrons d'entreprise ou d'industrie en se lançant dans des domaines encore mal explorés ou pionniers. Beaucoup de jeunes patrons de start-up sont des Initiateurs.

L'Initiateur ne respecte pas la partition mais s'en inspire pour réinventer la mélodie au gré de ses inspirations ou de ses humeurs. Il aime la marginalité, le non-conformisme, la différence et le désordre de ses rêves. Ce qu'il ressent a plus d'importance que ce qu'il vit. Et comme sa réalité dépasse souvent la fiction, il attend que le destin lui fasse un clin d'œil pour se lancer dans une nouvelle aventure. Le sort est comme le vent, il souffle dans la bonne direction quand il est en période dynamique faste sur le plan (senti) mental. Il fonctionne souvent de manière cyclique, voire cyclothymique. Les vaches maigres cèdent le pas aux vaches grasses, suivant les époques de sa vie. Prince-consort du royaume de ses rêves (cerveau droit), il n'est qu'un résident temporaire du royaume voisin, celui du cerveau gauche. L'Initiateur est un être à vocation dont la vie est dédiée à une croisade utile ou inutile. Son intelligence est sociale, interpersonnelle, créative ou analogique, et son « feeling » lui sert de mode de réflexion. Ses engouements valent ses lassitudes, il est impatient de goûter à la saveur du succès mais redoute le désenchantement de l'après. Car la durée ne s'improvise pas. Et sans durée, point de réussite.

QUELQUES INITIATEURS CÉLÈBRES DANS LE SHOW-BIZ...

Céline Dion, Sacha Distel, Jean d'Ormesson, Alexandre Jardin, Florent Pagny, Paul McCartney, etc.

ET D'AUTRES INITIATEURS/FÉDÉRATEURS EN POLITIQUE ?

Laurent Fabius, Jean-Louis Debré, François Hollande, Marie-George Buffet, Lionel Jospin, Ségolène Royal, Nicolas Sarkozy, Dominique de Villepin, Dominique Strauss-Kahn, etc.

STATISTIQUEMENT...

Les Initiateurs représentent 20 % d'un nombre équivalent à 4 142 observations, soit un cinquième de la population de référence étudiée.

Êtes-vous un Animateur ?
(Ou un meneur ?)

Grille gestuelle : bras droit dominant + pouce droit dominant.

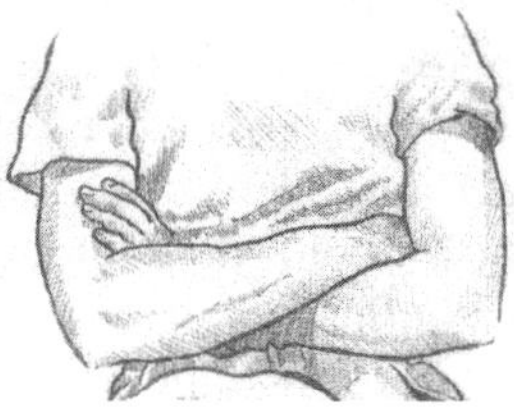

L'Animateur est un Offensif Cognitif (OFCOG). Il sera plus direct, plus autoritaire dans sa relation à l'autre. Il a besoin d'une équipe pour s'épanouir et donner toute sa mesure. La transat en solitaire ne lui convient pas. Confronté à une situation sans références connues, il est incapable d'improviser comme l'Initiateur. Il joue le rôle de l'orchestrateur ou du meneur !

Le grand avantage de l'Animateur sur les trois autres profils consiste en une reconnaissance instinctive des ressources humaines de ses collègues ou de son staff, ressources auxquelles il peut faire appel pour atteindre ses objectifs ou ceux de l'entreprise pour laquelle il travaille. L'Animateur, comme le terme l'indique, est un rassembleur. Il sait coordonner d'instinct toutes les ressources dont disposent ses troupes. Il peut aussi être un meneur.

QUELQUES ANIMATEURS CÉLÈBRES...

Jean-Pierre Foucault, PPDA, Catherine Deneuve, Richard Berry, Daniel Auteuil, Laurent Ruquier, etc.

ET QUELQUES ANIMATEURS OU MENEURS EN POLITIQUE ?

Martine Aubry, Jean-Louis Borloo, Claude Allègre, Jack Lang, Jacques Delors, Jacques Attali, François Baroin, André Santini, etc.

STATISTIQUEMENT...

Les Animateurs représentent 19 % de la population de référence. Tous ne sont pas des patrons d'entreprises, évidemment. Chefs d'équipe, de service, managers, formateurs, profs, politiques, etc., les Animateurs sont de toutes les fêtes.

Êtes-vous un Révélateur ? (Ou un compassionnel ?)

Grille gestuelle : bras gauche dominant + pouce gauche dominant.

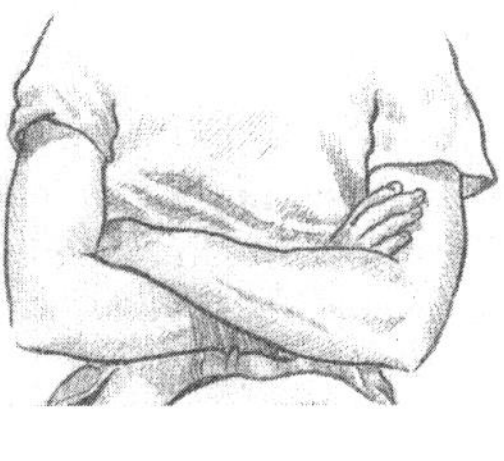

Perfectionniste, amoureux de l'ordre de la méthode, le Révélateur (Défensif Affectif – DEFAF) qui s'engage va jusqu'au bout du contrat, quelle qu'en soit l'issue. Il est fidèle à lui-même et à ses convictions. Comme tout Défensif, c'est la reconnaissance de son utilité au couple, au groupe ou de ses compétences par le groupe qui alimente son estime de soi et équilibre son territoire mental. Le niveau de dévouement d'un Révélateur frôle parfois la caricature, mais il ne peut envisager sa mission sans cette dédicace de tous ses efforts à la pérennité du couple, de l'entreprise ou du groupe qui l'a accueilli en son sein.

> Il n'y avait qu'un seul Révélateur dans le service administratif de cette mairie, mais sa présence rassurait les autres et sa stabilité était communicative, un peu comme une sorte d'enthousiasme sans excès. Tous ses collègues se sentaient en sécurité sans savoir d'où provenait ce sentiment bienfaisant. Et puis, un jour, le Révélateur a été convoqué par le nouveau chef de service. Un harceleur. Il l'a mis au placard dans une annexe de la mairie. Comme ça ! Sans raison autre qu'une antipathie instinctive du chef envers son subalterne. Ce sont des choses qui arrivent. Le travail et les mérites du fonctionnaire n'entrent pas en ligne de compte. Délit de sale gueule ! J'ai oublié de vous dire que notre héros était une personne d'origine algérienne et le chef de service un de ces Français qui votent extrême droite tout en se proclamant de gauche pour la galerie. La disparition de Michel (il s'appelait en vérité Mohamed) a perturbé l'organisation du service. Les retards se sont accumulés dans le traitement des dossiers, les collègues ont commencé à se crêper le chignon jusqu'à ce que le maire prenne conscience de l'incompétence du chef de service. Les réclamations des administrés se multipliaient. L'un de ses adjoints lui suggéra de réintégrer Michel et de déplacer le chef de service vers l'annexe de la mairie où se traitaient les affaires de voirie. C'est ainsi que Mohamed (dit Michel) retrouva son poste et fut promu à la place de son ancien chef de service. Il y a encore une justice. Parfois, mais pas souvent.

Quelques Révélateurs célèbres...

Ils sont plus nombreux que les autres profils. Cela s'explique en partie par le fait que les Révélateurs sont des éléments stabilisateurs du groupe social auquel ils appartiennent.

Jean-Jacques Goldman, Francis Huster, Emmanuelle Béart, Russell Crowe, Cameron Diaz, Véronique Genest, Steve Jobs (le patron d'Apple), Jack Nicholson, Julia Roberts, Meg Ryan, Didier Bourdon, José Garcia, Alain Souchon, Helen Hunt, Isabelle Huppert, etc.

ET EN POLITIQUE ?

François Mitterrand, Dominique Perben, Pierre Maurois, Philippe Douste-Blazy, Bertrand Delanoë, Gilles de Robien, Jean-François Copé, etc.

STATISTIQUEMENT...

Ils représentent 31 % de la population de référence. Comme par un effet du « hasard », ils sont aussi en masse chez les personnalités du spectacle ou du cinéma.

Êtes-vous un Organisateur ? (Ou un régulateur ?)

Grille gestuelle : bras gauche dominant + pouce droit dominant.

L'Organisateur (Défensif Cognitif – DEFCOG) fuit l'aventure pour se réfugier dans un contexte sécurisant du pays de connaissance, un pays qu'il est souvent chargé de coordonner ou de réguler. C'est le pilier de la stabilité d'une entreprise. Il a besoin d'être confirmé dans ses compétences par le groupe pour pouvoir exprimer son talent. Pondérateur, stabilisateur, conservateur en chef des règles du jeu, gardien des valeurs de la société, thermostat social, l'Organisateur est tout cela et plus encore. Il est indispensable à l'équilibre du groupe, il en est souvent le régulateur social.

Il existe deux sortes d'Organisateurs : l'Organisateur cérébral (le régulateur) et l'**Organisateur relationnel** (le coordinateur) qui coordonne la communication dans le groupe ou vers l'extérieur du groupe. L'**Organisateur cérébral** est généralement plus doué pour les tâches administratives, la recherche, les finances ou la logistique.

Les routiers sont sympas

Chantal est au chômage depuis un bout de temps. Titulaire d'un diplôme d'une grande école de commerce, elle a été directrice de produit dans une multinationale de produits d'entretien mais n'a pas su s'adapter aux exigences de son poste. Il faut dire aussi qu'elle avait quelques problèmes avec son supérieur hiérarchique direct. Chantal est une Organisatrice cérébrale, elle n'a pas le sens de la communication et ses rapports avec les sous-traitants de la société en souffraient. Elle a été licenciée à la faveur d'un remaniement du service dans lequel elle exerçait ses talents sans enthousiasme. Un de ses amis lui a conseillé de chercher dans le secteur du transport. Pas excitant ! Il connaissait un ami d'un ami qui travaillait dans une entreprise de ce type. Le patron de la boîte était à la recherche d'un spécialiste de la logistique.
« Mais je n'y connais rien, objecta Chantal.
— Envoie-lui ton CV, on ne sait jamais. »

Convoquée rapidement par le P-DG de cette entreprise, elle a décidé de faire un essai pour évaluer sa compatibilité avec ce secteur inconnu.

Trois ans plus tard, Chantal est devenue le bras droit du grand patron. Elle coiffe toute la logistique d'une flotte de camions impressionnante. Son ancien salaire de directrice de produit s'est multiplié par cinq. Et elle vient de se remettre en ménage avec un ami de l'ami qui travaillait également dans la même société. D'une pierre deux coups ! Sa nouvelle activité lui colle aux semelles comme un vieux chewing-gum. Elle ne comprend pas comment elle s'y est prise pour s'immerger aussi facilement dans un domaine qui lui était totalement étranger. Et pourtant. Le sens de la coordination et de l'organisation faisait partie de ses potentiels les plus vifs. Elle le savait, mais ces qualités ne trouvaient pas véritablement leur épanouissement dans la direction de produit. En revanche, la logistique exige un sens aigu de l'organisation en temps réel et une réactivité décisionnelle de trader ou de boursier.

Quelques Organisateurs célèbres...

Michel Boujenah, Matt Damon, Pascal Légitimus, Ben Stiller, Lino Ventura, Mel Gibson, Audrey Tautou, Bruce Willis, Nicole Kidman, Philippe Labro, Alexia Laroche-Joubert (productrice de la Star Ac'), etc.

Et en politique ?

François Bayrou, Jacques Chirac, Olivier Besancenot, Bernard Kouchner, Jean-Pierre Raffarin, Michèle Alliot-Marie, Maxime Gremetz, Élisabeth Guigou, Alain Juppé, etc. Des politiques fidèles à leurs convictions et parfois à leurs amis ou à leurs alliances, pour leur malheur.

Statistiquement...

Ils représentent 30 % de la population de référence..

Un cas d'école : les Inconnus

Légitimus est un coordinateur (Organisateur), Bourdon est un Révélateur, Campan est un Initiateur. Que peut-on en déduire ? Qu'ils sont idéalement antagonistes et donc fatalement complémentaires, ce qui explique leur succès. Mais pourquoi se sont-ils séparés ? S'il y avait eu un 4e Inconnu au profil d'Animateur, il est possible qu'ils aient poursuivi une carrière en commun. Qui sait ?

Les statistiques

Je me suis fondé sur une autre population de référence hétérogène pour distribuer les répartitions entre les sexes d'une part et entre les profils d'autre part.

Au masculin

(976 observations au total)
Initiateurs : 193 (20 %)
Animateurs : 184 (19 %)
Révélateurs : 304 (31 %)
Organisateurs : 295 (30 %)

Le groupe défensif des Révélateurs/Organisateurs est majoritaire chez les hommes (61 % contre 39 % pour le groupe offensif du tandem Initiateurs/Animateurs).

Au féminin

(1 418 observations au total)
Initiatrices : 275 (19 %)
Animatrices : 267 (19 %)
Révélatrices : 442 (31 %)
Organisatrices : 434 (31 %)

On retrouve grosso modo les mêmes proportions chez les femmes de ce groupe témoin : 62 % pour le groupe Révélatrices/Organisatrices et 38 % pour l'autre groupe.

TOTAL MASCULIN/FÉMININ

(2 394 observations)
Initiateurs : 20 %
Animateurs : 19 %
Révélateurs : 31 %
Organisateurs : 30 %

La majorité des rôles sociaux se situe dans le binôme Révélateurs/Organisateurs avec 61 % de la population étudiée.

Les Initiateurs ont besoin d'élèves, les Animateurs ont besoin de s'appuyer sur des troupes, d'où la différence significative entre ces deux binômes.

II

La faculté d'adaptation : croisement des bras et oreille téléphonique

Investir dans les autres, c'est déjà se réaliser soi-même.

Supernana

Fraîchement sélectionnée par un cabinet de recrutement, elle vient de s'asseoir face au directeur artistique qui sera son futur patron. Il est encore jeune, la trentaine, assez mignon et très bronzé. Jennifer vient d'avoir 25 ans et le job que lui propose cette boîte de pub est le deuxième dans sa carrière d'illustratrice.

Il raccroche son combiné et lui décroche un sourire de jeune premier à Bollywood. Le DA fonctionne selon un mode de communication extraverti, il écoutait son correspondant de l'oreille droite. La conversation s'engage sur un ton léger et légèrement coincé. Il faut dire que Jennifer est une splendide créature qui ne laisse aucun homme indifférent. Le DA la grignote littéralement du regard. Jennifer a l'habitude de servir de zakouski visuel à ces messieurs. Elle croise les bras sous sa poitrine. Une façon comme une autre de protéger son territoire. Elle est droitière et fonctionne en mode Offensif (son bras droit est dominant). Les bureaux de cette entreprise sont paysagers, ce qui fait que j'assiste de loin à l'entretien. Je n'ai pas le son. Je connais bien la jeune femme. Elle est très sensuelle, ce qui n'enlève rien à son talent d'illustratrice. Tout a l'air de se passer le mieux du monde. Le DA se lève de son fauteuil et la rejoint en faisant le tour de son bureau. Il s'assoit de guingois dans un second fauteuil et croise les bras à son tour. Le bras droit domine le gauche, il est Offensif. Aïe ! Deux Offensifs-Extravertis (des Autonomes) face à face (Jennifer use aussi d'un mode de communication Extraverti, elle porte toujours son portable à l'oreille droite), voilà qui va faire des étincelles. Je vous passe les détails gestuels de l'entretien. La plupart des postures adoptées par la candidate au poste sont réductrices. Toujours est-il que ces deux-là risquent de se « fritter » très vite. Jennifer finira par refuser l'offre d'emploi. « Je n'ai pas aimé le ton qu'il adoptait pour me parler des règles du jeu, me dira-t-elle plus tard. Des horaires extensibles avec deuxièmes parties de soirée, très peu pour moi. Non, mais, qu'est-ce qu'il s'imagine, ce s... ? » Il faut dire que deux Autonomes, dont l'un détient le pouvoir, sont des clones gestuels qui ne peuvent s'entendre qu'en s'affrontant. Ils sont incompatibles par nature. C'est à celui qui dominera l'autre. Autant inscrire le manège du saute-mouton dans le contrat.

Que peut-on déduire de votre manière de croiser les bras combinée avec le choix de votre oreille téléphonique ? Deux refrains gestuels invariables dont la visibilité est totale en tout lieu, en tout temps.

Si l'on considère le mode de gestion de votre confiance/estime de soi (votre manière de croiser les bras) et le mode de communication (l'oreille que vous privilégiez au téléphone), la combinaison de ces deux refrains gestuels élémentaires débouche sur une échelle d'intégration : la **faculté d'adaptation sociale**. La notion de territoire associée à celle du mode de communication privilégié cerne cette faculté essentielle entre toutes.

Elle est fondée sur le degré de compatibilité interindividuelle au sein d'un groupe ou mode d'adaptation. Cette compatibilité partielle repose sur quatre profils singuliers.

La faculté d'adaptation au groupe d'un sujet lambda, vous ou moi, est essentielle dans la vie en société. Quand on sait que l'intégration d'un individu incompatible (un ver dans la pomme) peut faire exploser une équipe de travail, il me semble que ce test élémentaire administré selon les règles des parités psychogestuelles constitue un atout considérable.

> Consulté par un patron de PME de mes amis pour un problème de mésentente au sein d'un service comptable, je lui ai demandé de m'indiquer les codes gestuels génériques des membres du service. Sept personnes en tout. J'ai directement repéré une fusionnelle qui n'était pas à sa place dans le groupe. Abasourdi, cet ami m'a avoué que les problèmes de communication au sein du service avaient débuté peu après l'embauche de cette personne. Je lui ai proposé de la changer de service pour voir si cela changeait la donne. Il a suffi de 48 heures pour que le service comptable retrouve une ambiance bon enfant. Une simple question de dissonance émotionnelle avait perturbé l'entente du service.

Ce type d'évaluation peut s'adapter à tous les niveaux : faciliter le dialogue au sein d'un couple, dans la famille, dans le choix des relations amicales, dans le milieu professionnel, etc. Elle repose sur quatre profils basiques que je vous décris brièvement, *a priori*.

Quels sont ces quatre profils ?

L'Individualiste/excentré

C'est un Offensif Introverti (OFIN).

Grille gestuelle : bras droit dominant + écoute téléphonique de l'oreille gauche.

Confiance en soi + introversion de la communication (OFIN) = un mode individualiste d'insertion, ce qui laisse

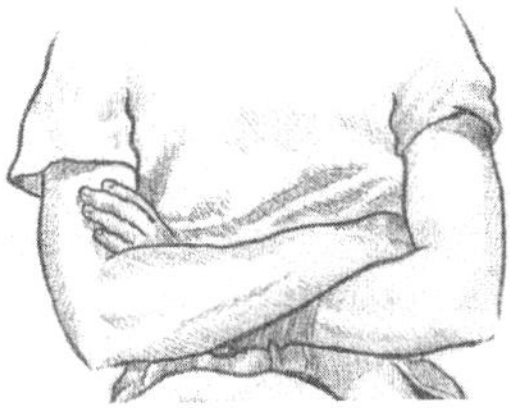 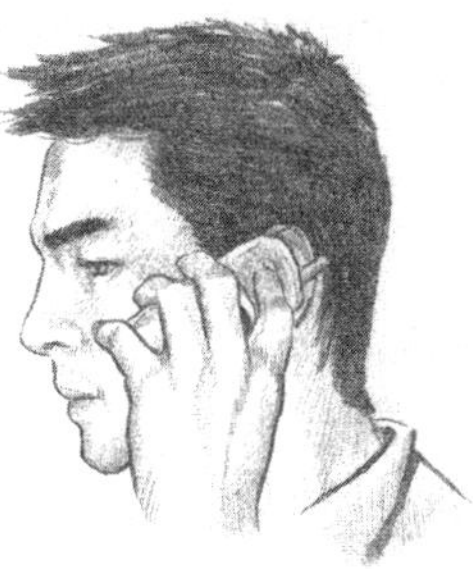

deviner que l'Individualiste est un profil qui vit à la périphérie du groupe. Comme nous le verrons, ce mode d'insertion est typique des profils génériques du Créatif (individualiste) et du Narcissique (excentré).

L'AUTONOME/INDÉPENDANT

Un Offensif Extraverti (OFEX).

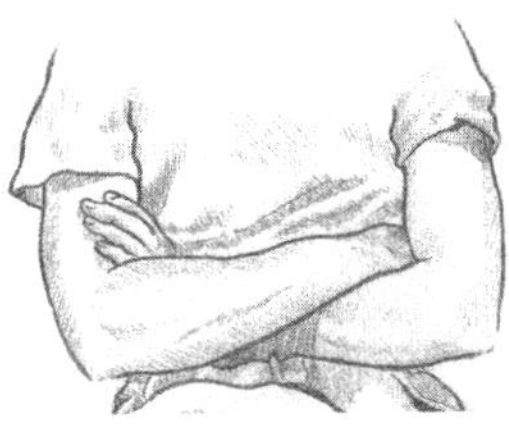 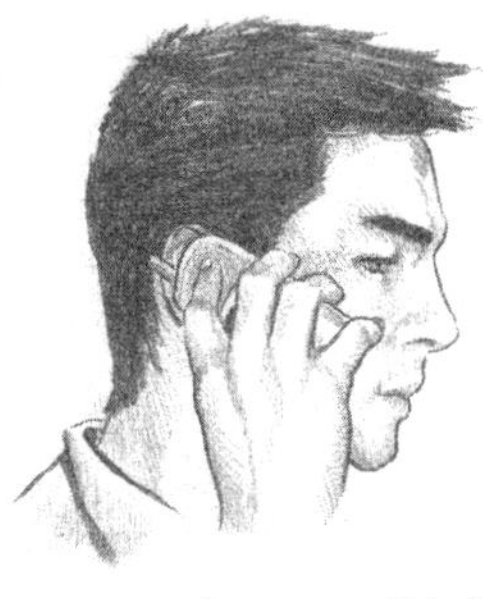

Grille gestuelle : bras droit dominant + écoute téléphonique de l'oreille droite.

Confiance en soi + extraversion de la communication (OFEX) = un mode autonome d'insertion mais à l'intérieur du groupe ou à sa tête. C'est aussi le mode d'insertion des Indépendants. Il concerne principalement les Challengers (indépendants) et les Tribaux (autonomes) qui sont deux profils génériques assez courants chez les cadres supérieurs et les dirigeants d'entreprises, notamment mais pas essentiellement. L'autonome a besoin d'avoir les coudées franches mais au sein du groupe. L'indépendant peut se passer des autres, en cas de besoin. Il sera plus individualiste que l'autonome.

LE SOLIDAIRE/CONSENSUEL

Un Défensif Extraverti (DEFEX).

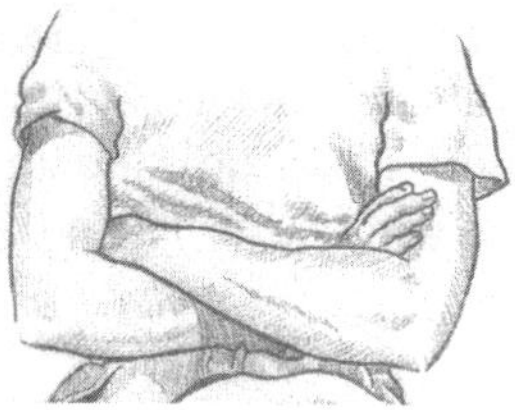

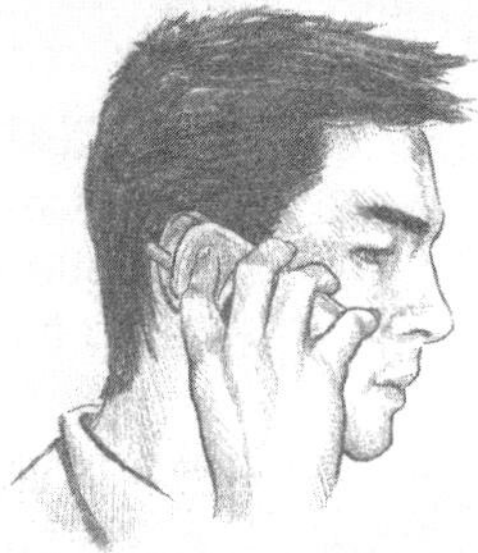

Grille gestuelle : bras gauche dominant + écoute téléphonique de l'oreille droite.

Estime de soi + extraversion de la communication (DEFEX) = le mode d'insertion est solidaire du groupe ou du couple. Les Relationnels (consensuels) et les Idéalistes (solidaires) correspondent à ce mode d'insertion.

LE DÉPENDANT DU GROUPE/FUSIONNEL

Un Défensif Introverti (DEFIN).

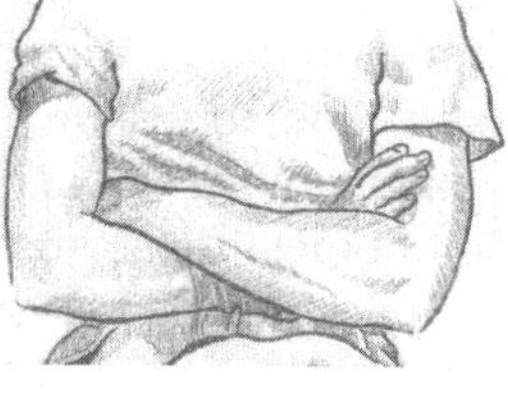

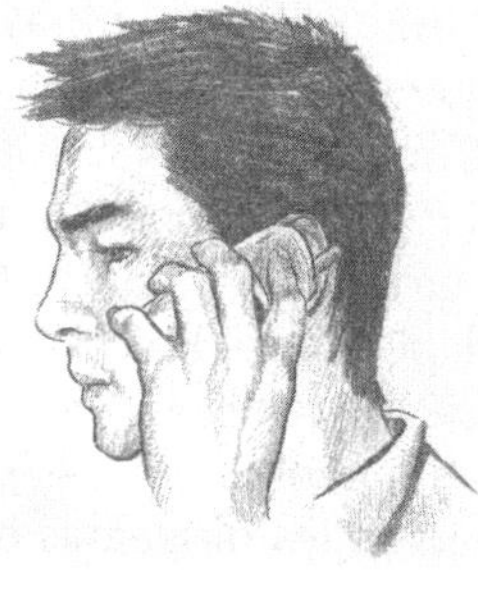

Grille gestuelle : bras gauche dominant + écoute téléphonique de l'oreille gauche.

Estime de soi + introversion de la communication (DEFIN) = Dépendant du groupe/couple ou communautariste. Ce mode d'insertion est celui des Cartésiens (dépendants du groupe) et des Sensitifs (fusionnels).

Radiographie des quatre profils

L'Individualiste/excentré

Bras droit dominant et écoute téléphonique de l'oreille gauche, Offensif et Introverti, il se communique à l'autre pour s'affirmer et/ou être accepté tel qu'il est par le groupe. L'Individualiste correspond aux profils génériques du Narcissique ou du Créatif. Il fonctionne idéalement à la périphérie du groupe (excentré). L'originalité de sa personnalité le marginalise au point qu'il se retrouve souvent seul face à lui-même. Ses difficultés d'intégration en font un excellent franc-tireur et un indépendant qui fonctionne en roue libre : VRP, pigiste, créatif, artisan, artiste, consultant, comédien, etc. Les Individualistes s'entendent généralement mieux avec les Solidaires qu'avec les Autonomes ou les Dépendants.

Êtes-vous Individualiste comme...

Daniel Auteuil, Nathalie Baye, Richard Berry, George Clooney, Guillaume Depardieu, Virginie Ledoyen, Michelle Pfeiffer, Daniel Prévost, Yves Régnier, Mathilde Seigner, Bruno Solo, Hervé Vilard ou Jacques Villeret ? Tous ceux-là ont en commun un mode d'adaptation sociale individualiste, donc socialement plus périphérique qu'intégré dans le groupe.

Et en politique ?

Les députés Claude Evin, Claude Greff, Jean-Pierre Le Ridant, Pascal Ménage, Michel Lejeune, Henri Nayrou, Henri Houdouin. Ils ne sont pas nombreux à l'Assemblée, mais très actifs.

Statistiquement...

Avec un score de 19 %, les Individualistes sont les moins nombreux des quatre profils. Cette constatation me conduit à dire que l'individualisme de notre société est surtout une légende qui a la vie dure. Comme nous le verrons, la société franco-française est nettement plus solidaire que ne le prétendent certains experts qui sont, eux, en orbite autour de leur nombril.

L'Autonome/indépendant

> John est directeur des ventes dans une entreprise viticole dynamique. Il anime une équipe de représentants en vins qui s'adresse directement à une clientèle privée de consommateurs. Il partage son temps entre les foires commerciales et la formation de nouveaux éléments. Je lui ai appris à repérer les candidats qui conviennent le mieux à ce type de job : les Individualistes et les Tribaux. John préférait toujours engager des profils Dépendants, plus souples et plus fidèles au poste mais relativement peu rentables dans ce type de fonction. Nous avons analysé ensemble son équipe en utilisant les échelles génériques (trois refrains gestuels de base). Il m'a remis les refrains gestuels de ses mulets sans que je les rencontre. J'ai calculé le niveau de rentabilité de son équipe en me fondant sur la compatibilité de couple entre chacun de ses vendeurs et lui-même. Il a dû admettre que son mode de sélection était plus subjectif qu'objectif. Les seuls chiffres d'affaires valables étaient obtenus par un profil Individualiste/excentré (un Narcissique) avec lequel il avait du mal à s'entendre et

deux profils Autonomes (des Tribaux) récemment engagés et qui espéraient devenir chefs d'équipe très rapidement.

Bras dominant droit et écoute téléphonique de l'oreille droite, l'Autonome (Offensif Extraverti) communique avec les autres pour s'affirmer et/ou dominer le groupe à terme. Il sera leader, autonome, animateur ou promoteur. Les profils Tribal et Challenger appartiennent à ce modèle dominant, évidemment. L'Autonome n'éprouve aucune difficulté d'intégration dans le groupe, qu'il en soit le leader ou non. Il y trouve sa place naturellement comme chef de la meute, comme second couteau ou comme moteur de l'équipe. L'Autonome s'entend idéalement avec le Dépendant. Il sera toujours en retrait par rapport à l'Individualiste et acceptera le Solidaire du bout des lèvres.

Êtes-vous Autonome comme...

Brad Pitt, Régis Debray, Gad Elmaleh, Jean-Pierre Foucault, Hugh Grant, Fabrice Luchini, Patrick Poivre d'Arvor, etc. Ils ne sont pas si nombreux, mais tous fonctionnent de manière autonome ou à la tête du groupe en tant que leaders de leur domaine d'élection.

Et en politique ?

Philippe de Villiers, François Hollande, Laurent Fabius, Nicolas Sarkozy, Ségolène Royal, Marie-George Buffet, etc.

Statistiquement...

Les Autonomes représentent 23 % de la population de référence étudiée, soit 4 % de plus que les Individualistes avec lesquels on les confond souvent.

> Je suis un Individualiste, membre à part entière de la tribu gestuelle Créative. Comme par un fait exprès, la plupart des personnes que je croise et avec lesquelles je sympathise sont soit des Individualistes soit des Solidaires. Je précise que les informations gestuelles me sont communiquées *a posteriori.*

Bras gauche dominant et écoute téléphonique droite, le Solidaire (Défensif Extraverti) communique avec les autres pour s'intégrer en se soumettant aux règles en vigueur au sein du groupe. Il se conduira toujours de manière consensuelle. Il sera Idéaliste ou Relationnel (deux profils génériques fondés sur les trois refrains de base). Merveilleux auditeur des « Malheurs de Sophie », le Solidaire est un élément stabilisateur du groupe, qu'il en soit l'animateur, le leader ou l'un des éléments. Le Solidaire s'allie idéalement avec l'Individualiste, un peu moins avec l'Autonome ou le Dépendant. Cependant, les Solidaires sont très adaptatifs et réussiront toujours à s'intégrer dans un groupe, même peu compatible avec leur profil, sans le désintégrer.

Les caméléons sociaux

Certains Solidaires sont aussi des caméléons. Ils n'hésitent pas à dire une chose et à agir autrement si cela leur vaut l'approbation d'autrui. Ils ne pensent pas toujours ce qu'ils disent, en somme. Ils se contentent de vivre avec le décalage qui existe entre leur image publique et leur réalité intérieure. La psychanalyste Helena Deutsch dit d'eux qu'ils ont des personnalités d'emprunt, dont ils changent avec une souplesse remarquable au gré des signaux qu'ils captent de leur entourage. Une majorité d'actrices sont des Solidaires. Ce qui n'est pas du tout le cas des acteurs.

Êtes-vous Solidaire comme...

Emmanuelle Béart, Claude Berri, Russell Crowe, Robert De Niro, Cameron Diaz, Véronique Genest, Mel Gibson, Gérard Jugnot, Yves Montand, Jack Nicholson, Julia Roberts, Meg Ryan, Audrey Tautou, Bruce Willis et Jean Yanne. Idéalistes ou Relationnels, ils sont bien plus consensuels qu'ils en ont l'air.

Et en politique ?

Thierry Breton, Olivier Besancenot, Jean-François Copé, Jean-Pierre Raffarin, Bernard Kouchner, etc.

Statistiquement...

Les Solidaires remportent le pompon avec 31 % de la population de référence étudiée. Un tiers des Français, pratiquement ! En réalité, ce pourcentage peut varier de plus ou moins 5 % suivant les milieux homogènes analysés. En faisant une cote mal taillée, je penche pour une population solidaire représentant 33/34 % de la population française.

Le Dépendant du groupe/fusionnel

Bras gauche dominant et oreille téléphonique gauche, le Dépendant (Défensif Introverti) se communique pour être pris en charge ou intégré au sein du groupe... ou du couple.

Le Dépendant sera Cartésien ou Sensitif au niveau des profils génériques[1]. Il a besoin d'être reconnu par le groupe, apprécié pour ses qualités humaines et/ou ses compétences professionnelles. Les Dépendants s'intègrent sans se faire prier dans un groupe qui accepte de les accueillir. Ce sont des fidèles dont le dévouement est la

1. Il s'agit des profils qui reposent sur les trois refrains gestuels de base : croisement des bras, croisement des doigts et oreille téléphonique.

pierre angulaire de la stabilité de l'entreprise ou de la boîte qu'ils ont réussi à créer avec l'aide du groupe. Il existe des patrons Dépendants et/ou fusionnels qui gèrent parfaitement leur entreprise.

ÊTES-VOUS DÉPENDANT COMME...

Richard Anconina, Victoria Abril, Fanny Ardant, Michel Boujenah, Matt Damon, Jean-Jacques Goldman, Francis Huster, Pascal Légitimus, Ben Stiller, Sylvie Vartan, Lino Ventura et Zinedine Zidane. Ils sont tous Dépendants du groupe ou fusionnels. Sensitifs ou Cartésiens, ils ne peuvent s'accomplir sans la reconnaissance de leur public. Ce qui n'est jamais le cas des Individualistes ou des Autonomes.

ET EN POLITIQUE ?

François Mitterrand, Jacques Chirac, Valéry Giscard d'Estaing, François Bayrou, Michel Rocard, Bertrand Delanoë, etc.

STATISTIQUEMENT...

Ils représentent 27 % de la population de référence étudiée et s'allient idéalement avec les Solidaires. Ce qui signifie que 58 % de la population française respecte les règles du jeu, mais refuse aussi les réformes sauvages ou les changements trop drastiques que le groupe Individualiste/Autonome, 42 %, serait prêt à avaliser.

Quelques statistiques

Ces statistiques concernent une première étude portant sur 3 202 observations au total.

AU MASCULIN

(1 326 observations)
Individualistes : 20 %
Autonomes : 21 %
Solidaires : 30 %
Dépendants : 29 %

Soit une population masculine de Solidaires/Dépendants de 59 % majoritaire. Les hommes sont plus Dépendants (29 %) que les femmes (28 %).

AU FÉMININ

(1 876 observations)
Individualistes : 18 %
Autonomes : 22 %
Solidaires : 32 %
Dépendantes : 28 %

POPULATION TOTALE

(3 202 observations)
Individualistes : 19 %
Autonomes : 22 %
Solidaires : 31 %
Dépendants : 28 %

Soit une population globale de 59 % Solidaires/ Dépendants majoritaires.

Ces pourcentages prouvent que la population observée (française et cosmopolite en vacances dans l'Hexagone) est une population moins Individualiste (19 %) et plus respectueuse des règles de société qu'on ne le suppose. Une société à majorité Individualiste serait, en effet, ingérable car les profils Individualistes ont du mal à se plier aux règles du jeu. Mais dans le même temps, la minorité Autonome (22 %) comparée à la majorité Solidaire/Dépendante (59 %) révèle aussi que nous sommes en présence d'une population conservatrice et dysautonome pour laquelle l'esprit d'entreprise, l'initiative et la créativité sont mal perçus et dont le niveau de résistance à la frustration est relativement fragile. D'où les manifestations en chaîne quand on touche à leurs acquis sociaux ! Peut-on envisager, dans ces conditions, de rompre avec le modèle social français, comme le voudrait Nicolas Sarkozy ? La fuite des jeunes cadres et jeunes entrepreneurs vers l'étranger renforce encore cette majorité frileuse et totalement assistée par un État providence dont la classe politique est incapable de se remettre en question. L'exemple vient d'en haut.

Bien entendu, ces pourcentages concernent une population de référence (monsieur et madame Tout-le-Monde) et ils peuvent s'inverser dans certains groupes homogènes (sportifs, jeunes entrepreneurs, commerçants indépendants, etc.), dont le niveau d'autonomie sera logiquement plus élevé. Pour preuve : une étude homogène réalisée sur une centaine de sportifs dénombre 34 % d'Autonomes, tous sexes confondus avec un minimum d'Individualistes : 9 %.

Plus sociables les sportifs ? Surtout plus autonomes et capables de remonter les bretelles à leur niveau de résistance à la frustration.

En conclusion

Bien évidemment, deux refrains gestuels ne suffisent pas à refaire le monde. Il en faut bien plus pour dresser la grille de compatibilité d'un couple, d'une équipe ou d'un service.

La grille de compatibilité générique repose sur les trois refrains gestuels invariables, les deux premiers décrits dans cette combinaison et le croisement des doigts qui identifie la dynamique mentale de l'individu. Un refrain que vous avez déjà croisé dans le chapitre II.

Ces trois refrains génériques débouchent sur huit profils distincts dans lesquels huit individus sur dix se reconnaissent globalement sans hésitation, comme vous le verrez dans les chapitres consacrés aux huit profils psychogestuels.

Je vous propose maintenant d'apprendre à utiliser les données que vous venez de lire sur un plan pratique, que ce soit au sein de votre famille, dans votre cercle d'amis ou sur votre lieu de travail. Le but de cet exercice n'est pas de vous apprendre à exclure mais de vous enseigner l'art de choisir ses alliés ou de gérer, sans casse, les individus avec lesquels vous n'avez pas forcément d'atomes crochus, harcèlement oblige. Ne leur demandez pas de reproduire les deux refrains gestuels (bras croisés et oreille téléphonique), agissez en éthologue ! Observez-les et soyez patient, ils les reproduiront assez régulièrement pour que vous puissiez les noter discrètement. Ne jouez pas à l'expert gestuel, les gens n'aiment pas ça. Soyez plus subtil, jouez à l'espion gestuel.

III

Le corps au service de l'intelligence : des doigts croisés à l'oreille qui écoute

Celui qui prétend que les gestes ne sont que des gesticulations est comme cet individu qui écoute parler suédois et pour lequel les motsne sont que des pets-de-nonne.

Définition de l'intelligence

Comme l'a démontré Konrad Lorenz, le très fameux éthologue autrichien, prix Nobel de médecine en 1973, c'est la proportion entre automatisme et disponibilité intellectuelle qui fait l'intelligence chez les animaux : plus la proportion du cerveau spécialisé (automatismes) est surinvestie, voire envahie d'automatismes, plus l'animal se comporte mécaniquement, sans grande possibilité d'adaptation au milieu, comme c'est le cas de certains oiseaux. Au contraire, le grand corbeau peut se sortir de difficultés imprévues et, plus encore, le rat qui s'adapte aux navires, aux égouts, aux famines, aux cataclysmes, à la misère, à la présence de l'homme comme à son absence. Mais de l'anémone de mer à l'Homme, les êtres vivants possèdent un système conservatoire plus ou moins complexe, fiable et capable de répondre à un plus ou moins grand nombre de situations nouvelles pour préserver l'individu des dangers qui le menacent.

Ce système est l'intelligence.

Selon Maurice Auroux[1], l'intelligence est un système stable indispensable à l'instinct de conservation et qui est peu ou pas adaptable suivant le degré de liberté intellectuelle dont elle dispose. La combinaison des refrains gestuels invariables, représentée par le croisement des doigts et l'écoute téléphonique, traduit, selon mon hypothèse, la forme d'intelligence qui vous caractérise.

L'intelligence logique ou spéculative

Grille gestuelle : pouce dominant droit + écoute téléphonique gauche.

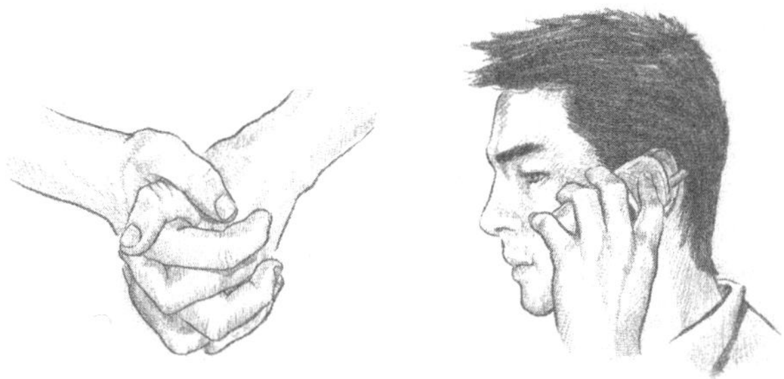

L'histoire de Raphaël

Raphaël, 14 ans, est hyperdoué en mathématiques mais il fait tout ce qu'il peut pour que personne ne le sache. Il se ramasse régulièrement de mauvaises notes. Son professeur a remarqué que ses réponses étaient fantaisistes et qu'il le faisait exprès. Il a convoqué son père, un travailleur social,

1. *L'Ambiguïté humaine*, Buchet/Chastel, 1985.

pour lui faire part de ses doutes. Ce dernier est venu me consulter en compagnie de son fils sur les conseils d'un de ses collègues de travail.
« Mon fils ne se comporte pas bien en classe. Il a de mauvaises notes en maths », m'annonce-t-il en guise d'entrée en matière.
Je ne vois pas le rapport entre les conduites de l'enfant et ses mauvaises notes mais j'attends la suite. L'homme qui me fait face a un comportement gestuel décalé, typique de ceux que je remarque généralement chez les personnes atteintes de troubles psys. Il a croisé la jambe gauche sur la droite et inséré sa main gauche entre ses cuisses[1]. Il s'exprime en agitant la tête et est assis de guingois sur sa chaise. La position assise de la majorité des gens est ergonomique quand ils affrontent une situation d'examen. La première séance chez un psychothérapeute en est une.
« Son professeur prétend qu'il est doué pour cette branche mais qu'il s'amuse à répondre à côté de la plaque pour une raison qu'il ignore.
Raphaël n'est pas présent. Il attend sagement dans la salle de réception.
— Et dans les autres matières ?
— Bof ! Il est moyen mais ça ne pose pas de problème.
— Et ça vous dérange, ces mauvaises notes en maths ?
— Non ! Pas vraiment, me rétorque-t-il. Ce qui me dérangerait, c'est qu'il soit vraiment doué pour les mathématiques. » Il croise les bras sur le mode Offensif (bras droit dominant, je note) pour ponctuer sa sortie.
J'encaisse la confidence inattendue avec des yeux ronds mais je ne fais pas de commentaires. Je ne m'attendais pas à ce type de repartie. Le bonhomme m'apparaît de plus en plus décalé. Il fait une grimace sans rapport avec le contexte pour confirmer son malaise et croise soudain les doigts en mode Cognitif (pouce droit dominant). Je note mentalement que les deux refrains gestuels du père le définissent comme un Animateur pour ce qui est de son rôle social.

1. Si vous reproduisez cette posture, vous constaterez qu'elle est notoirement inconfortable.

« Mais pourquoi cela vous dérangerait-il que votre fils soit fort en maths ?
— Je ne veux pas d'un enfant surdoué, je veux qu'il soit normal, comme moi. Je veux que vous l'hypnotisiez pour effacer ce don de son cerveau, c'est pour ça que je suis venu vous consulter. »
Et il recroise les doigts en mode Affectif, ce coup-ci, ce qui indique une perturbation de la dynamique mentale.
Imaginez ma réaction ! Je suis abasourdi et pourtant je suis habitué à recevoir des individus aux demandes excentriques dans la mesure où ma pratique de l'hypnothérapie est de notoriété publique. Je demande à ce monsieur de sortir de mon cabinet et de m'envoyer son fils :
« Je vais voir ce que je peux faire. »
On ne contrarie pas un psychotique de front.

Un garçon un peu fluet mais souriant pénètre dans mon cabinet, introduit par la secrétaire. Il s'assoit avec précaution et croise les bras (en mode Défensif, bras gauche dominant). Nous sympathisons assez vite. Je lui fais un topo de la situation et lui propose de m'expliquer son problème en lui promettant le secret professionnel, ce qui va de soi. Après une bonne demi-heure d'entretien au cours duquel j'ai pu observer qu'il croisait les doigts en mode Cognitif (pouce droit dominant et rôle social de l'Organisateur, si j'associe les deux refrains gestuels observés), il m'avoue qu'il fournit des réponses fantaisistes à son professeur pour que son père n'entre pas dans des états de rage destructrice comme cela a déjà été le cas quand il était en classe primaire.
« Quand il a vu mon bulletin de CM2 avec une note de 20/20 en maths, il s'est mis en rogne contre ma mère et il a cassé plusieurs assiettes avant de se calmer. Il était comme fou. J'avais peur et ma mère aussi.
— Ça s'est reproduit depuis ?
— Plusieurs fois. Jusqu'à ce que j'aie compris que je devais « faire le bête » et rapporter de mauvaises notes.
— Et ça l'a calmé ?
— Oui ! Mais il a toujours essayé de me piéger. On regarde beaucoup *Les Chiffres et les lettres* à la télé. Mon père est

très fort au Scrabble mais nul en chiffres. Des fois, il me demandait de trouver le nombre le plus approchant, vous savez, et j'y arrivais très facilement.

— Et alors ?

— Alors il piquait une colère, parfois, mais d'autres fois il ne disait rien mais j'avais peur de son regard... Un regard... bizarre. Je ne sais pas comment vous dire... comme un fou. »

Raphaël est perturbé. Il verse quelques larmes qu'il essuie d'une main timide. Je lui propose d'effectuer quelques tests psychométriques pour lui changer les idées. Le premier de ces tests, le gestuel basé sur les trois postures génériques, révèle une intelligence logique (Défensif, Cognitif et Introverti). Mon jeune patient est un Cartésien pur jus. Ce qui n'a rien pour m'étonner. Je lui soumets quelques tests mathématiques qu'il passe haut la main et une batterie fondée sur les techniques de Lüscher (langage des couleurs). Raphaël est effectivement très doué pour les nombres, comme il dit. Que puis-je faire pour l'aider à se protéger de la jalousie paranoïaque d'un père psychotique ?

Une idée me traverse l'esprit. J'appelle la secrétaire au téléphone et je lui demande d'interroger le père pour savoir de quel côté il tient le combiné du téléphone. Elle me rappelle quelques secondes plus tard pour me donner la réponse. Le père de Raphaël est un profil Narcissique (bras droit dominant, pouce droit dominant et oreille gauche) et le fils est un Cartésien (bras gauche dominant, pouce droit dominant et oreille gauche). Ces informations me permettent déjà d'inférer que la résonance émotionnelle entre le père et le fils est plutôt faible à dissonante.

Raphaël reviendra en entretien pendant près d'un an avec la bénédiction de son papa. Ce dernier ne s'informera même pas des progrès de son fils. Comme s'il avait délégué le pouvoir de faire soigner ses propres troubles à son fils unique. Je verrai le professeur de mathématiques de l'enfant pour lui expliquer la situation et élaborer une stratégie qui permettra à Raphaël de faire des études « normales » sans éveiller les soupçons et la jalousie morbide de son père. Il y a bien plus de miracles qu'on ne le pense dans la vie. Le père de Raphaël finira par perdre son job pour harcèlement ascendant contre son supérieur hiérarchique et tombera en dépression profonde. Il sera interné dans un hôpital psychiatrique pour une période indéterminée.

J'ai revu Raphaël quatre ans plus tard dans un bistrot étudiant sur le campus de l'Université libre de Bruxelles. Il venait de s'inscrire à l'université pour poursuivre des études d'ingénieur civil et de physicien dans la prestigieuse faculté polytechnique.

« Et votre paternel ?

— Il est toujours interné. Il va de plus en plus mal. Il est sous Aldol en permanence pour lui éviter des crises de... démence, ajoute-t-il avec une grimace de dépit.

— Et les maths ?

— C'est le bonheur, me renvoie-t-il avec un large sourire enfantin. Je sais ce que je vous dois, ajoute-t-il. Vous l'avez hypnotisé à son insu, je parie.

— Qu'est-ce que tu vas t'imaginer, je ne suis pas Merlin l'Enchanteur ! »

Nous nous sommes quittés sur ces bonnes paroles.

Les individus doués d'une intelligence logique ou spéculative (les Cognitifs Introvertis) fonctionnent idéalement dans une activité qui exige ordre et méthodes de travail de stricte observance. Ils s'inspirent de l'accumulation de leurs connaissances pour faire évoluer leur carrière. La logique est leur univers intellectuel et leur **intelligence logique** les prédestine au royaume de l'abstraction. **Cartésiens** et **Narcissiques** sont les profils génériques qui disposent de ce type d'intelligence avec des prédispositions théoriques ou spéculatives dans la recherche, l'économie, les sciences exactes mais aussi dans tous les métiers d'image publique, et une passion pour les langues étrangères, en ce qui concerne les Narcissiques.

L'intelligence spéculative pousse l'individu qui en bénéficie vers des branches comme la philosophie, l'épistémologie, l'éthique, l'ontologie, l'anthropologie, l'image publique, la politique, etc.

Comme vous le verrez dans le chapitre consacré aux huit tribus génériques, le **Narcissique** est un profil qui a « cérébralisé » son corps ou ses talents (son image publique) comme objet de culte. L'intelligence est sous l'influence du Moi et de l'image de soi. Certains individus tatoués à outrance sont des Narcissiques dévoyés. Ils ont franchi la frontière entre l'image de soi et l'image publique pour ne plus représenter qu'un objet (sans contenu) d'admiration ou de répulsion. Mais ils sont une minorité parmi tous ceux qui bénéficient des incontestables qualités sur lesquelles repose ce profil générique moins courant que les sept autres profils.

DISPOSEZ-VOUS D'UNE INTELLIGENCE LOGIQUE OU SPÉCULATIVE COMME...

Daniel Auteuil, Michel Boujenah (les humoristes sont toujours très spéculatifs), George Clooney, Roland Giraud, Thierry Lhermitte, Yves Régnier, Ben Stiller, Pascal Légitimus, etc.

ET EN POLITIQUE ?

Jacques Chirac et François Bayrou, qui sont tous deux des Cartésiens ! Ça ne se bouscule pas au portillon. On peut y ajouter Dominique Voynet !

L'intelligence sociale ou interpersonnelle

Grille gestuelle : pouce dominant gauche + écoute téléphonique droite.

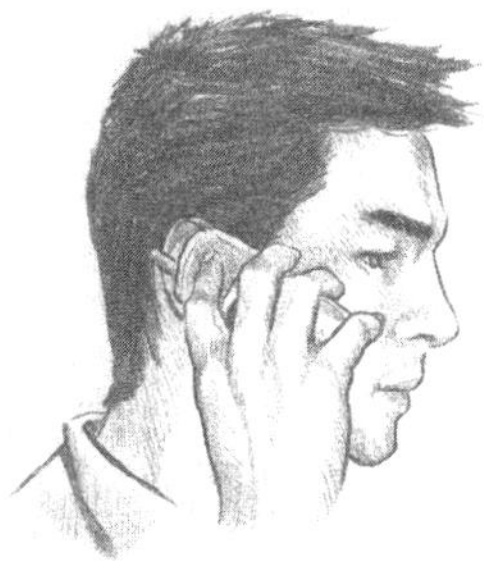

L'intelligence sociale

Un individu doté d'une intelligence sociale perçoit instinctivement les sentiments, les motivations et les préoccupations des autres. Cette compréhension permet une plus grande intimité et procure un sentiment de sympathie, *a priori*. Dans sa forme supérieure, cette aptitude fait de bons conseillers, d'excellents coachs ou des psychothérapeutes de talent – et, associée à un talent littéraire, les bons écrivains, romanciers ou auteurs dramatiques. Conjointement, ce type d'intelligence forme l'étoffe même du raffinement dans les relations humaines, les ingrédients indispensables du charme, de la réussite sociale, et même du charisme. Elle permet de nouer des relations harmonieuses, de déchiffrer avec finesse les sentiments et les réactions d'autrui, de diriger et d'organiser avec habileté, de prévenir et de surmonter les désaccords qui ne manquent pas d'apparaître dans toute activité humaine. Ceux qui la possèdent appartiennent en principe aux tribus Idéaliste et Tribale, capables d'exprimer le sentiment collectif et de le formuler de manière à guider un groupe vers la réalisation de ses objectifs. Ce sont des gens avec qui on se plaît, car ils sont émotionnellement stimulants.

L'intelligence interpersonnelle

Un être doué de ce type d'intelligence est particulièrement habile à reconnaître les sentiments de son entourage et à se mettre au diapason d'autrui. Les aptitudes de ce genre se rencontrent plutôt chez les enfants de sexe féminin. Mais cette forme cousine de la première repose sur l'émotion et l'empathie. Le terme « empathie » provient du grec *empatheia*, voulant dire « sentir intérieurement », terme à l'origine utilisé par les théoriciens de l'esthétique pour désigner la capacité de percevoir l'expérience subjective d'une autre personne. L'enfant qui dispose de ce type d'intelligence sera le seul à remarquer la chute d'un camarade et à essayer de le réconforter, même si c'est seulement en lui frottant le genou. Ce geste anodin révèle une aptitude psychologique essentielle pour entretenir des rapports étroits, que ce soit dans le mariage, l'amitié ou les affaires. L'intelligence interpersonnelle se répartit en quatre aptitudes.

L'APTITUDE À ORGANISER DES GROUPES

C'est la capacité première du chef de clan. Elle consiste à savoir amorcer et coordonner les efforts d'un réseau d'individus. C'est le talent dont font preuve les metteurs en scène, les chefs militaires et les directeurs commerciaux ou les chefs de vente, les leaders politiques, etc. (cf. le profil du Tribal).

LA CAPACITÉ À NÉGOCIER DES SOLUTIONS

C'est le talent du médiateur, celui qui permet de prévenir les conflits ou de les résoudre. Les personnes possédant cette aptitude excellent à négocier des arrangements, à arbitrer les différends ; on les trouve souvent dans les carrières diplomatiques ou juridiques, elles savent servir d'intermédiaires. Ce sont les enfants qui règlent les disputes dans la cour de récréation (cf. le profil du Relationnel).

La capacité à établir des relations personnelles

Un talent qui permet d'identifier les sentiments et les préoccupations des autres pour y répondre de manière appropriée – c'est tout l'art des relations personnelles. Ceux qui la possèdent sont de bons coéquipiers, des amis sûrs, des époux sur qui l'on peut compter et des associés sérieux. Enfants, ils s'entendent bien avec tout le monde, jouent volontiers avec les autres, et y prennent plaisir. Ils savent en général déchiffrer les émotions et sont les préférés de leurs camarades (cf. le profil du Relationnel ou du Tribal).

La capacité d'analyse sociale

C'est le fait de savoir percevoir les sentiments, les motivations et les préoccupations des autres. Cette compréhension permet une plus grande intimité et procure un sentiment de sympathie (cf. les Idéalistes).

Celui qui est doué d'une intelligence sociale ou interpersonnelle (un Affectif Extraverti) existe à travers le groupe. Comme son nom l'indique, il a besoin des autres pour s'épanouir. La société est son univers de prédilection et l'intelligence interpersonnelle, le coach de son empathie. Idéalistes et Tribaux sont les deux profils génériques qui appartiennent à cette famille gestuelle, mais l'intelligence interpersonnelle déborde largement ces deux profils. En quelques mots, la sensibilité est tournée vers l'extérieur, c'est-à-dire en direction des autres.

Disposez-vous d'une intelligence sociale ou interpersonnelle comme...

Brad Pitt, Tom Cruise, Nicole Garcia, Véronique Genest, Jean Rochefort, Meg Ryan ?

Dans le cas particulier de Véronique Genest, je veux croire que le succès de la série policière qu'elle porte sur les épaules est dû en partie à l'adéquation entre son intelligence sociale et l'image de la commissaire telle que le public se l'imagine, même si cette image ne colle pas toujours à la réalité.

ET EN POLITIQUE ?

Martine Aubry, Olivier Besancenot, Jean-Louis Borloo, Thierry Breton, Bernard Kouchner, Jean-Pierre Raffarin et... Jean-Marie Le Pen, aussi étonnant que cela vous puisse paraître.

L'intelligence créative ou empirique

Grille gestuelle : pouce gauche dominant + oreille téléphonique gauche.

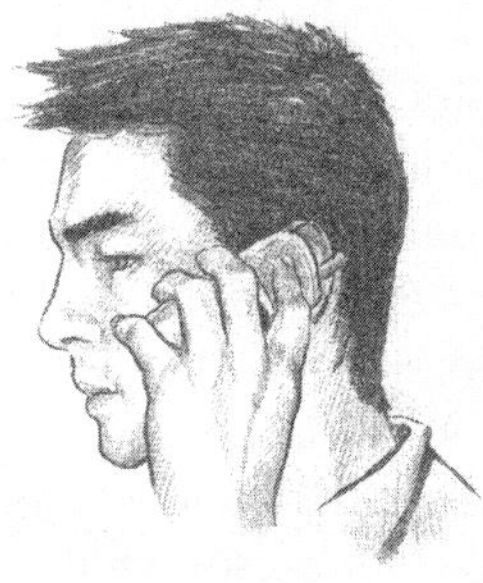

« Qu'est-ce qui peut empêcher un enfant d'être créatif ? » s'interrogeait Catherine Dolto-Tolitch.

S'obnubiler sur ses « performances », lui demander des « chefs-d'œuvre » peut tuer sa créativité. On est tout de suite dans une logique de rentabilité au lieu que soit valorisé le temps passé à réaliser quelque chose de créatif.

Dans nos civilisations, les dons sont plutôt utilisés comme les plumes de paon. « Tu es doué pour les arts, tu dois en faire quelque chose. Tu dois être le meilleur, il faut que les gens puissent t'entendre, te voir, t'admirer. »

Le Créatif est un faiseur de miracles, un magicien, on attend de lui qu'il transforme l'enfer en paradis, l'échec en succès. Mais son inspiration, la force de son imagination ne suivent pas toujours le mouvement. Panne de carburant ! « Rien ne se perd, rien ne se crée, tout se transforme », disait Lavoisier, ce père de la chimie moderne. C'est le même principe qui préside aux lois mal connues de la chimie des émotions créatives.

Le miracle de l'intuition

« Nous avions une boutique de jouets dans laquelle nous avons trimé, ma femme et moi, pendant cinq longues années avant de songer à déclarer forfait, me raconte cet ancien commerçant. Le chiffre d'affaires baissait chaque année un peu plus à cause de la concurrence des grandes enseignes. Et ce n'est pas faute d'avoir eu des idées pour populariser notre conception du jouet. Nous nous sommes épuisés à organiser des ateliers d'éveil tous les mercredis. Les clients venaient déposer leur gamin comme un colis à la consigne ; ils repartaient sans un merci profiter de deux heures de liberté. C'était gratuit pour les clients. Ils en profitaient sans vergogne. Et puis un jour, nous avons décidé de revendre le fonds et de liquider le stock dès que nous aurions un repreneur pour les locaux. Il fallut attendre plusieurs mois avant qu'un agent immobilier du voisinage ne nous trouve un acquéreur sérieux. Il montra enfin le bout de son nez. On était en plein mois d'août, un mois hypercalme dans le commerce urbain. L'accord de reprise fut signé en toute discrétion. Pendant des nuits entières, nous avons élaboré des plans de campagne pour liquider le stock de jouets. Quand ? Comment ? Pendant combien de temps ? C'était le brouillard absolu.

« Fais-moi confiance, me dit ma compagne, si on liquide le stock à partir de la fin septembre, les clients viendront peut-être acheter en prévision des cadeaux de Noël. On commencera la liquidation à la fin du mois. La rentrée des classes sera passée et les gens auront touché leur salaire.

— Mais combien de temps penses-tu qu'il faille liquider ? lui demandai-je.

— Disons tout le mois d'octobre. Trente jours, ça suffira. Ça nous permettra de payer nos créanciers et d'amasser un pécule avec la reprise des locaux pour voir venir.

— On fera quoi après ?

— Ce que tu as toujours voulu faire, vivre à la campagne et monter un élevage de petits ânes gris pour organiser des randonnées. »

En fait, c'était plus son idée que la mienne. Nous avions calculé qu'il nous faudrait environ 400 000 francs (60 000 euros) pour démarrer cette activité et tenir le coup jusqu'à ce que ce soit rentable. Or c'était justement le prix du pas-de-porte de notre boutique. Quant aux dettes fournisseurs, elles n'étaient pas astronomiques. La vente du stock, même au rabais, nous permettrait d'apurer les comptes.

Vers le 15 septembre, les recettes quotidiennes étaient tellement nulles que Madeleine, ma femme, a été prise d'impatience et a décidé d'afficher un « TOUT DOIT DISPARAÎTRE – FERMETURE DÉFINITIVE LE 30 OCTOBRE » sur les vitrines. Nous avions résolu d'accorder une remise de 30 % sur les prix affichés. Je n'y croyais pas vraiment mais je me gardais de l'avouer à Madeleine. C'était trop tôt. La rentrée des classes était encore en plein boom. La recette la plus glorieuse que nous avions réalisée dans cette boutique pendant ces cinq années flirtait avec les 15 000 francs une veille de Noël. Les recettes moyennes pouvaient varier de 1 500 à 5 000 francs (230 à 750 euros), avec des samedis qui peinaient à atteindre les 10 000 francs (1 500 euros).

Nous venions de coller nos affiches sur les vitrines que déjà la boutique (35 m²) était pleine de clients sortis de nulle part. Le premier jour de liquidation, nous avons réalisé une recette de 3 500 euros (22 958,50 francs exactement). Du

jamais vu ! Nous étions sur les genoux mais totalement abasourdis par notre succès inattendu.
« On ne pourra pas tenir six semaines à ce régime, dis-je très excité.
— Attends de voir jusqu'à samedi (nous étions mercredi). Si ça continue, on rachètera de la marchandise sur stock puisque nous n'avons pas affiché de liquidation totale. On peut ! » réfléchit Madeleine à haute voix.
Elle avait une idée derrière la tête. C'est une femme pleine de ressources. L'époque était propice, pas très éloignée des fêtes de fin d'année. La possibilité de racheter de la marchandise et de la liquider au rabais rendait nos clients aveugles à la dépense. Nous étions hors période de soldes, donc pas de concurrence possible. Les grandes enseignes ne faisaient plus recette. Que du bonheur !
La curée a duré six semaines. Le dernier jour, nous avons atteint 10 000 euros de recette. Un miracle ! Le chiffre d'affaires réalisé pendant ces six semaines a dépassé largement le million (150 000 euros). Un chiffre d'affaires annuel en temps normal. Nous étions sur les genoux mais heureux d'avoir mis un point final à cette aventure. Cette liquidation qui n'a pas dit son nom a sonné la revanche de cinq années de médiocrité commerciale et de bilan déficitaire.
Nous avons remis les clés à l'acquéreur le 30 octobre comme convenu et nous avons encaissé le chèque de 400 000 francs (60 000 euros). Un bonus pour les ânes. »

Quand j'ai dressé le profil gestuel de sa femme, je lui ai confirmé qu'elle appartenait à la tribu psychogestuelle des Créatifs (Offensive, Affective et Introvertie). Et puis, je lui ai expliqué ce que cela signifiait. La créativité de Madeleine qui s'était exprimée tout au long de ces cinq années n'avait jamais réussi à faire décoller la boutique mais l'avait maintenue à flot. En désespoir de cause, elle a conçu d'instinct une stratégie de marketing payante qui lui a été inspirée par la créativité du désespoir, celle qui favorise les artistes qui ont blanchi sous le harnais avant d'être reconnus et appréciés. La multiplication des demi-échecs et des quarts de réussite leur a tanné le cuir, si elle ne les a pas abattus. Le succès vient toujours à point à qui sait attendre, dit le proverbe. Mais il faut aussi oser entreprendre sans imaginer le pire.

Les signaux intuitifs qui nous guident en ces moments décisifs sont des intuitions viscérales d'origine limbique, ce que les chercheurs nomment « des marqueurs somatiques », des sentiments instinctifs. Un marqueur somatique est une sorte d'alarme automatique dont le rôle est d'attirer l'attention sur un danger potentiel. Le plus souvent, ces marqueurs nous détournent d'un certain choix contre lequel notre expérience nous met en garde, mais il arrive aussi qu'ils nous signalent une occasion à ne pas manquer ou qu'ils nous poussent littéralement dans la bonne direction. Dans ces moments-là, nous ne nous rappelons généralement pas des expériences particulières à l'origine de notre sentiment négatif, seul importe l'avertissement qui nous est donné. Chaque fois qu'apparaît un tel sentiment, nous avons la possibilité de nous décider avec plus de confiance, et donc de réduire l'éventail de nos choix. En bref, pour rendre plus saines nos décisions personnelles, il faut être en accord avec nos propres sentiments.

> D. Servan-Schreiber rapporte le cas suivant : « Jacqueline s'apprête à monter dans un ascenseur qu'elle croyait vide. Un homme inconnu est déjà dedans. Il la regarde avec un sourire trop marqué. « Vous montez ? » lui dit-il. Elle sent son ventre se serrer ; elle a la chair de poule. Quelque chose n'est pas normal. Mais elle ne veut pas être impolie vis-à-vis de ce monsieur qui n'a – somme toute – rien fait de répréhensible, et elle ne voit pas comment elle pourrait dire non. Elle monte dans l'ascenseur. Les portes se referment, il bloque l'ascenseur entre deux étages et la viole. En racontant l'histoire le lendemain à la police, Jacqueline se rend

> compte qu'elle avait détecté cette silhouette inhabituelle dans sa rue depuis plusieurs jours... »

Notre système ancestral de détection du danger nous alerte presque toujours avant qu'un acte de violence ne soit commis contre nous. Hélas, le plus souvent, nous n'écoutons pas les messages envoyés par notre corps. Nous avons appris à les réprimer à l'aide de notre cerveau cognitif, celui du langage et de la pensée rationnelle. Le cerveau émotionnel – que nous partageons avec tous les animaux – est, lui, avant tout branché sur le corps, c'est donc souvent par lui que se manifeste notre intuition. Pour être à son écoute, il suffit généralement d'être attentif à ce qui se passe physiquement en nous.

Dans une étude remarquable, des chercheurs de l'université de l'Iowa ont confirmé l'intelligence du corps. Des étudiants jouaient à un jeu complexe dont on ne leur avait pas expliqué les règles. Des électrodes placées à la surface de leur peau détectaient simultanément les variations minimes qui accompagnaient l'anticipation d'une victoire ou d'une perte. De temps en temps, ils gagnaient de l'argent, sans comprendre ce qu'ils avaient fait pour le mériter ; à d'autres moments, ils perdaient tout ce qu'ils avaient gagné sans que cela ait davantage de sens pour eux. Lorsqu'on leur demandait ce qu'ils faisaient, ils disaient choisir « au hasard ». Pourtant, au bout de trente minutes de jeu, les électrodes captaient des signes fiables : quelques secondes avant d'obtenir un résultat, leur peau signalait s'ils allaient gagner ou perdre. Tout se passe comme si leur corps avait déjà compris les règles, alors que le cerveau cognitif demeurait dans le noir. Il y a deux bonnes raisons d'écouter son intuition : elle est toujours déclenchée en réponse à quelque chose, et elle a toujours à cœur notre intérêt personnel. Quoi qu'il arrive, elle ne nous fait pas perdre notre temps.

Les intelligences créative ou empirique sont le terreau de la création. Celui qui en est doté fonctionne de manière transversale, associant les antagonismes pour créer de nouvelles complémentarités, comme si les ennemis pouvaient devenir de vrais amis. C'est un empiriste, un artisan, un technicien, un entrepreneur ou un technocrate. Il a des prédispositions créatives (artistique, artisanale, métiers pionniers). Les profils du Créatif et du Sensitif font partie de la petite famille créative. La sensibilité est tournée vers le Moi qui s'enrichit de son imaginaire.

DISPOSEZ-VOUS D'UNE INTELLIGENCE CRÉATIVE OU ANALOGIQUE COMME...

Jean-Jacques Goldman, Francis Huster, Robert Lamoureux, Daniel Prévost, Bruno Solo, etc.

ET LES POLITIQUES ?

François Mitterrand, Bertrand Delanoë, Vladimir Poutine, Dominique Strauss-Kahn, Saddam Hussein, etc. Comme on le voit, nos politiques sont en bonne compagnie.

L'intelligence pratique ou fonctionnelle

Grille gestuelle : pouce dominant droit + oreille téléphonique droite.

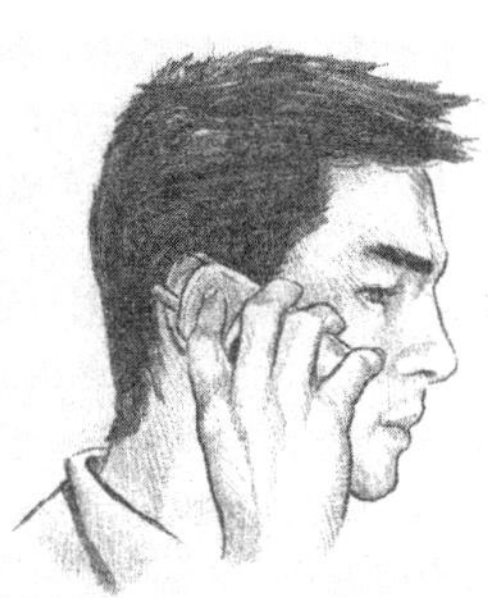

Qui est doté d'une telle intelligence a une aptitude fondamentale, celle d'organiser les groupes. C'est la capacité première du leader ; elle consiste à savoir amorcer et coordonner les efforts d'un réseau d'individus. Mais on retrouve aussi ce type d'intelligence chez les entrepreneurs et certains artisans. Le leader est celui qui coordonne les ressources humaines et qui les dirige.

Les leaders ont un langage gestuel tout à fait particulier. Ils sont reconnaissables à certaines postures ou certains tics gestuels qui n'appartiennent qu'à eux. Mais tous les Challengers (Offensif, Cognitif et Extraverti) ne fonctionnent pas de manière identique. Certains cachent bien leur jeu, d'autres ne parviennent pas à s'imposer, car leur histoire personnelle les en empêche.

Myriem

Myriem est une délicieuse jeune femme qui exerce le métier de chroniqueuse sur une chaîne du câble. D'origine tunisienne, sa beauté permet peut-être de comprendre pourquoi les musulmans tiennent tellement à voiler leurs femmes. Elle participe à un plateau sur le langage gestuel. Quand je lui traduis son profil de Challenger, elle s'étonne et prétend ne pas se reconnaître dans le portrait générique que je lui brosse. Le plateau se termine et nous nous dirigeons vers une petite salle pour nous faire démaquiller.

« Vous savez, intervient une autre journaliste en riant, Myriem est de mauvaise foi. Elle est l'aînée d'une famille de six enfants abandonnés par leur père. C'est elle qui fait bouillir la marmite grâce à son salaire sur la chaîne. Sa mère est une petite bonne femme pusillanime, elle peine à se faire obéir des autres enfants. Quand il y a un problème, c'est Myriem qui s'y colle. C'est elle qui détient le pouvoir dans la famille.

— On dirait que l'air ne fait pas la chanson, Myriem ?

Elle admet du bout des lèvres les révélations de sa collègue.

— Mais je ne me sens pas l'étoffe d'une patronne, réplique-t-elle.

— Je n'ai jamais prétendu que tous les Challengers étaient des patrons. Tous les directeurs ne sont pas des patrons. Ils ont le sens du pouvoir, mais ce sont les circonstances de la vie qui feront qu'ils exerceront ce pouvoir ou non. Toutes nos aptitudes innées sont assoupies au sein du patrimoine héréditaire qui nous différencie les uns des autres. Au gré des acquis, elles se manifesteront le moment venu, ne t'inquiète pas pour ça. Tant que tu n'es pas confrontée à une situation qui t'oblige à réagir en tant que Challenger, ton profil ne se révélera pas. »

Aux dernières nouvelles, Myriem a pris les commandes de sa propre émission. Elle a gagné ses galons de Challenger.

L'intelligence fonctionnelle (Cognitif Extraverti) est celle d'un homme ou d'une femme de pouvoir, d'un fédérateur ou d'un animateur qui trouve chez les autres le sentiment de son utilité au système. Le progrès est son terrain de jeu favori et son savoir-faire, l'instrument de ses traits de génie. On retrouve les profils du Challenger et du Relationnel dans cette famille fonctionnelle. L'intelligence pratique est au service de l'action ou du groupe.

DISPOSEZ-VOUS D'UNE INTELLIGENCE FONCTIONNELLE COMME...

Jean-Pierre Foucault, Mel Gibson, Annie Girardot, Patrick Poivre d'Arvor, Bruce Willis, Audrey Tautou, etc.

ET EN POLITIQUE ?

Ian Blair, Olivier Besancenot, Martine Aubry, Jean-Pierre Raffarin, Bernard Kouchner, Jean-Louis Borloo, etc.

En conclusion.

SEXE	INTELLIGENCE SOCIALE	INTELLIGENCE CRÉATIVE	INTELLIGENCE PRATIQUE	INTELLIGENCE LOGIQUE	TOTAL DES OBSERVATIONS
Féminin	187	108	171	92	558
%	34	19	31	16	100
Masculin	139	126	128	115	508
%	27	25	25	23	100
Tot. H/F	326	234	299	207	1066
%	31	22	28	19	100

On constate qu'il n'y a pas de différences très significatives entre les formes d'intelligence chez les hommes, l'intelligence sociale se monte à 27 % et la cote la plus basse concerne l'intelligence logique à 23 %. Tous les groupes sont assez équilibrés, ce qui n'est pas du tout le cas chez les femmes. Deux formes d'intelligence culminent : l'intelligence sociale/interpersonnelle avec 34 % et l'intelligence pratique/fonctionnelle avec 31 %. Les femmes sont moins créatives et moins logiques sur le plan intellectuel. En revanche, intelligences sociale et pratique remportent 65 %, ce qui correspond effectivement aux secteurs d'activité qui favorisent l'élément féminin de notre population. Plus de praticiennes et moins de théoriciennes, plus de compassion et moins d'investissement dans l'imaginaire. L'intelligence pratique est aussi fonctionnelle, ce qui laisse sous-entendre que les femmes seraient plus à leur place dans des postes à responsabilités que dans des fonctions subalternes. Contrairement à ce qui est admis dans notre type de société, les hommes sont moins responsables dans leur ensemble (25 %) que les femmes.

TROISIÈME PARTIE

LES TRIBUS PSYCHOGESTUELLES

Que seraient les mots sans les gestes ?
Des dialogues de BD sans les dessins !

Il est temps d'aborder les portraits des huit tribus psychogestuelles. Ces profils reposent sur une combinaison des trois premiers refrains gestuels génériques. Ne prenez pas le portrait qui est censé vous correspondre au pied de la lettre en vous disant « ce n'est pas moi », d'un air de vierge effarouchée. Les Hommes ne sont pas des pots de confiture qu'on étiquette en fonction d'un parfum. Nous sommes des êtres complexes, tous différents les uns des autres, mais nos refrains gestuels nous rassemblent dans des tribus génériques conjointes. Est-ce là le fruit du hasard ? Ces gestes ne sont que les translations de comportements hyperonymes (une conduite incluse dans une grille comportementale spécifique et distributive d'un profil), qui nous permettent de nous identifier les uns aux autres ou de nous différencier les uns des autres. Le fameux droit à la différence n'est souvent qu'un appel à la ressemblance. Il faut savoir que tout individu est une mosaïque d'influences héréditaires, ataviques ou acquises par imitation. Raison pour laquelle chaque individu est unique et ne peut être comparé à un clone social qui n'existe pas, n'a jamais existé ou n'existera jamais. On peut tout juste inférer que nous sommes tous identifiés en partie à ces huit tribus ou profils dont deux au moins nous ressemblent plus que les autres. Pourquoi deux et pas trois ou quatre ? Parce que les huit profils en question sont des profils spéculaires, ils sont antagonistes et complémentaires deux par deux. Je m'explique.

Imaginez les cartes à jouer ! Le profil **Idéaliste** est l'antagoniste complémentaire du **Narcissique**, son image spéculaire, en somme son jumeau inverse ; à l'identique, le profil du **Créatif** est le versus du profil **Relationnel** ; le profil **Tribal** est l'antagoniste complémentaire du **Cartésien** et, enfin, le **Challenger** est l'envers du **Sensitif**. Ces huit profils ont donc quatre troncs communs. Un Créatif gestuel refoulé se tournera vers son image miroir, celle du Relationnel, s'il ne peut exprimer ses talents de Créatif. Le plus bel exemple auquel je songe est celui de Martine.

Échec et maths

Martine est en terminale S au lycée de M***. Elle est une des meilleures de sa classe en maths. Elle rêve de rejoindre l'École polytechnique. Sa prof de maths n'est pas de cet avis ; elle tente de la dissuader de s'engager dans cette voie qui ne convient pas à son « statut social ». Son père est contremaître et sa mère employée municipale, des gens simples et respectueux de l'autorité. Ils vont évidemment aboyer avec les loups et accepter les arguments du professeur principal de Martine comme paroles d'évangile. La créativité mathématique (ça existe !) de Martine ne pourra pas s'exprimer. Elle fera des études paramédicales : kinésithérapeute, en l'occurrence, pour avoir un métier qu'elle pourra exercer en milieu hospitalier. Ayant dû refouler sa créativité naturelle qui la portait vers les sciences exactes, elle va développer les qualités inverses de son profil initial et deviendra dès lors plus Relationnelle que Créative. Mais ce faisant, elle s'enfermera dans une médiocrité professionnelle qui lui permettra de gagner sa vie sans jamais dépasser un certain niveau de reconnaissance dans son métier. Elle

> va se faner professionnellement. La stupidité d'un professeur de lycée qui se prenait pour un démiurge a barré la route au talent de Martine et l'a obligée à se défroquer de son profil Créatif initial et d'un avenir qui lui allait comme un gant.

Elle aurait pu se révolter, me direz-vous. Oui, bien sûr, qu'elle aurait pu ! Mais à ce niveau entrent en jeu l'éducation que reçoit l'individu et les limites que cette éducation lui impose. Je reviendrai abondamment sur ces particularités dans les huit chapitres consacrés aux profils psychogestuels.

Rien ne vous oblige à lire les pages qui suivent d'affilée. Vous connaissez votre profil gestuel, allez-y directement et découvrez-vous en premier. Ensuite, vous pourrez identifier les profils de vos proches, de vos collègues, de vos clients, de votre patron ou de vos stars préférées.

Cette connaissance vous ouvrira la porte d'une communication plus efficace et nettement plus enrichissante. En gros, elle vous permettra d'identifier vos alliés avec un minimum d'erreurs et d'éviter de copiner avec des ennemis potentiels ; de mesurer vos sympathies instinctives en les adossant à une échelle de compatibilité objective. Cette femme si avenante qu'on vient de vous présenter est-elle ce qu'elle paraît être ? Le sentiment de méfiance instinctive que vous ressentez à l'égard de ce monsieur que vous connaissez à peine est-il justifié ? Vous disposerez désormais d'un scanner gestuel fiable pour évaluer le bénéfice de vos rencontres professionnelles ou amicales.

I

Le Cartésien

L'intelligence est un système dont l'ouverture d'esprit est le code d'accès.

ÊTES-VOUS CARTÉSIEN COMME...

Michel Boujenah, Laurent Gerra, Matt Damon, Pascal Légitimus, Ben Stiller, Lino Ventura, Fanny Ardant, etc.

ET EN POLITIQUE ?

François Bayrou !

Rôle socioprofessionnel : organisateur/coordinateur/régulateur
Faculté d'adaptation sociale : dépendant du groupe/fusionnel
Forme d'intelligence : logique/spéculative

Grille gestuelle : bras gauche dominant + pouce droit dominant + écoute gauche.

Le Cartésien est un Défensif Cognitif Introverti, en abrégé gestuel DEFCOGIN.

L'héritage de tante Jeanne

Jean-Marc travaille dans le secteur privé. Une grosse boîte de pièces détachées pour le secteur automobile. Plus pour longtemps. Il est comptable mais pas expert. En réalité, la compta, ce n'est pas trop son truc, même s'il apprécie que les balances tombent juste au centime près. Il aurait aimé faire un autre métier, économiste, par exemple, ou fonctionnaire aux Finances. Il s'est renseigné à l'administration des Impôts, mais la liste d'attente l'a découragé. Tout le monde veut devenir fonctionnaire en France. Un de ses cousins éloignés bosse à la brigade financière de la PJ ; il lui a proposé de présenter un examen pour rejoindre l'École de police mais Jean-Marc est allergique à l'uniforme et à l'esprit de corps. Il aime la solitude, la campagne, la verdure, les grands espaces, la liberté d'être. Il vient d'apprendre que son licenciement pour raisons économiques (la concurrence asiatique se fait sentir partout) est sur le bureau du DRH. Ce n'est plus qu'une question de semaines avant qu'il ne soit remercié. On délocalise et on réorganise.

Toujours célibataire à l'âge canonique de 35 ans, Jean-Marc s'imagine la galère qu'il va devoir affronter à l'ANPE pour retrouver un emploi sous-payé. C'est la première fois qu'il se retrouve sur le marché du travail. Heureusement, il a mis quelques sous de côté en prévision d'une tuile de ce genre.

Pas grand-chose mais tout de même ! Ce sont des comptas au noir pour des commerçants du quartier qui lui ont permis d'économiser. Pas très moral mais avec le salaire qu'il perçoit, le remboursement du prêt contracté pour l'achat de son petit appartement, il n'aurait jamais pu joindre les deux bouts. Il en est à ce point quand la sonnerie du téléphone déchire le silence de son deux-pièces sur cour du 18e arrondissement de Paris.

« Oui ? Qui demandez-vous ?

— …

— Oui c'est moi. Et vous êtes qui, Madame ?… Pardon, Mademoiselle !

— …

— Ah ! Bon ! Tante Jeanne est morte ?… 96 ans ? C'est un bel âge. Mais vous êtes sa fille ?… Sa petite-fille ! Quoi ? Je dois venir à B… chez le notaire ? Quand ? Jeudi ? Mais c'est impossible. Je ne pourrai jamais me libérer. Je vais voir ce que je peux faire, Mad… Morgane.

— …

— Alors, comme ça nous sommes cousins. Mais quel âge avez-vous ? Je me souviens d'une petite fille de… 5 ou 6 ans. Je devais en avoir 14, guère plus. Eh oui, le temps passe. Vingt-huit ans ? Bon ! Je vais voir comment je peux me débrouiller et je te… vous rappelle demain soir. Comment ? On peut se tutoyer ? Oui, bien sûr. Alors tu… à demain. »

Et il raccroche, la tête dans ses souvenirs d'une autre époque. La campagne, la ferme de tante Jeanne, les animaux, les pâturages à perte de vue, la petite Morgane qui a grandi trop vite. Tout ça est tellement loin de Paris.

« Voilà monsieur Le Marchal. Votre tante vous a légué le corps de ferme, ses dépendances et 124 ha de bonnes terres. Elle a laissé ses économies à Morgane Petit, votre petite cousine, ici présente, qui hérite d'une jolie somme, ma foi. Vous êtes ses deux seuls héritiers vivants.

Jean-Marc ne parvient pas à réaliser qu'il est propriétaire terrien d'un vaste domaine en friche. Le voilà bombardé paysan par intérim, lui, le comptable urbain.

Morgane, sa petite cousine, est une femme un peu forte de bassin mais avec un visage très séduisant et un beau sourire. Elle est divorcée d'un premier mariage sans enfant. Jean-Marc la trouverait plutôt à son goût, s'il n'était pas un célibataire endurci. Le notaire reprend :
— Évidemment, vous êtes libre de revendre la propriété de votre tante, si vous le souhaitez. J'ai d'ailleurs plusieurs propositions intéressantes à vous soumettre...
— Non ! le coupe Morgane Petit. Elle se tourne vers Jean-Marc. Nous allons en discuter mon cousin et moi, si vous le permettez, et il vous donnera sa réponse dans quelques jours. »
Jean-Marc est subjugué par l'autorité dont Morgane fait preuve. Il opine et se lève en même temps qu'elle pour prendre congé du notaire.
Les cousins se retrouvent face à face dans une auberge de la région, après un crochet au cimetière du village. Morgane parle d'abondance, Jean-Marc l'écoute, la tête ailleurs. Une mouche se pose sur la nappe blanche de leur table, elle vient faire son marché de miettes de pain. Il entend en diagonale le discours persuasif de sa petite cousine qui est plus une femme de tête qu'une fille naïve de la campagne. Elle a fait le lycée agricole et son ex-mari était agriculteur. Il a demandé le divorce parce que, malgré une activité sexuelle sans filet, Morgane n'est jamais tombée enceinte.
« Je ne suis pas vraiment stérile, selon les médecins que j'ai consultés. Incompatibilité, qu'y m'ont dit. Ça arrive des fois. De toute façon, je n'ai plus envie de me remarier. J'ai fait une croix dessus. »
Jean-Marc se dit que c'est dommage mais il ne verbalise pas sa pensée.
Sans avertissement, sa cousine lui propose d'investir l'argent hérité de sa grand-mère, la tante Jeanne de Jean-Marc, si ce dernier accepte de devenir cultivateur à plein temps. Jean-Marc n'en revient pas. Il voudrait bien lui dire qu'il n'y connaît rien et que sa vie est à Paris mais Morgane l'a hypnotisé au sens littéral du terme.

« Si j'ai bien compris, reprend Morgane, tu vas te retrouver au chômage sous peu. C'est l'occasion rêvée pour changer de vie, mon petit Jean-Marc.
— Mais je n'ai pas l'âme d'un patron d'entreprise, tu sais. Je ne suis qu'un petit employé. Et puis, j'y connais que dalle à l'agriculture.
— Justement ! Moi, je m'y connais et je sais comment m'y prendre avec les ouvriers agricoles, t'inquiète pas mon cousin. Et puis, il y a beaucoup de comptabilité dans une exploitation agricole. La plupart des paysans de par ici se plantent parce qu'ils sont souvent en bisbille avec les chiffres.
Il faut dire qu'elle est convaincante, la cousine. S'il revend son deux-pièces pourri et avec ses économies au noir, ça pourrait le faire, se dit-il.
— Imaginons que je sois partant... Si tu te remaries, nous serons obligés de partager l'exploitation en trois parts.
— Et si toi tu maries, ce sera pareil, lui rétorque-t-elle un peu trop agressive.
— Moi ? Tu veux rire. Jamais je ne m'engagerai devant monsieur le maire. Le mariage, connais pas.
— Pourquoi ? Tu es homo ? demande-t-elle soudain plus inquiète qu'elle ne voudrait le laisser paraître. Car le cousin est mignon tout plein et elle en croquerait bien sa part.
— Tu rigoles ? J'aime les femmes mais je... j'ai... peur de m'attacher. Voilà, c'est dit.
— Fontaine... On peut prévoir ce cas de figure dans le contrat.
— Quel contrat ?
— D'association, tiens. Je te propose d'être associés à parts égales. J'apporte les 300 000 euros dont j'ai hérité comme capital de roulement et tu apportes la propriété. Ça se vaut. Il faudra racheter des machines, engager du personnel et *tutti quanti.* »

Jean-Marc et Morgane Le Marchal ont trois beaux enfants. Ils sont mariés depuis cinq ans et leur exploitation est une des plus rentables de la région. Mais le plus important n'est pas dit. Jean-Marc était et est toujours un Cartésien pur et dur. Il a été subjugué par son épouse, une Tribale, dont le profil est exactement antagoniste et complémentaire du sien. Ces détails-là, il me les a confiés plusieurs années après, quand je suis passé lui dire bonjour. Il aurait pu tomber plus mal.

Chez le Cartésien, la pensée et le raisonnement priment sur l'action ou la réalisation. Pour lui, il faut toujours réfléchir avant d'agir. Quelques caractéristiques : cérébral, rationnel, systématique, conceptuel, réaliste, logique, théoricien ! Ses trois vertus : ordre, rigueur et méthode !

Le **Cartésien** est l'antagoniste complémentaire du **Tribal**. Ce qui signifie qu'une équipe **Cartésien-Tribal** peut être une équipe gagnante. Soyez toujours attentif aux trois refrains gestuels de base de vos interlocuteurs. Si vous avez la chance de tomber sur votre antagoniste complémentaire, vous constaterez très vite le côté magique de ce genre de rencontre. C'est comme si chacun représentait la moitié idéale qui manque à l'autre. Cela est particulièrement vrai dans un cadre amical ou professionnel mais ça ne l'est pas forcément dans un contexte amoureux. La passion fausse – parfois mais pas toujours – les règles du jeu. *A contrario*, quand un couple de ce genre parvient à calmer le jeu et à s'entendre, il signe un contrat pour la vie.

En revanche, dans le cas de figure d'une **échelle de compatibilité projective** (élections, idole de la chanson, acteurs cultes, etc.), l'antagonisme n'est plus complémentaire du tout. C'est le profil clone qui le remplace. Le Cartésien votera pour le Cartésien, le fan Tribal adorera son artiste de variété Tribal comme lui.

Certains Cartésiens se fourvoient dans des métiers artistiques. Ce sont généralement d'excellents interprètes mais de piètres improvisateurs. Ils ont besoin de s'appuyer sur un scénario solidement charpenté pour encadrer leur talent. Enfin, beaucoup de Cartésiens sont des amoureux transis des valeurs passées, nostalgiques d'une époque révolue mais tellement plus excitante que celle qu'ils sont obligés de subir. Ils sont fans d'Histoire et d'histoires du passé. Homme du terroir ou intello. La vieille Europe était, il n'y a pas si longtemps encore, une réserve inépuisable de Cartésiens pur jus. Mais la donne s'est modifiée depuis l'intrusion des médias audiovisuels et surtout depuis la mondialisation des moyens de communication. L'invasion et le succès exponentiel de la littérature fantastique (Jean-Christophe Ruffin, Marc Levy, Dan Brown), des films hypertechnologiques dont la majeure partie des images sont conçues sur ordinateur, des jeux vidéo qui hypnotisent nos gamins, des méthodes de coaching destinées à faire de vous le super héros de votre vie, etc., ont laminé les nouvelles générations européennes qui exigent toujours plus de rêve et de frissons sans danger : une génération de zappeurs est en voie d'apparition. Les Cartésiens n'y ont plus leur place au soleil.

Les principales qualités du Cartésien

Chacune des caractéristiques qui articulent le profil psychologique du Cartésien est associée à des remarques, des définitions ou des aphorismes originaux dont le rôle consiste à inscrire ces qualités en profondeur dans vos émotions, si vous êtes Cartésien. Les mots ne sont jamais innocents, ils peuvent vous construire ou vous détruire.

Si vous appartenez à une autre famille de profils mais que vous lisez ces lignes pour cerner le caractère d'un partenaire, d'un ami ou d'un collègue, vous découvrirez la face cachée de votre cible et vous saurez comment l'approcher sans le heurter *a priori.*

Le fonds de commerce psy du cartésien

Abstraction (sens de l')

C'est du jus de chique pour tout le monde sauf pour lui.

Analyse (esprit d')

Analyser, c'est déduire l'essentiel du tout et non secouer le tout pour noyer l'essentiel sous une pluie de détails.

Conformiste

Les cheveux qui dépassent font désordre. Il faut dire que les Cartésiens perdent souvent leurs cheveux très jeunes.

Conservateur

Le Cartésien est un fan de *statu quo ante.*

Critique (sens)

Il critique mais n'est jamais négatif.

Devoir (sens du)

Le devoir passera toujours avant le pouvoir.

Discipliné

La discipline est la mère de tous les arts et la marâtre de toutes les paresses.

Discret

Celui qui parle ne sait pas ce que ne dit pas celui qui sait.

Hiérarchie (sens de la)

Pour lui, le respect de la hiérarchie doit fonctionner dans les deux sens. On appelle ça le respect de la personne.

Honnêteté

Rigueur intellectuelle et éthique sont les racines de l'honnêteté.

Humour (sens de l')

Sous un masque de rigidité apparent, il a énormément d'humour.

Implicite

Il est parfois tellement implicite qu'il peine à se comprendre lui-même.

Incrédule

Les vessies ne font pas les lanternes.

Indécis

On a toujours le temps de sauter le pas, n'est-ce pas ?

Ironie (sens de l')

Il est parfois aussi grinçant qu'une porte aux gonds arthritiques.

Légaliste

Nul n'est au-dessus des lois sauf ceux qui peuvent se payer de bons avocats.

Logique

La logique est une qualité de l'esprit qui purge nos rêves de leurs illusions.

Loyal

Le Cartésien est le clown blanc de la société contemporaine, un monsieur Loyal du grand cirque sociétal.

Méthodique

Il est le roi du mode d'emploi.

Minutieux

... comme une rivière de dominos alignés pour la parade.

Nostalgique

Ceux qui rêvent d'avant n'ont généralement que très peu d'après.

Ordre (sens de l')

L'ordre est le compagnon idéal de la méthode tout comme l'improvisation est la maîtresse attitrée du désordre.

Pacifiste

Le Cartésien est un militant pour la paix car la guerre est une action illogique.

Patient

« Le bœuf est lent mais la terre est patiente », dit un proverbe chinois.

Perspicace

Il faut que la perspicacité alimente le sens des nuances pour avoir tout le recul suffisant et nécessaire.

Philosophe

Ce sont les idées qui sont faites pour les hommes et non les hommes pour les idées.

Prévoyant

Un Cartésien qui n'aurait pas son bas de laine ? Vous n'y pensez pas ?

Prudent

... comme un chat de gouttière.

Raisonnable

... jusqu'à la pointe du prépuce.

Rationnel

Parce que sensé, cohérent, réaliste, fonctionnel, logique, etc.

Réfléchi

À force de réfléchir, on finit par ne plus penser à tout en même temps.

Savoir (homme ou femme de)

Il est un îlot de culture et de connaissance dans un océan d'ignorance.

Sceptique

Il ne faut pas croire que tout ce qu'on raconte est vrai, surtout quand celui qui parle vous répète à l'envi que « c'est vrai que... ». « Vérifier, c'est se fier à la vérité. » Tel est le credo du Cartésien. Ce qui ne l'empêche nullement d'être très menteur quand son intérêt le lui commande.

Scrupuleux

... c'est-à-dire plus qu'honnête.

Sédentaire

Presque inamovible, les pieds enracinés dans la terre de ses convictions.

Saint Thomas

La seule croyance à laquelle il prête sa foi est la preuve par 9.

Stable (d'humeur)

... et égal à lui-même.

Vigilant

Le roi Argos est son cousin, voire parfois son faux jumeau.

Visuel

Il veut toujours voir pour y croire.

Mais aussi...

— Beaucoup de Cartésiens sont des intellectuels. Ils ont des prédispositions scientifiques, même s'ils ne se dirigent pas tous vers les carrières de ce secteur très pointu. Ils aiment les choses carrées, bien rangées en ordre de bataille et détestent le désordre empirique qui prélude à la réflexion des Créatifs. Le manque de rigueur leur flanque des boutons.

Ils font souvent partie de cette intelligentsia qui recherche le confort des idées tandis qu'elle s'écarte de la dureté des faits.

— Le Cartésien privilégie l'estime de soi au détriment de la confiance en soi. Il cherche avant tout à ce que son entourage reconnaisse ses qualités ou ses capacités pour se sentir exister aux yeux des autres.

— Comme les Cartésiens disposent naturellement d'une intelligence abstraite, ils comprennent très vite et sans difficulté ce que d'autres profils peinent à imaginer. Ce sens de l'abstraction irrite souvent leurs interlocuteurs qui éprouvent des difficultés à les suivre dans un univers de concepts fantômes à leurs yeux. On les trouve toujours trop implicites.

— Les Cartésiens ont un sens de l'humour très particulier. Ils aiment l'humour noir ou l'humour à froid. L'ironie, la dérision, la moquerie sont des terrains qu'ils foulent avec un plaisir évident et beaucoup de talent.

— Conservateur, traditionaliste, maternant, olfactif-gustatif, nostalgique, cérébral sont quelques-unes des qualités affichées du profil. Ce ne sont pas des aventuriers mais au contraire, des individus d'une prudentissime prudence, ce qui constitue, à mon sens, leur principal handicap.

— Dans leur grande majorité, les Cartésiens ne sont pas des sportifs. Ils privilégient leur intellect ou la culture et ne s'intéressent aux exercices physiques que pour des raisons d'entretien mais non de performance. Dans l'étude homogène réalisée sur la salle de sport, j'ai trouvé 10 Cartésiens sur 130 individus, soit 8 % du groupe (voir p. 351).

— Les Cartésiens sont fortement attirés par la théologie et le fait religieux en ce qu'ils sont des fanatiques du cerveau gauche. Selon Jean-Didier Vincent, ils utilisent leur cerveau droit dans la partie prosodique du langage et dans le traitement des noms abstraits et à forte charge affective. Il est probable que, lorsqu'un Cartésien évoque le nom de Dieu, il se sert de son cerveau droit.

— Les Cartésiens sont très investis dans leur vie de famille, ils respectent des valeurs traditionnelles et les règles de la société, ce qui fait qu'ils divorcent nettement moins que les autres profils.

En conclusion

Le Cartésien a une vision linéaire de son existence. Il marche toujours avec le soleil dans le dos et se rassure en suivant son ombre. Ses rapports avec les autres profils sont généralement sans aspérité majeure. Le Cartésien veut vivre en paix. Il entretient avec les autres profils des rapports courtois mais peu démonstratifs. Il sait garder ses distances. Discret dans ses affects, le Cartésien est un sujet intimiste et plutôt modeste, surtout quand il a du génie. En revanche, quand il dispose du pouvoir, il se transforme en leader Tribal, son image antagoniste. François Bayrou et Jacques Chirac en sont des exemples types.

II

Le Challenger

C'est la soif de vaincre qui fait le champion.

ÊTES-VOUS CHALLENGER COMME...

Jean-Pierre Foucault, Hugh Grant ou Patrick Poivre d'Arvor ?

Ils sont hélas peu nombreux dans la grande famille du PAF.

EN POLITIQUE, EN REVANCHE !

Ian Blair, Jean-Louis Borloo, Mahmoud Abbas, Martine Aubry, Thierry Breton, Jean-Marie Le Pen, Claude Allègre, François Baroin, Jacques Delors, André Santini, etc.

Rôle socioprofessionnel : animateur/meneur
Faculté d'adaptation sociale : autonome/indépendant
Forme d'intelligence : fonctionnelle/pratique

Grille gestuelle : bras droit dominant + pouce droit dominant + oreille droite.

Soit en langage gestuel : Offensif, Cognitif et Extraverti (OFCOGEX).

Nous sommes dans une société de challenge, de réussite sociale, de chamboulement des valeurs. On ne vous demande jamais qui vous êtes mais ce que vous faites. Les parents sont imprégnés de cette culture. Le spectre du chômage nourrit leur angoisse. Pour l'éloigner, ils misent tout sur les études de leurs enfants et leurs activités extrascolaires.

Hélas, les Challengers ne se fabriquent pas à l'école, ils naissent en pièces détachées et acquièrent ce profil par imprégnation ou par opposition, dès leur plus jeune âge. La question n'est pas encore tranchée. Si votre enfant correspond au profil du Challenger, vous n'aurez pas besoin de le pousser vers des activités extrascolaires, il vous les réclamera d'autorité. Il sera un leader malgré vous et non grâce à vous.

Cinq qualités le caractérisent mieux qu'un long discours : le sens du défi, un esprit de décision à l'épreuve des balles, un esprit d'initiative, un esprit d'entreprise et un sens aigu des ressources humaines.

Entrepreneur, animateur, autodidacte, meneur ou indépendant, le Challenger est l'antagoniste complémentaire du Sensitif, sa doublure en quelque sorte.

Deux grosses berlines bondissent en même temps, provenant de deux voies à angle droit. Une Mercedes qui remonte du carrefour et une BM série 7 dans laquelle je suis assis à la place du mort. Elle débouche d'une allée qui coupe en deux la place des Sablons à Bruxelles. La BM a la priorité mais aucun des deux conducteurs ne consent à ralentir son allure. Les berlines vont droit au crash et je me vide de mon sang en l'espace d'un dixième de seconde. Une ligne blanche devant le capot de la Mercedes qui doit normalement céder la priorité. Gérard accélère au lieu de ralentir. Il n'est pas question pour lui de céder le passage. La Mercedes va piler sur place et la BM va la frôler avant de tourner vers la gauche en direction de l'église des Sablons.

Ce souvenir est demeuré très vivace dans ma mémoire. Il trahit le conducteur Challenger auquel il ne faut jamais lancer un défi, aussi stupide soit-il.

Charles est employé des postes et appartient à la famille des Challengers, il est militant de FO et représentant de son syndicat pour le centre de tri postal de ***. Il est mal noté par ses supérieurs qui ont essayé à plusieurs reprises de le casser ; on ne casse pas un Challenger aussi facilement que n'importe quel autre profil. Si vous le harcelez, vous risquez de vous retrouver sur le cul avec de gros ennuis à la clé. Le Challenger est très rancunier et n'a pas froid aux yeux, si vous voyez ce que je veux dire.

« Il m'a tellement fait ch... (il fait allusion à son chef de service), me raconte-t-il, que je lui ai crevé les quatre pneus de sa bagnole, ni vu ni connu.

— Et alors ? je demande.

— Et alors, je me suis bien marré à le regarder faire le tour de sa caisse en levant les bras au ciel. »

Le chef de service en question a fait son enquête mais il n'a jamais osé accuser son bouc émissaire. Quant à Charles, il a retrouvé très vite ses prérogatives et son petit pouvoir de tire-au-flanc du service. Il n'était pas blanc-bleu, mais il faut dire que son chef de service ne l'était pas non plus.

Les derniers seront les premiers

De nombreux sportifs de haut niveau appartiennent au profil du Challenger, ce qui ne devrait pas vous étonner outre mesure.

> Gaspard a 13 ans. Il participe à des olympiades organisées par les responsables du camp scout où il passe ses vacances d'été. Son équipe l'a inscrit d'autorité à l'épreuve du 1 000 mètres interéquipes, une distance qu'il n'a jamais courue. Gaspard est un sprinter, pas un coureur de fond. La plupart des jeunes qui participent à cette course ont entre 15 et 18 ans. Gaspard est le cadet et le plus petit de taille, celui sur lequel personne ne miserait un kopeck.
> La course démarre et notre héros se retrouve lanterne rouge comme de juste. Les grands ont des foulées de géants et Gaspard n'a pas chaussé ses bottes de Sept Lieues. Un premier tour de terrain, 400 mètres, il suit toujours le mouvement avec peine mais non sans courage, applaudi par les scouts de son équipe et surtout les filles (ce sont des scouts mixtes). Les coureurs entament le second tour de piste avec un Gaspard à la traîne. Il se tape un point de côté carabiné et songe à abandonner. Mais Gaspard est un Challenger et les Challengers n'abandonnent jamais. Vers la fin du second tour, il a retrouvé son rythme et accélère progressivement pour rejoindre la queue du peloton. Sa copine Myriam l'acclame, plantée au bord de la piste. Il reste 200 mètres à parcourir avant l'arrivée. Les favoris (les plus grands) tiennent la tête de la course. C'est là que le miracle va se produire. Le petit Gaspard va puiser une énergie explosive au fin fond de ses tripes et accélérer comme s'il courait un 60 mètres, sa distance favorite. Il va doubler le peloton très groupé tellement vite qu'aucun de ses concurrents ne songera à réagir, sans doute trop éberlués par l'exploit auquel ils assistent. Il franchit la ligne d'arrivée, talonné par les favoris qui n'en

reviennent pas. Il sera fêté comme un héros antique par tous ses copains et surtout par sa petite amie. Les femmes sont incroyables, elles n'aiment que les héros.

Isa est orthophoniste salariée. Challenger, elle se heurte continuellement à ses patrons successifs. Conflits de personnalités ! Excellente animatrice, elle démultiplie ses activités professionnelles dans le sens de la formation de ses consœurs (et confrères). J'ai découvert chez elle un sens pédagogique doublé d'une capacité d'écriture d'une grande rigueur et je lui ai proposé d'écrire un ouvrage sur sa spécialité. Elle a signé un contrat chez Flammarion pour un ouvrage qui a été publié en janvier 2006[1].

Gregory est coiffeur. Il a ouvert son premier salon à l'âge de 20 ans, après avoir travaillé comme ouvrier coiffeur depuis l'âge de 14 ans. Challenger gestuel, il espère ouvrir son deuxième salon dans quelques mois.

René est conducteur de travaux. Il a à peine 18 ans et dirige une équipe de huit hommes plus âgés que lui. C'est un Challenger et il rêve (déjà) de monter sa petite entreprise de rénovation de bâtiments.

Il manque (parfois mais pas toujours) au leader Challenger la sensibilité qui aiguise le jugement du Sensitif. C'est le couple émotion-décision ! Cependant, aucun vrai Challenger n'est un être insensible. Il n'y a pas de défi sans une dose d'intelligence émotionnelle en substrat. Et puis, les profils sont réversibles. Le Challenger peut se comporter en

1. Isabelle Barbier, *Comment éveiller votre bébé de 0 à 3 ans*, Flammarion, 2006.

Sensitif mais agir en décideur : Jean-Jacques Goldman en est un exemple vivant.

On ne joue pas avec les pieds d'un leader Challenger[1], c'est un vrai patron, il préfère le savoir-faire au savoir tout court. Il privilégie les résultats, pas les promesses fondées sur les courbes de croissance. Quand l'organisation se retrouve en panne d'inspiration, il improvise, commet des gaffes mais retombe toujours sur ses pieds. Il ne sait rien mais il comprend tout. Pour lui, forcément, ceux qui croient tout savoir ne comprennent rien.

La manière la plus efficace de cerner les qualités principales d'un Challenger consiste, je le crois, à évoquer des rencontres qui m'ont permis de les découvrir hors de l'exercice de leur fonction ou de leur statut. L'histoire du cas qui va suivre est unique en son genre. Elle illustre parfaitement l'influence du profil inscrit dans la trame des conduites individuelles. Le héros de cette anecdote appartient au profil générique du Challenger, évidemment.

Le sourire du mort

Il est très difficile d'affronter le jugement d'une caste privilégiée socialement ou d'une corporation peu nombreuse quand on porte dans son cœur et sur son front la faute, voire la trahison d'un parent portant le même patronyme. À plus forte raison quand il s'agit de son propre père.
Marc achève sa licence en droit ainsi qu'une spécialisation en droit notarial pour reprendre l'étude paternelle à terme. Comme son frère aîné a refusé de poursuivre des études supérieures pour prendre la succession du père, Marc s'est senti obligé de relever le flambeau de la tradition familiale. Tandis qu'il termine ses études survient un événement rédhibitoire pour son avenir. Son père est accusé de détournement

1. Tous les Challengers ne sont pas automatiquement des leaders.

de fonds et est radié de l'ordre des notaires. Marc encaisse le coup. Plutôt mal ! Il abandonne ce futur fait sur mesure pour s'associer avec son frère dans une affaire de hi-fi florissante que dirige ce dernier. Deux ans plus tard, il revient sur sa décision et opte pour un retour dans la fosse aux lions, malgré l'étiquette paternelle qui lui colle au front. Il devient clerc de notaire dans une étude de province en Belgique. Marc n'est pas bilingue (français-néerlandais), ce qui lui barre la route d'une possible étude à reprendre dans la capitale belge. Or, les études notariales bruxelloises étaient et sont encore les plus prisées par les jeunes qui briguent cette sinécure. Elles sont nettement plus rentables que les études provinciales, et surtout wallonnes. Il n'est d'ailleurs pas question pour Marc de reprendre la suite d'un notaire de province, après avoir eu l'occasion d'observer un de ses confrères d'un peu trop près. Le bonhomme était devenu alcoolique à force d'ennui et d'opérations foncières de peu d'envergure. Et Marc est ambitieux, comme tous les Challengers ! Il décide de solliciter un poste de premier clerc de notaire dans une étude néerlandophone à Malines, une jolie petite ville située entre Anvers et Bruxelles. Il y demeure cinq années pendant lesquelles il apprend à maîtriser le néerlandais juridique, toujours mâtiné d'un accent francophone indélébile.

Nous nous rencontrons à l'époque de ses 35 ans. Marc a présenté à six reprises l'examen de bilinguisme à la Chambre belge des notaires, obligatoire pour tout candidat désirant s'installer sur le territoire de la ville de Bruxelles. Il a échoué à six reprises, malgré une connaissance de plus en plus approfondie de la langue de Vondel.

C'est un homme découragé que je reçois dans mon cabinet. Après avoir écouté le récit de son parcours, je réalise que j'ai en face de moi un sujet remarquablement lucide et d'une intelligence supérieure à la moyenne. Je ne suis pas du tout certain qu'il soit possible de provoquer une dissociation de conscience suffisante (un état de type somnambuloïde) pour provoquer une catharsis du syndrome d'échec qui semble être à l'origine de ses ratages successifs. C'est compter sans son ambition et le terreau de son profil

psychogestuel. Marc est prêt à tout pour résoudre son problème. Il est manifestement déterminé à réussir cet examen coûte que coûte. Une étude appartenant à un confrère bruxellois est mise en vente et Marc ne veut pas passer à côté de sa chance. Hélas, la carotte tendue ne suffit pas à lui assurer la victoire sur l'interdit qui pénalise son ambition. Nous sommes, lui et moi, naïvement persuadés que cet interdit tient essentiellement à la radiation de son père, suivant une version remaniée de la fable du Loup et de l'Agneau. Si ce n'est toi, c'est donc ton père !
« Pourquoi faire simple quand on peut faire compliqué ? » Telle est la loi subconsciente qui s'attache aux interdits de tous ordres. Certes, l'exclusion paternelle du milieu notarial entre en ligne de compte, mais pour si peu. Le problème fondamental de Marc se situe ailleurs. Et j'ignore par où commencer. J'entreprends de le soumettre à une induction hypnotique progressive. Catalepsie oculaire, tétanies suggérées des membres moteurs, aphonie suggérée des cordes vocales et, enfin, amnésie conditionnelle de l'identité. Il s'agit d'une méthode de travail couramment utilisée en hypnothérapie classique et dont les effets pragmatiques permettent de mesurer la profondeur de la transe selon l'échelle de Davis et Husband, une échelle classique d'étalonnage de la transe hypnotique.

Marc plonge spontanément en transe somnambulique à la suite du dernier exercice d'amnésie conditionnelle. L'interaction est inattendue. Elle ne s'est jamais produite auparavant. L'amnésie conditionnelle de l'identité provoque un trou de mémoire spontané chez le sujet parfaitement conscient de ce qui lui arrive. Elle a uniquement trait à son prénom ou à son nom de famille. Il ne se souvient plus de son nom de baptême ou de son patronyme, comme s'il l'avait égaré momentanément. Cet exercice d'influence hypnotique procure un avantage incontestable, il diminue la masse volumétrique narcissique attachée à l'identité dans les circuits de mémoire de l'individu. Nous avons tous besoin d'étiquettes pour nous définir : un nom, un ou plusieurs prénoms, un statut ou une profession, une appartenance culturelle, politique ou religieuse, un style d'habillement, une voiture de telle marque, etc. Si l'on gomme tous ces aspects, l'individu est désidentifié. Il n'existe plus à ses propres yeux et encore moins aux yeux des autres qui ne sont que ses miroirs, après tout. C'est le syndrome de la dépersonnalisation au premier degré.

Être soi ne suffit pas pour exister dans la société qui est la nôtre. Les ascendants, la famille, le nom, le statut socioprofessionnel sont essentiels à la reconnaissance par les autres. On peut être un grand professeur même si le sommet de son crâne culmine à 1,50 m du sol. Le mérite est reconnu comme une valeur ajoutée, ce qui est logique. Si cette identité a été malmenée, voire traumatisée par un événement, la victime de ce traumatisme subira un phénomène de dépersonnalisation fondé sur un conditionnement névrotique. Je suis Untel mais je porte en moi la souillure de mon père dont je dois oblitérer le souvenir, d'une part. D'autre part, je me refuse le droit d'être un homme comme mon père. Je vais donc induire une pénalisation subconsciente qui m'évitera de reproduire la faute de mon ascendant. Je vais me dépersonnaliser de telle manière que personne ne puisse plus m'écorcher à vif quand je me présenterai sous mon véritable nom. La solution : s'expatrier ou changer de milieu, de travail ou de secteur d'activité ! La hi-fi ! Devenir un anonyme dans la masse. Marc ne peut poursuivre dans cette voie pour une raison évidente aujourd'hui, il possède un sens inné du droit notarial et des affaires foncières. Chassez le naturel… Un conflit s'est installé entre ce talent hérité et son comportement de fuite. Le premier a vaincu le second, à son corps défendant. Il est revenu au notariat par la petite porte. Désidentifié, dépersonnalisé, transi, mais motivé à blanchir la réputation entachée de son nom de famille.

Lorsque j'ai compris que je me trouvais face à un conditionnement névrotique installé, j'ai utilisé la seule arme capable de contrer ce trouble : l'amnésie totale conditionnée par voie d'hypnose. Cette expérience est unique en son genre.

« Qui êtes-vous ? – Je ne sais pas ! – Combien font deux et deux ? – Aucune idée ! – Quelle est la couleur de votre cravate ? – C'est quoi une cravate ? – Comment vous sentez-vous ? – Bien ! – Vous savez qui je suis ? – Non mais je reconnais le son de votre voix ! – Savez-vous où vous êtes ? » Pas de réponse ! Juste une grimace mimant l'ignorance ou peut-être l'indifférence.

Marc V. est assis en face de moi. Il a les yeux grands ouverts et regarde distraitement autour de lui. La scène a quelque chose d'irréel. Ce n'est pas la première fois que je tente cette expérience saisissante mais j'inaugure l'amnésie totale en situation thérapeutique. J'expérimente la théorie. Le regard de mon patient est tout à fait neutre. Il ne manifeste aucun agacement, aucune expression particulière, aucune appréhension, il se sent bien. Tout souvenir, toute référence concernant sa vie, en général, a disparu. Je déconditionne l'amnésie au bout de dix minutes. Marc revient à lui mais il ne se souvient pas de ce qui lui est advenu pendant la transe. Je le lui explique. Il sourit. Il ne comprend pas ce qui lui arrive. Cependant, les séances lui font du bien. La vision de son avenir a changé. Il se voit réussir son examen avec plus de force que par le passé.

Nous rééditerons cette expérience à plusieurs reprises. Dans le même temps, j'ai prévu un cours de néerlandais en immersion totale autohypnotique avec un professeur adepte de la méthode d'apprentissage Lozanov afin que Marc mémorise le plus de vocabulaire possible tout en pratiquant le discours véhiculaire du néerlandais[1]. La date du concours approche. Marc s'y représentera pour la septième fois. Il se sent mieux préparé que d'habitude mais ne se fait pas trop d'illusions sur le résultat. Il se sent pourtant plus confiant, mais chat échaudé…

Le jour J !

Le téléphone sonne dans mon cabinet. Je décroche. Marc est à l'appareil. « Je voulais que tu sois le premier à apprendre la bonne nouvelle : j'ai réussi l'examen ! » Sa joie est communicative, sa fierté aussi. Mais l'histoire de Marc ne

1. Ce type d'enseignement est décrit dans *Les Étonnants Pouvoirs de l'énergie positive*, First Éditions, 1993. Voir aussi sur le net le site du Dr Georgi Lozanov – Centre international de suggestopédie.

s'arrête pas là. Il reprendra la fameuse étude bruxelloise dont il développera le volume d'affaires avec un brio extraordinaire, en l'espace de quelques années. Nous nous reverrons de temps à autre. Marc est toujours aussi ambitieux. Il vise plus haut. La place manque dans ses locaux. Il va racheter un ancien hôtel particulier pour poursuivre une activité de plus en plus florissante, engager un personnel important afin de suivre les différents dossiers que lui confient de plus en plus de clients. Les nouveaux locaux seront en travaux pendant plusieurs mois. Enfin, il se décide à pendre la crémaillère pour prendre sa revanche sur son milieu professionnel. Marc est devenu l'un des jeunes notaires les plus en vue de la capitale. L'invité d'honneur de cette soirée sera son père. Le nom de la famille est blanchi grâce à la réussite filiale. Les invités se bousculent. On attend l'arrivée de celui auquel personne ne voulait plus adresser la parole, quelques années auparavant. La mère de Marc est venue seule. Son père souhaitait attendre encore un peu avant de s'habiller pour faire une entrée triomphale dans le cabinet prestigieux de son fils. Il est resté à la maison. Il ne viendra pas. La mère de Marc est inquiète de ne pas apercevoir son époux, elle téléphone à son domicile. Pas de réponse ! Elle sort discrètement de l'hôtel particulier et retourne chez elle. Son mari est assis dans son fauteuil, devant la télévision, un sourire serein sur les lèvres. Il est mort.

La fin de cette histoire n'est pas triste, malgré les apparences. Le sourire du père de Marc en disait long sur son état d'esprit. Il avait retrouvé la sérénité avant de prendre congé. Marc n'a été averti de sa mort qu'à la fin de la soirée. Une très belle mort pour un homme qui a, sans aucun doute, beaucoup souffert de son erreur de parcours. Une très belle mort pour un fils qui aimait son père au-delà des mots.

Pour n'importe quel Challenger, l'accomplissement d'une existence est la signature d'une vie. Il ne vit que pour cet objectif ultime : atteindre l'Olympe du pouvoir ou le sacre de la réussite vitale. Le Challenger possède un sens aigu des ressources humaines et sait en tirer le meilleur profit. Il ressent les compétences de ses collaborateurs et sait jusqu'où il peut les pousser sans les faire choir de leur piédestal. Il ne les manipule pas, il les motive. Parfaitement autodidacte, il se fie à son instinct. Il sera entrepreneur, animateur, chef de file, champion de sa catégorie, sportif de haut niveau, dictateur ou *consiglieri* en attendant de remplacer le grand patron !

Les résonances émotionnelles

Si vous appartenez à la famille restreinte des Challengers et que vous peinez à trouver votre chemin dans la vie, la lecture de ce chapitre vous ouvrira peut-être les yeux.

Vous n'êtes certainement pas ce que vous croyez être mais soyez dès à présent ce que vous avez envie de devenir.

Il faut parfois faire semblant pour être vraiment, un jour, à l'image de soi.

Recherchez la compagnie ou l'amitié de profils Sensitifs avec lesquels votre *résonance émotionnelle* sera idéale. Et surtout, évitez les profils miroirs, c'est-à-dire les autres Challengers qui ne vous enrichiront pas sur le plan émotionnel, s'ils ne vous font pas de l'ombre.

Les Challengers sont des individus redoutables quand on les a déçus ou quand on essaye de les rouler. Tous ne sont pas de grands patrons, peu s'en faut, j'ai rencontré des ouvriers appartenant à ce type de profil. Ils étaient tous chefs d'équipe, responsables syndicaux ou contremaîtres.

Le fonds de commerce psy du Challenger

Par ordre alphabétique, voici vos principales qualités si vous vous êtes identifié au profil Challenger :

Achèvement (capacité d')
L'accomplissement d'une existence est la signature d'une vie.

Affirmation de soi
Le Moi s'affirme quand le doute s'abstient.

Ambitieux
L'ambition est la seule illusion qui fait croire à l'Homme que tout est possible.

Anticipation (sens de l')
La vie d'un Challenger est une partie d'échecs qu'il joue souvent à un contre tous et à tous contre un.

Audacieux
L'audace s'assoit sur le sens du ridicule.

Autodidacte
Pour un autodidacte, la compréhension est le tube digestif de son intelligence. Il comprend d'instinct ce que d'autres apprennent en vain. En somme, c'est un cancre qui a bien tourné.

Autonome
La liberté a besoin d'une prison pour s'évader. Le Challenger est un prisonnier volontaire qui s'enferme dans son présent pour libérer son avenir.

Battant
Hargneux comme un coq de combat mexicain, il « mord » dans la vie et bouscule son destin.

Branché sur l'avenir
On dit aussi proactif ! Ceux qui ont confiance en leur avenir et se méfient de leur passé réussissent là où ceux qui se reposent sur leur passé et se méfient de leur avenir échouent. Seul le présent peut changer l'avenir et donner tort au passé.

Champion

… dans sa catégorie quand il trouve sa voie royale.

Charismatique

Le charisme n'est jamais que l'art de cultiver les silences. Cependant, le charisme est une qualité accessible à tous pour autant qu'on le souhaite. Les Challengers et les Tribaux y ont un accès naturel par leur profil.

Choisir (capacité de)

Il est difficile de choisir quand il n'y a pas de chaise pour s'asseoir. Un vrai Challenger ne prend jamais une décision debout.

Cible (sens de la)

On ne peut avoir le sens de la cible sans avoir identifié la flèche, l'arc et l'archer.

Combatif

Il faut agir pour ne pas subir, défier pour ne pas renoncer.

Compétent

Le carburant initial de la compétence n'est pas l'expérience ou la connaissance acquise mais la confiance en soi.

Concentration (capacité de)

Le vide spirituel est le principe moteur de la concentration.

Conclure (capacité de)

Pour être capable de conclure, il faut déjà savoir par où commencer.

Coriace

… comme de la viande de nandou.

Crédible

Pour être crédible aux yeux des autres, il faut croire en soi.

Décideur

Qui décide, avance ! Qui hésite, recule ! Telle est la règle du vrai décideur !

Défi (sens du)

Être en compétition avec soi-même est plus roboratif que d'affronter les autres pour décrocher un hochet ou une médaille.

Directif

Un vrai Challenger prend ses décisions en circuit fermé.

Distances (sens des)

Le sens de la distance est le sang de la crédibilité.

Efficacité des actions

L'efficacité est le plus court chemin entre une idée et son application.

Énergique

L'énergie n'est jamais en panne de carburant.

Entrepreneur

Certains bâtissent des châteaux en Espagne, le Challenger jamais.

Fédérateur

Il sait comment rassembler les différences.

Fonceur

Ne lui demandez jamais de faire un break, c'est un alcoolique de travail.

Frustration (bonne résistance à la)

Pour le Challenger, la frustration est le carburant de sa combativité.

Gagnant

Pour n'importe quel gagnant, le conditionnel est un temps qui n'existe pas.

Influence (pouvoir d')

Dites au pouvoir que l'influence l'attend dans l'antichambre.

Initiative (esprit d')

Initier, c'est ouvrir une brèche dans le mur de l'ignorance.

Intrépide

Il faut oser pour exister.

Jugement (bonne capacité de)

Tout projet vaut celui qui le porte.

Lucide

La lucidité y voit clair quand la réalité des faits obscurcit le jugement.

Maîtrise de soi

Si vous vous résignez trop vite, vous vous soumettrez à votre destin alors que vous rêvez de le maîtriser. Cependant, n'oubliez pas que si chacun est maître de son destin, il est aussi l'esclave de ses illusions.

Maturité

C'est à l'impression de tendresse qui se dégage d'un individu qu'on peut mesurer son niveau de maturité.

Orgueilleux

L'orgueil n'est jamais que de la vanité dans la taille au-dessus, m'a confié un philosophe de la mode qui exerçait autrefois dans le Sentier.

Persuasif

On ne persuade les autres que pour se convaincre soi-même.

Polyvalence

Il sait mettre la main à tout sans avoir besoin d'une formation académique.

Pouvoir (homme ou femme de)

Le pouvoir est un alcool fort que seuls les alcooliques de travail sont en mesure de supporter à haute dose.

Pragmatique

Même un rêve doit avoir du bon sens pour se réaliser.

Présent (sens de l'instant)

Celui qui conjugue sa vie au présent s'investit trop dans l'instant pour se masturber avec son passé.

Priorités (sens des)

Il ne confond jamais le principal avec l'accessoire.

Proactif

Il agit toujours avant d'avoir besoin de réagir.

Réalisation (capacité de)

Investir dans les autres, c'est se réaliser soi-même.

Recul (capacité de)

Pour avoir du recul, il faut que la perspicacité alimente le sens des nuances.

Rentabilité des actions

Ce qui est rentable rapporte à court terme.

Responsable

On peut se sentir responsable sans être coupable des erreurs de son staff, mais il est plus difficile d'être coupable de ses erreurs sans en être responsable.

Réussite (sens de la)

L'échec tient la route mais c'est la réussite qui attend le lauréat derrière la ligne d'arrivée.

Risque (goût du)

Le goût du risque aiguise le sens du danger.

Sang-froid (indice de)

Il sait comment le garder au frais.

Savoir-faire

Le savoir-faire se moque du faire savoir, affirment certains, mais sans le faire savoir, le savoir-faire se baladerait le c... à l'air.

Sécurisant

La sécurité est une illusion que l'homme fréquente volontiers pour rassurer ses angoisses existentielles.

Sportif

Quand la frustration lui fait des avances, quand l'insatisfaction chronique le guette, il plonge la tête la première dans la pratique d'un sport et il est sauvé des eaux.

Stratégie (sens de la)

Le stratège imagine toujours ce que le tacticien réalise sur le terrain. Hélas ! Le stratège est un analyste qui dresse les plans d'une bataille qui se déroulera de toutes les manières en dehors de ses prévisions. C'est toute la différence entre le Challenger et le Tribal : le premier est un stratège, le second est un théoricien.

Stress (résistance au)

Le stress provient d'une stimulation imaginaire de l'aboutissement d'une action alors que la ligne de départ n'est même pas encore franchie.

Subtil

Si on peut considérer l'intelligence comme un capital, la subtilité en représente les intérêts.

Synthèse (esprit de)

Synthétiser, c'est déduire l'essentiel du tout.

Temps (sens du)

Le temps se dilate ou se contracte suivant la manière dont on le gère.

Visionnaire

La vision n'est qu'une illusion dont le cerveau du Challenger a besoin pour tracer sa route vers l'avenir. Il vit son présent en projection sur le futur.

Mais aussi...

***La foi** est le carburant fondamental du Challenger et le premier élément de l'alchimie comportementale qui le guide vers sa réussite. Elle englobe sa confiance en soi, bien entendu. Si la foi n'avait pas été le fonds de commerce des religions, ces dernières n'auraient jamais fait tache d'huile. Plus une foi est forte, plus elle rayonne. Et c'est souvent de ce rayonnement que naît le prosélytisme qui n'est que le prologue de la passion. Il n'y a pas de foi sans passion. Croire en soi, c'est déjà se réaliser sur le plan des émotions. Et à ce stade, la prière est l'invention la plus géniale de ces cinq mille dernières années. Croire en soi est un préalable indispensable à toute réussite. Et croyez-moi, c'est plus facile à imaginer qu'à ressentir. Le doute est là en permanence. Il ne vous lâche pas d'une semelle. C'est l'antidote de la foi, le cancer de la confiance en soi. Mais le Moi ne peut s'affirmer que si le doute s'abstient.*

« À force de prêter foi à mes doutes, je finis par douter de ce que je crois ! » Telle est la force du doute qui jalonne le chemin vers la victoire de la foi. Et quand le doute vous quitte, dégoûté de toute l'énergie investie pour vous faire échouer, la foi frappe à la porte de vos émotions et le talent l'invite à entrer.

Méditez ce texte, si vous êtes un Challenger inachevé. Inscrivez-le dans les tablettes de vos lois de vie.

Le Challenger prône le dépassement de soi, typique de la mentalité sportive. Les psychologues du sport attribuent quatre caractéristiques à la volonté de gagner, de vaincre ou de réussir du Challenger :

– son niveau de résistance à la frustration ;

– sa capacité de s'investir sans référence à l'aboutissement ;

– sa confiance en soi ;

– ils désignent une persévérance indéfectible et une ténacité en béton armé, deux qualités qui dépendent de la disponibilité des schémas volontaires. Cette disponibilité est directement proportionnelle à la somme des automatismes que vous avez su ou pu intégrer dans vos conduites pour soulager l'action de la volonté pure (détermination).

Ces mêmes psychologues expliquent aussi les performances des sportifs par la conjonction de trois facteurs : le talent, l'expérience et l'obsession de la réussite[1].

Ce dernier constat devrait vous interpeller, car il signifie que seuls les individus qui sont parvenus à élever leur soif de réussite au rang d'une obsession (les Challengers, notamment, mais pas seulement) sont capables de franchir la ligne d'arrivée. Le talent et l'expérience sont les marchepieds de la capacité de s'investir sans référence au

1. *Cerveau & Psycho*, n° 2, juin 2003.

résultat. C'est cette dernière attitude mentale qui représente la racine principale de tout succès, dans quelque domaine d'activité que ce soit et quel que soit votre profil.

Si vous êtes déterminé à l'emporter, regardez droit devant vous et évitez de vous retourner. Le passé est dépassé et votre avenir est écrit au brouillon. C'est vous qui êtes chargé de remettre la copie de cet avenir au net. Pour y parvenir, il existe de multiples bretelles qui vous permettent de quitter l'autoroute de votre existence pour remettre les choses à plat et emprunter une route plus appropriée à ce rêve que vous avez oublié en chemin. Ou peut-être l'avez-vous laissé là parce que vous avez écouté les âmes charitables qui vous ont déconseillé de poursuivre ?

Vous avez eu tort de leur donner raison, car ils avaient tort et vous aviez raison.

— Certains Challengers sont charismatiques dès la maternelle. Ce sont les capitaines de classe, les chefs de bande, les leaders d'opinion.

— Doté d'un esprit de synthèse, le Challenger est souvent plus affirmatif que dubitatif, ce qui lui permet de gagner un temps fou.

— Celui qui a le sens de la cible a aussi le sens des distances de fuite. Car il faut avoir le courage de retourner son pantalon quand les choses se présentent mal. Ce n'est pas une question d'opportunisme mais de pragmatisme. Tant que vous êtes rentable ou productif, le Challenger sera en phase avec vous et vous épaulera dans les coups durs. Si vous perdez des points ou si vous lâchez prise, il vous évacuera sans l'ombre d'un regret. Le Challenger est un individu impitoyable. Il ne fréquente pas les losers.

— Doté d'une forte personnalité ou d'une force de caractère, le Challenger est persuasif. Quand il veut aboutir, rien ni personne ne l'arrêtera. Il prendra tous les risques pour gagner la partie. Dur à cuire et tenace, il est difficile à déstabiliser ou à influencer.

— Il est surprenant, car il rebondit souvent au moment où ses adversaires s'y attendent le moins.

— De l'esprit d'entreprise à la capacité d'achèvement, il y a un fossé énorme. Certains ont l'esprit mais pas la capacité d'aller au bout d'eux-mêmes. La compétence du Challenger dans son domaine de prédilection et son professionnalisme comblent ce fossé.

— L'autonomie n'est pas donnée à tout le monde. Il y a plus de personnes dépendantes que d'individus détenant un libre arbitre sur leur existence quotidienne. Trois profils en bénéficient : le Challenger, le Tribal et le Relationnel. Tous trois sont des Animateurs et des leaders potentiels ou effectifs. Ce qui ne signifie pas que d'autres profils ne soient pas aptes à prendre les rênes d'une entreprise. Ne me faites pas dire ce que je n'ai pas dit. Il y a des lauréats dans tous les profils.

— Desmond Morris explique, dans son ouvrage *La Magie du corps*[1], que, dans toute réunion sociale, les subordonnés ont tendance à regarder les personnalités dominatrices alors que celles-ci ignorent les premiers sauf dans des circonstances particulières. Par exemple, si un individu amical et soumis entre dans une pièce, son regard va faire rapidement le tour des personnes présentes et, s'il repère quelqu'un de haut placé et de dominateur, il ne le quittera plus des yeux. Chaque fois qu'une plaisanterie

1. Grasset, 1987.

sujette à controverse sera lancée ou encore qu'une opinion personnelle sera exprimée, il observera la réaction de l'individu en question. Celui-ci demeurera en général distant et ne se souciera guère de regarder ses subordonnés au cours de la conversation générale. Mais s'il pose une question directe à l'un d'eux, ce sera en le fixant droit dans les yeux, et ce dernier sera incapable de soutenir son regard, ne serait-ce qu'une fraction de seconde, il détournera les yeux tout en répondant. C'est la situation typique où s'établit un ordre hiérarchique et où les Challengers ont le contrôle sur d'autres.

— Pour le Challenger, avoir confiance en soi est aussi une manière de se fier à sa bonne étoile, à croire que le destin qui l'attend lui réserve des surprises plutôt bonnes que mauvaises. La confiance en soi n'est pas un gage de réussite, mais elle peut parfois en représenter l'antichambre.

Pour préserver ce capital essentiel, je vous livre les trois règles de vie que m'a confiées un Challenger qui a tout réussi dans sa vie :

1re règle : plus je fais abstraction de mon ego, plus j'augmente mon capital de confiance en moi. Plus je mets mon ego en première ligne, plus je doute de mes capacités. On peut être orgueilleux, mais il ne faut jamais se confondre avec son orgueil.

2e règle : le besoin d'exister massivement (ne pas passer inaperçu) est une attitude compensatoire consécutive à un sentiment d'infériorité, et ce, quel que soit votre niveau de réussite sociale apparent. Il ne faut jamais se fier aux apparences. Tous les Challengers sont les rejetons d'un sentiment d'infériorité qui les a accouchés.

3e règle : être plus intelligent, plus beau ou plus riche que le voisin est sans importance. En revanche, gagner sa confiance ou conserver son estime est plus rentable et plus roboratif pour votre confiance en soi que d'être la cible de son mépris ou de sa jalousie.

Quelques statistiques

Les Challengers sont minoritaires dans la société française (11 %), si je me base sur l'enquête de terrain hétérogène réalisée sur 2 152 individus (voir p. 354). En revanche, sur la population testée dans la salle de sport, les Challengers représentent 20 % des 130 personnes investiguées (voir p. 351).

III

Le Créatif

Si l'intuition est la vitesse lumière de l'intelligence humaine, l'intelligence créative est la capacité de franchir les frontières invisibles qui séparent les mondes parallèles de la pensée humaine.

ÊTES-VOUS UN CRÉATIF COMME...

Richard Berry, Daniel Ceccaldi, Michelle Pfeiffer, Bruno Solo, Sacha Distel, Paul McCartney, etc.

EN POLITIQUE ?

Ils sont plus nombreux que je ne le pensais. Je vous cite quelques députés que j'ai croisés à l'Assemblée nationale : Claude Evin, Claude Greff, Jean-Pierre Le Ridant, Pascal Ménage, Jean-Marc Nudant, Dominique Richard sans oublier Jean-Louis Debré.

Rôle socioprofessionnel : initiateur/fédérateur
Faculté d'adaptation sociale : individualiste/excentré
Forme d'intelligence : empirique/créative

Grille gestuelle : bras droit dominant + pouce gauche dominant + oreille gauche.

Le Créatif est Offensif Affectif Introverti.

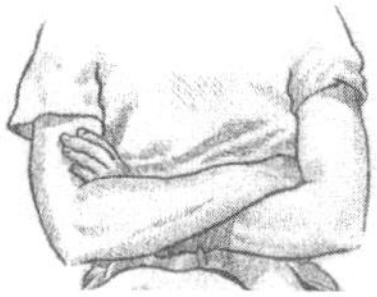

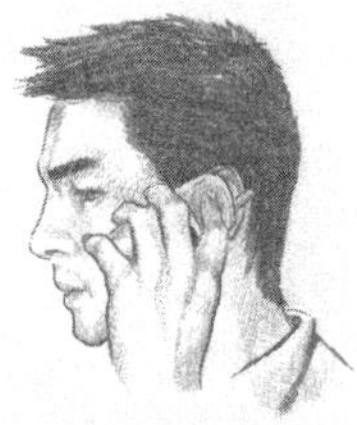

Le talent guérisseur

Mme de S…, une femme de 40 ans d'origine liégeoise, a marqué mon intérêt pour la révélation de la créativité en tant que potion magique. Elle souffrait d'une polyarthrite infectieuse incurable. Un handicap d'autant plus grave qu'elle était obligée de faire des ménages pour survivre. Elle n'avait plus droit au chômage depuis plusieurs années et ne bénéficiait, à l'époque, d'aucune aide sociale. Ses doigts étaient recroquevillés contre les paumes et douloureux en permanence. Convaincu de l'origine psychosomatique de son affection, j'ai tenté de l'aider pendant un trimestre avant qu'elle ne m'annonce que ses moyens financiers restreints ne lui permettaient plus de poursuivre sa thérapie. Très contrarié par cette nouvelle alors que je pressentais qu'une poursuite du processus hypnothérapeutique pourrait la délivrer de son affection, je lui ai alors proposé un arrangement inattendu. Je lui ai demandé de me payer en aquarelles. Elle n'avait jamais peint de sa vie mais elle m'avait avoué un rêve d'enfance récurrent : devenir une artiste peintre. Je me souviendrai toujours de la première aquarelle avec laquelle elle m'a réglé sa thérapie de la semaine suivante. Le fond était mauve et, au centre du papier, il y avait un papillon posé sur une brindille, les ailes grandes ouvertes. Un papillon tellement réaliste que j'ai cru d'emblée qu'elle avait tout simplement collé un vrai papillon au centre de la feuille. Dans les mois qui ont suivi ce premier dessin, elle a réalisé quelques dizaines de croquis animaliers avec un talent inouï. Juste un détail important : la rémission de la polyarthrite digitale a été totale. Le réveil de son talent a guéri Mme de S...

J'ai gardé ses dessins jusqu'à l'issue du processus thérapeutique que nous avons effectué ensemble. Je les lui ai rendus et elle a directement trouvé des acheteurs parmi le personnel du centre de recherche où j'exerçais à l'époque. Quand j'ai relaté cette anecdote à un ami médecin, il a refusé de me croire. Il était rhumatologue.

Les doigts sont le siège symbolique de toute créativité[1], une créativité qui est la racine de l'estime de soi et de la foi en ses talents. Et les fabuleux pouvoirs du talent ne sont pas que des pouvoirs guérisseurs, ils peuvent aussi rallonger la vie ou offrir à l'individu un destin inattendu.

Chez le Créatif, l'intuition ou le flair prime sur le raisonnement. Instinctif, improvisateur, créateur, pionnier, artiste ! Le Créatif est l'antagoniste complémentaire du Relationnel. Comme vous le verrez dans le chapitre consacré aux résonances émotionnelles, le couple Relationnel/Créatif pourrait être un couple idéal parce que passionnel. Hélas, il arrive parfois que ce genre de couple éclate en vol quand il est fondé sur les sentiments.

Méfiez-vous des Créatifs, ils pensent plus vite que leur ombre et s'adaptent à n'importe quelle situation : ce sont des comédiens nés.

Portés par leur inspiration et mariés à leur intuition, les Créatifs ne réagissent pas comme la majorité des gens. Ils se cherchent une croisade, touchent à tout et trouvent

1. Voir du même auteur *Le Langage psy du corps*, First Éditions, 2004.

souvent tard dans leur vie la voie royale qui les conduira à découvrir leurs talents. Il existe, hélas, une majorité de Créatifs qui restent sur le bord de la route et ne se réalisent jamais, alors que certains réussissent au-delà de toute espérance : Steven Spielberg, Bruno Solo, le créateur de *Caméra Café*, Michelle Pfeiffer, l'actrice de cinéma. Mais ils ne sont pas nombreux à s'inscrire au palmarès. D'autres se font piller et meurent dans l'indifférence, comme Marconi, l'inventeur de la radio.

L'intuition n'est jamais que la vitesse lumière de l'intelligence. C'est la raison pour laquelle le génie sort parfois de sa lampe d'Aladin afin d'aider le Créatif à contourner l'impossible pour inventer l'impensable.

Vivre ses rêves

Quand j'étais encore enfant, je devais avoir 8 ou 9 ans, je rêvais de devenir écrivain ou chanteur. Un jour, je me suis confié à ma mère. Elle s'est moquée de mes rêves. Je m'en souviens comme si c'était hier. Elle n'aurait pas dû. J'ai tué son image dans mon cœur pour lui substituer celle d'une actrice de cinéma, Françoise Arnould, qui est devenue ma mère fantasmatique idéale. À 14 ans, je suis tombé sur un livre intitulé *Tu seras journaliste* et j'ai voulu devenir journaliste. À 15 ans, ce fut l'ouvrage de Pierre Daco, *Les Prodigieuses Victoires de la psychologie*, paru chez Marabout qui m'a donné envie de devenir psychologue. Je n'avais pas abandonné mes vieux rêves d'écrivain ou de chanteur pour autant. Mais comme je suis un Créatif, il a bien fallu que je réconcilie tous ces rêves pour qu'ils se réalisent. À 16 ans, j'ai participé à un crochet radiophonique de Radio Luxembourg. Je suis allé jusqu'en demi-finale et j'ai été battu par… Salvatore Adamo. À 20 ans, je suis devenu journaliste. À 35 ans, j'ai ouvert mon premier cabinet de psy. À 45 ans, j'ai été publié pour la première fois et j'ai commis, depuis, une vingtaine de livres. J'ai été journaliste, psychologue et écrivain avant de retourner à la chanson pour un samedi mémorable sur la scène du théâtre du Gymnase face à un public de 300 personnes. Une heure de show sur scène pour fêter mes 50 ans. Et c'est là que j'ai réalisé à quel point je n'étais pas fait pour cette carrière dont j'avais tellement rêvé depuis l'enfance. Je suis un Créatif pur jus mais je pourrais me défroquer en changeant d'oreille téléphonique, donc en devenant Extraverti, il suffirait d'une reprogrammation pour appartenir à la grande famille des Tribaux. Je pourrais mais je n'en ai pas envie, car je perdrais la magie de l'inspiration et je devrais, comme tant d'écrivains Tribaux en vue, faire écrire mes livres par des nègres.

Mais qu'est-ce qu'un talent ?

Il existe au sein du cortex une structure compulsive-obsessionnelle qui joue un rôle essentiel dans la production du talent. L'enfant créatif en ressent les effets dès qu'il parvient à différencier son Moi de ceux qui l'entourent de leur affection. Il se sent alors comme propulsé par une force supérieure à sa volonté propre. Il s'accouche, en quelque sorte, malgré lui. Le Moi de l'enfant est capturé, prisonnier des énergies attractives produites par la libération de forces incontrôlables qui le poussent vers la réalisation de son talent. Mais il arrive que ses parents, par ignorance ou par manque de disponibilité, étouffent sa créativité par inconscience.

La petite Shira, 8 ans aux prunes, réalise de véritables œuvres littéraires de A à Z. Elle conçoit l'histoire, l'écrit, l'illustre de dessins, la met en pages, broche ses feuillets, baptise son ouvrage d'un titre et lui offre une couverture. Écrivain et éditeur en herbe ! Elle se paye même le luxe d'avoir le sens du suspense. Huit ans ! Sa mère prétend qu'il s'agit là de simples travaux scolaires, même si elle ne cache pas la fierté qu'elle éprouve.

On peut considérer le talent comme une réalisation partielle de soi, un désir compulsif qui s'exprime de manière tyrannique. Le talent devient bourreau et sa victime propitiatoire s'exécute, se soumet à cette tyrannie qui proviendrait des messages héréditaires inscrits dans la mémoire de ses cellules. Le Créatif se conduit comme n'importe quel être possédé par une pulsion irrésistible qu'il lui faut assouvir sous peine de souffrance. L'angoisse qui le pousse est incontournable. S'il désobéit, il peut le payer dans son corps sous la forme d'une somatisation quasi immédiate. Il tombera malade. Mais les enfants véritablement Créatifs savent instinctivement qu'ils ne peuvent refuser de se soumettre au despotisme de leur talent.

La punition

Marie-Christine est migraineuse depuis son adolescence. Elle s'est traînée d'omnipraticiens en spécialistes, de charlatans en fumistes, a investi des mois de salaires dans une guérison miraculeuse sans jamais s'approcher de la rémission de ses souffrances. Elle aurait voulu devenir actrice de théâtre mais n'a jamais fait que rêver son rêve au lieu de le vivre dans sa vie de tous les jours. Et puis le métier de saltimbanque ne nourrit plus son homme… ou sa femme. Le psychothérapeute qu'elle consulte l'encourage à s'inscrire à un cours de théâtre. Elle freine des quatre fers : « Je suis déjà trop vieille », objecte-t-elle du haut de ses 32 ans. Comme s'il y avait un âge pour que le talent puisse s'exprimer ! Une année passe, les migraines empirent. Marie-Christine est souvent invalidée au point de devoir s'absenter de son travail. Vidant un jour sa boîte aux lettres d'un monceau de dépliants publicitaires, une carte jaune s'en échappe et atterrit sur le carrelage de l'entrée de l'immeuble. Elle se baisse pour la ramasser, son regard tombe sur l'intitulé inscrit en lettres capitales noires : COURS DE THÉÂTRE AMATEUR ! Elle joint la carte au paquet de pubs à jeter à la poubelle. Au moment de s'en débarrasser, elle se ravise et récupère cette carte jaune et noire qu'elle glisse dans la poche arrière de son jean. Dans la soirée, elle regarde un vieux film à la télé et réalise subitement que ses migraines ont disparu.

Elle se touche la tête du bout des doigts, comme si elle avait peur de réveiller des démons endormis. Plus de migraine, plus de douleurs ! Un état de grâce qu'elle n'a plus connu depuis des années. Quand elle se rend à son travail le lendemain matin, ses migraines refont surface et ne la lâchent plus jusqu'au soir. Le répit a été de courte durée. En rentrant chez elle ce soir-là, Marie-Christine se change et enfile à nouveau son jean favori. Le téléphone sonne. Sa mère est au bout du fil. Ses migraines s'amplifient. Elle rembarre sa mère et raccroche presque aussitôt. La douleur se calme progressivement jusqu'à disparaître complètement. De là à en déduire que sa mère est à l'origine de sa migraine, le pas est vite franchi par son psy auquel elle relate l'événement lors de sa séance hebdomadaire. Entre-temps, les migraines sont revenues et reparties sans raison apparente. Le jean est vraiment sale, Marie-Christine le met dans la machine à laver avec quelques vieilles hardes à traîner. Au moment où elle enclenche la machine, ses migraines la reprennent avec une violence inouïe. Elle se souvient soudain de la carte jaune qu'elle a oublié de retirer de la poche arrière de son jean. Sans réfléchir, elle stoppe tout, ouvre le hublot – c'est une ancienne machine sans verrouillage – et arrache son jean ruisselant au ventre de sa machine à laver tandis que l'eau qui s'échappe inonde le carrelage de la salle de bains. Sa main plonge dans la poche arrière pour récupérer la carte détrempée, dont le message est déjà délavé et presque illisible. Sa migraine disparaît instantanément. Marie-Christine reste plantée comme une souche d'arbre au milieu d'une immense flaque d'eau. Elle n'ose plus bouger un cil, de peur que la migraine ne se manifeste à nouveau. Elle tient la carte jaune entre le pouce et l'index avec une telle force que les articulations de ses doigts commencent à lui faire mal. Elle s'inscrira à ce cours de théâtre amateur dès le lendemain. Ses migraines ne se manifesteront plus jamais et elle finira par comprendre qu'il est impératif de réaliser ses rêves d'enfant sous peine de pénalisation. La migraine est un signal, une balise du passé qui finit par générer une tempête psychosomatique si le souhait ou le talent dont elle est le mémo ne trouve pas son achèvement à l'âge adulte. Telle est l'origine de nombreuses affections psychosomatiques. L'expression du talent est souvent le meilleur moyen de se délivrer de la souffrance qui découle du trouble. Mais ne le dites à personne. C'est un secret auquel nul ne veut prêter sa foi, sauf moi.

La dynamique du talent est indissociable de l'harmonie émotionnelle que l'enfant recherche d'instinct. Et le talent ne peut se passer de son terreau émotionnel. Tout le monde peut apprendre à écrire mais le talent littéraire n'appartient qu'à celui chez lequel ce talent particulier est inscrit dans la spirale de son hérédité. L'habileté manuelle, l'ingéniosité technique se manifeste dès la première enfance sans apprentissage préalable et quel que soit le contexte familial de l'enfant. Certains objecteront qu'un père ingénieur influencera favorablement son enfant dans ses choix mathématiques ou techniques. Mais cette influence sera-t-elle bénéfique pour l'enfant ? Tout dépend du type d'influence exercé par le père. S'il s'agit d'une imprégnation par l'exemple non verbalisé, l'enfant aura toutes les chances de s'épanouir dans la liberté de s'identifier ou non à son père. S'il s'agit d'un message contraignant, fortement verbalisé, l'enfant risquera de rater son existence ou une partie de celle-ci pour obéir à l'injonction paternelle... ou pour s'y opposer de toutes ses forces. Ce faisant, il investira ses énergies pour protéger un territoire inexistant.

Les chiens font parfois des chats

Nous connaissons tous, dans notre entourage, des individus pourvus de talents dont aucun lignage ne justifie l'apparition. Le talent n'est pas une vague aptitude, pas plus qu'une compétence acquise par la grâce de l'expérience, il est inné. Tout enfant hérite de talents qui peuvent ou non s'exprimer au cours des premières années de son existence. Ils viennent d'une synthèse génétique retransmise par les innombrables ascendants qui l'ont précédé. Le destin de votre enfant le poussera en permanence à rencontrer ce talent mais il se peut qu'il refuse inconsciemment de l'assumer et passera, dès lors, à côté de ses chances. C'est aux parents d'être attentifs aux désirs que leur enfant exprime sans en avoir l'air. Quitte à en passer par certains caprices sans lendemain avant de découvrir le talent en herbe que l'enfant tient au creux de ses mains comme une chrysalide invisible.

Créativité et talent

Les notes de musique n'ont aucun sens si elles ne chevauchent pas une portée. Un talent ou un savoir-faire n'ont pas plus de signification si l'homme ou la femme qui en bénéficient ne situent pas le registre dans lequel ils peuvent s'épanouir. Beaucoup d'échecs découlent d'un véritable problème d'aiguillage. Le talent est là mais la niche dans laquelle il devrait s'éveiller n'est pas précisée dans le mode d'emploi. Ce problème provient souvent d'une source non identifiée : celui qui possède le talent ne vise pas ce qu'il est capable de faire mais ce qu'il voudrait être. Il confond l'être, le faire et le paraître.

Ne faut-il pas être ce que l'on fait et faire ce que l'on est ?

Un talent s'accouche. Nous sommes tous enceints d'un ou plusieurs talents qui sommeillent au sein de nos gènes. À la faveur des événements de la vie, certains individus se retrouvent, du jour au lendemain, confrontés à une nouvelle passion dont ils ignoraient encore l'existence, la veille.

Le soliste

Ahmed rêve de se payer une guitare électrique. Il n'a jamais touché cet instrument, mais il a la conviction que la musique sera son passeport pour échapper à son sort peu enviable de jeune de la cité. Une boutique d'instruments de musique recherche un jeune habile de ses mains pour réparer les amplis détraqués. Ahmed a fait un peu d'électronique au lycée professionnel et surtout avec des potes de la cité qui jouent dans un groupe de reggae. Il se présente et le patron de la boutique décide de le prendre à l'essai. La chance lui sourit. Le salaire, il s'en fout. L'important, c'est de gagner ses galons de réparateur d'amplis, de consoles et de baffles. Dans l'atelier, il y a aussi des guitares électriques à la retraite. Pendant une année entière, Ahmed va apprendre, seul, les gammes et les accords en toute discrétion, chaque fois qu'il aura quelques minutes ou un peu plus pour jouer. Le garçon est doué d'une intelligence digitale innée. Elle lui vient sans doute de son grand-père maternel, un musicien algérien qui jouait dans les mariages du bled. Ahmed joue toujours sans ampli pour ne pas se faire prendre en flagrant délit par Jérôme, son boss. Il a appris les soli de guitare de toutes les chansons de Johnny Hallyday, quelques standards de Jimi Hendrix et quelques morceaux de raï pour retrouver ses racines. Ahmed ne réalise absolument pas à quel point il est doué.
Un beau matin, Jérôme doit s'absenter de la boutique. Il demande à Ahmed de le remplacer au pied levé. Le jeune homme connaît bien la clientèle et nous sommes lundi, un

jour calme à la boutique. Les musiciens récupèrent de la fatigue du week-end. Ahmed en profite pour tester une Gibson Les Paul 59's qui vaut dans les 6 000 euros. Un instrument de pro qui vaut une fortune à ses yeux. Il a branché un ampli en sourdine pour s'entendre jouer. Absorbé par son jeu, il n'entend pas la porte de la boutique s'ouvrir. Il teste plusieurs soli qu'il maîtrise pour se faire plaisir. Un raclement de gorge ! Ahmed se retourne, effrayé. Un musicien, client de la boutique, est planté au milieu des guitares exposées.
— Tu te débrouilles vachement bien, on dirait.
— Je suis navré Monsieur, je ne vous ai pas entendu entrer.
— Pas de mal, Ahmed. J'ignorais que tu jouais aussi bien.
— Oh ! Vous savez. Je gratte un peu depuis un an mais je suis loin du compte.
— Tu rigoles ?
Jérôme interrompt leur face-à-face. Il est de retour plus tôt que prévu. Le musicien – dont je tairai le nom (je n'ai pas son accord pour le citer mais disons qu'il est devenu une star du show-biz depuis) – est venu acheter des cordes pour son instrument. Il repartira sans rien dire de plus à Ahmed. Trois mois plus tard, le téléphone sonne, Jérôme décroche.
— Ahmed, c'est pour toi !
— Pour moi ?
À l'autre bout du fil, le client demande à Ahmed de le rejoindre après son boulot dans un studio d'enregistrement parisien. Il prépare un CD de deux chansons et il voudrait tester le talent d'Ahmed comme guitare solo. Son soliste vient de le lâcher pour un autre groupe. Inutile de vous décrire l'état de surexcitation de notre héros du jour. Il réussira son examen d'entrée et accompagnera le nouveau chanteur dans sa tournée.

Le talent est atavique

Il n'est pas héréditaire mais saute allègrement les générations. Mon père était avocat, je suis devenu avocat à mon tour. Ton père est médecin, tu suivras ses traces. La boutique a été reprise par ma fille. C'est un acteur célèbre dont l'héritier a repris le flambeau. Facile mais souvent contraignant pour le suivant sur la liste ! Il est vrai que, parfois, l'œuf est plus intelligent que la poule, mais ce parfois-là n'est pas souvent. Combien d'acteurs de talent ont eu le plaisir d'assister au triomphe de leur progéniture ? Combien d'acteurs de talent n'ont pas eu ce plaisir ? Combien d'aventuriers ont cédé leurs affaires à leurs gentlemen descendants avant que ceux-ci ne réduisent à néant tous les efforts consentis par leurs prédécesseurs ? Le talent est atavique et non héréditaire de droit divin. Il saute allègrement les générations. Et comment ce talent, considéré comme l'un des premiers critères chez les éleveurs de champions hippiques, ne serait-il pas aussi le premier des critères sur le plan humain ? L'eugénisme qui est la règle dans le règne chevalin n'est heureusement pas de mise chez les hommes. Les nazis d'une autre époque auraient bien voulu créer une race supérieure mais ça n'a pas fonctionné. Eugène n'a plus la cote. Le mariage d'un baryton avec une soprano ne produira pas un petit Mozart. L'accouplement d'un acteur de cinéma et d'une réalisatrice ne débouchera pas sur une tripotée de futurs comédiens.

Habileté manuelle et artistique s'interpénètrent pour faire un guitariste ou un pianiste de talent, un couturier ou un virtuose de la coiffure. Le corps n'est jamais absent du talent. Il participe à l'éclosion, au développement, à l'achèvement d'une aptitude innée. En tout état de cause, le cœur du talent qui vous habite ne peut s'exprimer sans la participation active et totale du corps. Le talent procède d'une harmonie triangulaire entre le corps, l'inconscient et les émotions. Ainsi, le talent d'Ahmed, cité plus haut, pour lequel le sens musical et l'intelligence digitale se marient, est fondé sur la capacité d'acquérir instinctivement des automatismes digitaux harmoniques. Tout le monde peut apprendre à gratter une guitare, même vous.

Mais comment savoir si vous êtes un futur génie de la gratte ? La question qui tue !

Nombreux sont ceux qui ont vécu la même aventure au tout début d'une carrière prometteuse ! Leur talent a été reconnu par tous mais ils ont été incapables de se remettre en question et de s'investir dans un travail acharné sans référence à l'aboutissement possible de ce travail. Car on ne le dira jamais assez, *le talent ne suffit pas* !

Il n'y a pas d'âge pour exprimer un talent. Comme l'écrit André Muller dans *La Technique du succès*[1], « l'âge ne fait rien à l'affaire. Il y a des enfants prodiges, mais il y a aussi des adultes prodiges et parfois même des vieillards prodiges. L'enfant prodige est un phénomène de la nature. L'homme mûr ou le vieillard prodige sont des phénomènes par leur propre volonté. Nous naissons tous nantis de talents, d'aptitudes innées, de ressources inexploitées indénombrables avant même d'avoir mouillé nos premières couches-culottes. Ces talents cachés sont une foultitude de cadeaux hérités de nos trop nombreux ancêtres, dont nous sommes les derniers ou les avant-derniers rejetons en date. »

Le fonds de commerce psy du créatif

Par ordre alphabétique, voici vos principales qualités si vous vous êtes identifié au profil Créatif :

Adaptation (capacité d')

Le Créatif s'adapte à tout, au pire comme au meilleur avec, parfois, une prédilection pour le pire.

Anticipation (sens de l')

Il sait déjà où il ne mettra jamais les pieds.

1. Diateino, 2005.

Artiste

Chaque artiste est le rejeton putatif d'un prédécesseur. S'ils s'étaient rencontrés par-delà les barrières du temps, le second aurait déshérité le premier. Et vous savez pourquoi ? Parce que la poule déteste l'idée que l'œuf soit plus intelligent qu'elle.

Autodidacte

Il ne sait rien mais il comprend tout.

Bavard

Il est parfois médisant et imprudent comme tous les aventuriers du crachoir. Mais ça fait tellement du bien de dire du mal des autres.

Brainstormer

Il faut évoquer mille et une idées stupides pour en dénicher une qui soit à peu près rentable.

Charmeur

Le Créatif n'est pas un séducteur, même s'il séduit celui ou celle qui se laisse hypnotiser par sa passion des mots.

Créativité

La créativité n'est souvent qu'un plagiat involontaire.

Curieux

La curiosité est l'antichambre de l'intelligence.

Égocentrique

Le Créatif est en orbite autour de son nombril.

Enthousiaste

L'enthousiasme est le carburant du dynamisme.

Excessif

Un Créatif raisonnable équivaut à un matou châtré.

Explorateur

L'exploration est la fille de la curiosité humaine.

Imaginatif

L'imagination a du génie de naissance.

Impertinent

La pertinence est un truc trop raisonnable pour un Créatif.

Imprévisible

Les personnes prévisibles ne sont jamais créatives.

Improvisation (sens de l')

L'improvisation est chargée de mission quand l'organisation y perd son latin.

Impulsif

... par définition.

Individualiste

Par nature.

Ingénieux

À l'insu de son plein gré.

Initiateur

Parce qu'il aime faire partager ses coups de cœur.

Insouciant

Parce qu'il se dépense sans compter.

Inspiration

L'inspiration est le microprocesseur de la créativité. Elle est comme une sorte de coup de foudre, une accélération des particules qui composent les émotions du Créatif.

Instinctif

L'instinct devine toujours ce qui se trame dans le cœur avant que l'esprit n'en soit averti.

Introspectif

L'univers n'est pas assez vaste pour remplir son imaginaire.

Intuitif

L'intuition est la vitesse lumière de l'intelligence humaine.

Inventif

Il faut avoir la liberté d'inventer (ou de créer) pour inventer la liberté (Paul Ricœur).

Mercenaire

Un mercenaire, c'est quelqu'un qui ne dépend de personne et dont personne ne dépend, comme n'importe quel Créatif qui se respecte.

Non-conformiste

Se conformer à quoi ? Quand on est son propre modèle, le choix est vite fait.

Observateur

Celui qui observe voit tout ce que celui qui voit n'observe pas.

Passion

Le cœur est coupable de bien des erreurs dont l'esprit porte l'entière responsabilité.

Perspectives (sens des)

Les perspectives d'un Créatif sont multipolaires.

Pionnier

Il veut toujours être le précurseur, quitte à se faire voler ses idées.

Poète

Pourquoi la poésie n'a-t-elle pas conquis
les esprits de ce siècle ?
Parce qu'il manque à la poésie le désir des mots
et le plaisir des silences qui les précèdent !
Pourquoi le poète a-t-il atteint les sommets
de la médiocrité ?
Peut-être parce qu'il manque au poète
l'angoisse de la beauté des mots dont elle procède !

Polémique

Il n'aime pas hurler avec les loups.

Proactif

Il pense plus vite que son ombre.

Prodigue

La prodigalité satisfait plus de plaisirs qu'elle ne comble de désirs. Plus on gagne sa vie et moins on dépense. Moins on gagne sa vie et plus on dépense.

Prolifique

Les idées se bousculent aux portes de sa conscience. Et quand les portes s'ouvrent, c'est le déluge.

Provocateur

Le Créatif est un éveilleur de consciences. Et la plupart des consciences n'aiment pas qu'on les réveille en sursaut.

Remise en question (capacité de)

Il faut savoir prendre un virage en épingle à cheveux, sans sortie de route, quand l'instinct change d'avis. C'est ce qui rend le Créatif aussi imprévisible que la météo.

Rêveur

Tous les rêveurs ne sont pas des entrepreneurs de châteaux en Espagne. Même un rêve doit avoir du bon sens pour se réaliser ; et on partage plus volontiers ses rêves que les bénéfices qu'on en retire quand ils se réalisent.

Savoir-faire

Le savoir-faire se moque du faire savoir. Mais le savoir-faire ne se suffit pas à lui-même. Il a besoin du faire savoir pour exister.

Second

Le Créatif est un second idéal et un très mauvais premier.

Superstitieux

La superstition est un siège confortable dont les pieds reposent sur les doutes du Créatif sans toutefois les écraser.

Survie (instinct de)

Pour survivre, il faut avoir une vie passionnante ou faire en sorte qu'elle le devienne.

Touche-à-tout

Celui qui touche à tout finit toujours par trouver ce qu'il cherche.

Vulgarisateur

On assimile bien ce que l'on comprend facilement.

Mais aussi...

— Le Créatif est un individu loquace mais captivant quand il parle de ce qui excite ses neurones. Encore faut-il savoir suivre ses grands écarts faciaux, car il est incapable d'aller droit au but.

— Mystique ou passionné par les mystères de la vie, pour le Créatif aucun secret n'est inviolable ou tabou. Sa curiosité insatiable est sans limite. Tout est permis, même si tout n'est pas possible.

— Concepteur inspiré et fécond, voire prolifique, il est capable de mener de front plusieurs tâches sans jamais les confondre. L'un de mes confrères écrit trois ouvrages en même temps. Il passe sans problème de l'un à l'autre comme certains libertins changent de maîtresse.

— Empiriste doté d'une intelligence analogique, c'est l'homme des solutions, le rassembleur des contraires et le découvreur des inédits et des talents assoupis. Mais il se heurte souvent au manque d'enthousiasme des personnes dont il révèle le talent. Son enthousiasme et son impatience le desservent et altèrent sa capacité à communiquer avec autrui. Cette réaction de rejet d'autrui mérite une explication détaillée. Il s'agit en effet d'une réaction de préservation contre une pollution émotionnelle dont les Créatifs ont le secret.

— Le Créatif est aussi narcissique que le Narcissique, il est avide de caresses positives qui gratifient son ego. Il les suce comme des cachous. Sa susceptibilité est son talon d'Achille. Quand un écrivain Créatif (ils ne sont pas tous du même profil, heureusement) perd la cote de son public, il se lance dans une autobiographie pour combler cette carence affective qui le blesse profondément.

— Le Créatif est l'homme ou la femme oxymore. Elle aimera la laideur dans ce qu'elle a de sublime et il aimera la beauté pour sa laideur cachée. L'oxymoron est une figure de rhétorique qui consiste à associer deux termes antinomiques. « L'obscure clarté » de Corneille en est l'exemple le plus célèbre.

— Excellent comédien, il vous fera croire n'importe quoi pour vous être agréable et s'attirer vos bonnes grâces, si vous pouvez lui être utile. Contrairement à l'image qu'ils donnent, les Créatifs sont de vrais opportunistes et de faux spontanés.

— Il est, hélas, cyclothymique, un tempérament en dents de scie. Quand tout va trop bien, il lui faut une défaite pour rebondir. Pour lui, l'échec n'est qu'une étape obligée dans sa quête du Graal. Aussi curieux que cela vous puisse paraître, sauf si vous faites partie de la petite famille des Créatifs, ce sont des hommes et des femmes d'action au même titre que les Tribaux, les Challengers ou les Narcissiques. Tous les quatre sont des Offensifs.

— Le Créatif est un individualiste forcené qui vit dans son monde et partage difficilement celui des autres. Cette caractéristique en fait un faux sociable et un individu qui s'isole volontiers au milieu de la foule. Conséquence : il a peu de vrais amis et ses nouvelles rencontres l'évitent.

— Il est très superstitieux, bien qu'il s'en défende. Mais est-il possible d'aimer le fantastique sans croire à l'impossible ? Je vous le demande ?

— Vulnérable parce qu'épidermique, le Créatif est facile à vexer, mais il n'est pas rancunier.

— La témérité du Créatif est un mystère. Il n'est pas audacieux mais téméraire. Il osera se lancer dans un domaine vierge sans se soucier de l'aboutissement ou de la rentabilité de son investissement. Les Créatifs font de mauvais troufions à la caserne, mais ils deviennent les éléments les plus téméraires en temps de guerre et le fer de lance des compagnies au combat. Ils comptent beaucoup sur la chance de s'en sortir et s'en sortent généralement sans bobos.

— Beaucoup de Créatifs ont été des cancres dans leur enfance. Ils ne parviennent pas à se soumettre au politiquement correct ou à adhérer aux vérités académiques, ce qui les exclut d'office de la pensée unique imposée en milieu scolaire ou académique.

— Le Créatif est tellement investi dans ses (pré) occupations ou ses passions, qu'il est souvent en voyage dans sa tête et fatalement absent de son milieu familial ou de sa vie de tous les jours.

— Excellents seconds mais très mauvais premiers, beaucoup de Créatifs se lancent dans les affaires et la plupart doivent passer par plusieurs échecs ou dépôts de bilan avant de trouver leur voie royale dans laquelle ils ont droit à la première place sur le podium. Ils franchissent la ligne d'arrivée très tard dans leur vie, pour la plupart.

— Les Créatifs sont des provocateurs ou des éveilleurs de consciences assoupies. Cette caractéristique ne plaît pas à tout le monde. Il est toujours plus confortable de vivre dans l'ignorance de la vérité que de l'affronter à mains nues comme le font souvent les Créatifs.

— Le Créatif est à la fois son pire ennemi et son meilleur ami. Pas facile à gérer, mais le Créatif a besoin de cet antagonisme pour fréquenter le fabuleux et réconcilier les personnalités contraires qui le déchirent. La plupart des Créatifs sont victimes d'un split de personnalité sans lequel ils ne seraient pas des créateurs. Il y a des folies créatives, voire délirantes, qu'il ne faut pas soigner car le remède serait pire que le mal, nécessaire à la survie du Créatif. Ainsi le poète Rainer Maria Rilke, un Créatif qui souffrait d'une dépression chronique, a refusé de faire la psychanalyse que lui proposait son amie Lou Andreas-Salomé de peur de tarir les sources de son inspiration.

Les dérapages de la créativité

Au-delà d'un certain niveau émotionnel, des circuits de neurones particuliers se mettent en action. Leur fonctionnement s'associe à des émotions qui vont de l'ivresse du succès au sentiment d'harmonie. Il arrive que, dans une ambiance émotionnelle très chargée telle que celle d'un concert de rock, d'une cérémonie religieuse ou d'un grand match de foot, certains se trouvent brusquement en harmonie totale avec leurs voisins. Ces circuits de neurones ont des effets semblables à ceux produits par la cocaïne, le LSD ou les amphétamines. Les sensations qui en découlent sont les mêmes que lors d'une méditation yogique.

De l'euphorie à l'exaltation

Les réactions biochimiques se bloquent dans une phase d'euphorie appelée en anglais *elation* ; le taux d'une hormone cérébrale, la sérotonine, est alors anormalement bas. Or cette hormone joue un rôle de régulateur des émotions. Dès lors, l'individu ne peut plus réfléchir. Il se sent transcendé, il a la sensation d'atteindre la Vérité unique, une vérité sur laquelle on ne revient pas. Il perd tout sens des réalités, se sent plein d'énergie, et ressent souvent une excitation sexuelle. Cet état correspond à une « expérience religieuse primaire ». L'exaltation conduit donc le Créatif à prendre un tour mégalomaniaque ou mystique... ou les deux à la fois.

Des modifications biologiques cérébrales interviennent, à la suite de quoi la personne exaltée perd sa capacité de constater une erreur ou de se remettre en question : elle devient rigide et arrogante.

Étant donné qu'ils sont incapables de modifier leur comportement, la rigidité des lauréats Créatifs porte en elle les germes de leur futur échec. Étrange paradoxe : une fois parvenu à l'ivresse de son succès, le Créatif se trouve donc désormais moins intelligent qu'auparavant. Vous souvenez-vous de la réaction du célèbre boxeur Casius Clay, lorsqu'il a gagné le Championnat du monde ? C'était une belle performance, mais elle eut sur lui un effet démesuré. Il fit un saut dans l'infini et s'écria : « Je suis un dieu. » Depuis ce grand jour, il se fait appelé Mohamed Ali...

On pourrait certainement citer bien d'autres exemples de célébrités ayant connu un dépassement semblable. Des personnes tendues vers un objectif chimérique font montre d'une combativité pleine de vitalité. Mais si leur quête les conduit jusqu'à l'accident de l'exaltation, leur ardeur peut prendre alors le visage d'un militantisme ou d'un prosélytisme acharné. Beaucoup de kamikazes ou de terroristes appartiennent à cette catégorie d'individus et sont fort probablement des Créatifs qui n'ont pu se réaliser qu'en se détruisant.

De l'anéantissement au ravissement

Cette inversion des sentiments possède un fondement biologique. Quand l'état de détresse se prolonge anormalement, par un mécanisme encore imparfaitement élucidé, la sécrétion de sérotonine chute brusquement. La négation de soi devient alors illumination. L'histoire regorge de ces personnages charismatiques qui ont entraîné dans leur sillage des foules abusées... Là où cette « réaction neurobiochimique » devient socialement la plus préoccupante, c'est lorsque ceux qui font cette expérience s'enracinent dans une « institution de vérité » ou une secte. On ne compte plus, tout au long de l'histoire, les institutions qui ont prétendu posséder la Pure Vérité pour le salut des peuples, voire de l'humanité tout entière. Leur vocation à l'Universel leur donnait ainsi la mission de jeter l'anathème sur leurs concurrents et de vouer au massacre les esprits récalcitrants à leur dominance. Mais un autre phénomène se produit, autrement plus inquiétant encore : au sein de cette institution de vérité, les « purs » se mettent à s'excommunier entre eux, les « élus » se mettent à se dénoncer mutuellement à l'Inquisition, et l'élite finit par exterminer ses propres complices d'hier. De Robespierre à Staline, en passant par Pol Pot et l'ayatollah Khomeyni, les Apôtres de l'Amour ou de la Haine universelle ont battu tous les records dans l'intolérance et dans l'horreur. Savonarole fut brûlé, Hitler se suicida au plus profond de son bunker, François d'Assise fut porté sur les autels. Et cependant, leur aventure mystique relève du même mécanisme neurobiochimique, et montre bien comment le délire qui s'empare d'un cerveau se communique à des foules entières. Nous sommes en présence d'événements qui se sont répétés maintes fois au cours de l'Histoire, et qui restent foncièrement inquiétants. Les Créatifs ne sont pas tous des enfants de chœur. Hélas.

En conclusion

Selon Guy Corneau : « ... une partie du problème que rencontrent les Créatifs en particulier tient au fait que, dans le monde chrétien, nous avons appris à parler du Créateur, des créatures et de la Création. En souscrivant à un tel vocabulaire, nous, les créatures, nous plaçons hors de nous le Créateur et la Création. Je désire souligner que cette conception risque de nous garder éternellement pénitents, admirateurs de ceux qui osent créer, et victimes des circonstances de la vie, puisque nous ignorons que c'est nous qui créons ces circonstances. Ne pas se rendre compte que nos réalités émanent en grande partie de notre source créatrice, c'est rester étranger à soi-même. »[1]

Pour illustrer cette réflexion absolument fabuleuse de Guy Corneau, je vous propose une anecdote édifiante dont je suis le principal protagoniste et dont je garde encore en mémoire l'enchaînement surprenant des faits qui ont été à l'origine de ma carrière d'écrivain. On appelle ça de la synchronicité, mais jugez plutôt vous-même.

Le maître du destin

1993 ! Je suis prêt à quitter la France pour retourner en Belgique. Mes trois premiers bouquins ont été des bides monumentaux. Ils étaient nuls, je dois l'avouer. L'éditeur qui m'a publié a déposé le bilan. Je n'ai pas trouvé d'autre éditeur pour un projet de livre qui traite des énergies positives. L'édition est un milieu professionnel hermétique. On y entre difficilement et on en sort très, très vite quand on a un bide ou deux sur son CV. Il paraît qu'en France, un Français sur trois cache un manuscrit au fond de son placard. La France compte 60 000 écrivains publiés et environ un petit millier qui vivent essentiellement de leur plume. Autant dire rien ! La crème de la crème du talent ou du faire savoir. L'intervention des médias est souvent salutaire pour sauver un bon ou un mauvais bouquin de la noyade. La

1. *Victime des autres, bourreau de soi-même*, Les Éditions de l'Homme, 2003.

différence, c'est que le mauvais ne bénéficie pas du bouche-à-oreille qui fait le succès du bon.

Mes fonds sont en baisse mais j'ai encore de quoi tenir un mois ou deux avant de rendre mon tablier au destin. Deux mois plus tôt, j'ai dédicacé quelques bouquins à des clients complaisants chez une libraire de Remiremont prête à fermer boutique. Les losers s'attirent. Elle m'a confié son espoir de retrouver du travail dans la région parisienne. Bon prince, je lui ai promis de l'emmener chez un franchisé Leclerc en banlieue. Elle cherche un emploi et Pierre B., le patron d'un hypermarché, veut engager une responsable de librairie depuis plusieurs mois. Apparemment, une denrée rare quand le salaire est plutôt démotivant ! La veille du rendez-vous, Pierre m'appelle pour me dire qu'il a trouvé la libraire qu'il cherchait et qu'il annule le rendez-vous. Je lui explique que je ne peux pas entrer en contact avec la libraire de Remiremont pour la décommander, il faut qu'il l'accueille en faisant comme si. Elle vient de loin. Ce rendez-vous manqué me gonfle. Comme si je n'avais que de ça à me soucier. Mon propre sort est déjà scellé. Je retournerai bientôt en Belgique, la queue entre les jambes.

Le lendemain, la libraire se présente comme convenu et je l'emmène en voiture au rendez-vous, sans lui annoncer que la place est déjà prise. « Il était une fois une exclue et un paria qui se haïssaient de devoir se fréquenter... » Bon départ pour un roman !

Pierre a joué le jeu. Il a reçu la libraire dans son bureau sans lui dire qu'il avait déjà trouvé la collaboratrice qu'il cherchait. C'est la fête en grande surface, ce samedi-là. Plusieurs écrivains célèbres sont venus dédicacer leurs livres. Joffo et Cauvin se tirent la gueule. Les lecteurs font la queue. Irène Frain, tout schuss, dédicace ses œuvres à tour de bras. D'autres encore, dont j'ai oublié le nom, se bousculent au portillon de la gloire en hyper, assis sur des chaises pliantes en plastique. Pierre, grand seigneur, invite tout ce beau monde à luncher en famille à la pizzeria du coin. Je m'apprête à m'éclipser. J'ai pas le moral. Il me rattrape et me force la main. « Viens manger avec nous ! » On me désigne une place en face d'un inconnu qui rigole tout

le temps. Nous faisons connaissance. Il est responsable du secteur hypermarchés chez Hachette. Un certain Guy F. Aucun intérêt pour moi, c'est un commercial ! Faute de mieux, nous sympathisons et je finis par lui confier à demimot l'épilogue annoncé de mon aventure éditoriale avortée. Il me glisse sa carte de visite et me propose en riant de l'appeler après le week-end. Encore une promesse de cocktail ! Les promesses d'ivrogne, c'est quand on a bu ! Le déjeuner se poursuit avec au menu la gaieté superficielle des convives. Une heure plus tard, je suis dans ma voiture et je considère la carte de Guy F. avec un scepticisme mitigé de tristesse. Un coup dans l'eau ! Paris n'a pas voulu de moi et la gloire de l'écrivain est programmée pour une autre réincarnation. Le désespoir est un lac où se noient les illusions, mais c'est aussi un moteur extraordinaire car l'espoir n'en finit jamais de mourir tant qu'il y a de la vie.
Lundi matin ! Je décroche mon téléphone. Guy me répond en direct. Sa secrétaire doit se refaire une beauté aux toilettes. C'est mon jour de chance.
« Tu tombes bien, me dit-il, je déjeune avec un éditeur de chez M... Veux-tu te joindre à nous ? »
Je veux ! L'espoir remonte en flèche, se cogne la tête au plafond de mes rêves. Tout n'est peut-être pas perdu. Je rencontre l'éditeur qui est en fait un directeur de collection. Un certain Bernard L. Quelle importance, pour moi, il est le Père Noël. Je lui explique mon projet de livre. Il me dit qu'il connaît un éditeur qui sera intéressé. Bingo ! Je lui prépare un synopsis la tête dans les étoiles. L'éditeur me convoque en compagnie de Bernard, mon Père Noël. Le projet lui plaît et, quelques jours plus tard, je signe le contrat d'édition avec un éditeur prêt à déposer le bilan. Je n'étais pas au courant.
Donc, je fonce et j'écris mon bouquin qui paraîtra chez le même éditeur sauvé de la faillite pour un franc symbolique par un repreneur. En reprenant le fonds, il a repêché l'écrivain naufragé. Il est bien obligé de publier mon livre qui ne sera pas un succès de librairie à proprement parler. J'ai eu droit à quelques articles dans quelques magazines dont un entrefilet dans un journal d'anciens combattants. Le bon-

> heur ! Et puis, le titre a sauvé le livre de l'enfer du pilonnage : *Les Étonnants Pouvoirs de l'énergie positive*, paru en 1993, épuisé depuis. Un titre, c'est essentiel en France. Plus important que le contenu d'un livre, et parfois plus important que le talent d'un écrivain. Car c'est la vitrine qui fait la boutique et la paire de seins qui fait oublier que le reste ne vaut pas toujours le déplacement. Il y a même un bon Dieu pour les parias de l'édition ! J'ai eu de la chance. Beaucoup de chance d'avoir été récupéré par l'éditeur charitable avec lequel je travaille encore aujourd'hui, treize ans plus tard et une vingtaine de livres après.

Quelle drôle d'histoire, n'est-ce pas ? Après cela, on est en droit de se demander qui est le maître du destin ? Je vous remets en mémoire la réflexion de Guy Corneau : « … ceux qui osent créer, et victimes des circonstances de la vie, puisque nous ignorons que c'est nous qui créons ces circonstances. »

Il y a 9 % de Créatifs sur la population de référence investiguée. Une minorité à relativiser. À mon avis, ils ne devraient guère dépasser les 5-6 % de la population française.

IV

L'Idéaliste

***Le corps n'a pas de conscience,
mais la conscience oublie qu'elle est responsable du corps
et coupable de ses trahisons gestuelles.***

ÊTES-VOUS UN IDÉALISTE COMME...

Emmanuelle Béart, Russell Crowe, Cameron Diaz, Meg Ryan, Véronique Genest, Jack Nicholson, Julia Roberts, etc.

Rôle socioprofessionnel : révélateur/compassionnel
Faculté d'adaptation sociale : solidaire/consensuel
Forme d'intelligence : sociale/interpersonnelle

Grille gestuelle : bras gauche dominant + pouce gauche dominant + oreille droite au téléphone.

L'Idéaliste est Défensif, Affectif et Extraverti.

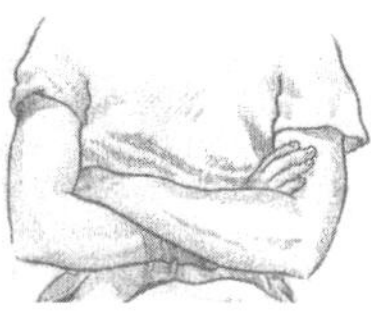

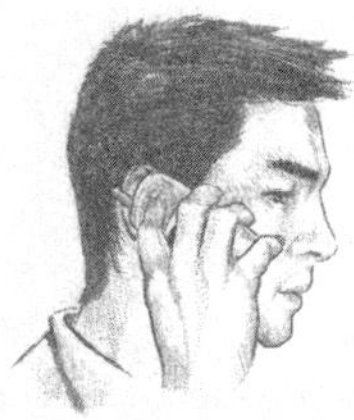

Arrigato

« Non, Liliane, vous êtes parfaitement capable de réussir.

— Mais je n'ai que trois mois devant moi pour y arriver. C'est comme apprendre une symphonie le matin et devoir la jouer le soir en public. C'est fichu d'avance. Je n'ai plus qu'à aller pointer au chômage.

— Je vous assure que c'est possible, tout dépend de votre profil psychogestuel.

J'affirme plus pour l'empêcher de se décourager que par conviction. Mais parfois la suggestion fonctionne bien au-delà de la logique.

— Je sais. Vous m'avez dit que j'étais une Idéaliste. Et alors, qu'est-ce que ça change ?

— Ça change beaucoup de choses. Les profils Idéalistes sont des perfectionnistes et surtout, ils sont très têtus. Quand ils veulent aboutir, il est difficile de les stopper.

— Ça c'est vrai. Contre l'avis de tous, j'ai voulu avoir un boa pour mon anniversaire, mon ami me l'a offert puis il a déménagé. Il a la phobie des serpents. Mais on se voit toujours. Chez lui. »

Liliane est une petite bonne femme formidable. Elle est enseignante dans une école japonaise. Elle initie les enfants à la musique au niveau primaire. Hélas, elle ne parle ni ne comprend le japonais, malgré des efforts aussi méritoires que dispendieux chez Berlitz. La direction de l'établissement lui a donné trois mois pour apprendre à communiquer avec les enfants auxquels elle enseigne le solfège. Nous sommes au début du mois de juin. Si, à la rentrée, Liliane ne se débrouille pas pour se faire comprendre par ses jeunes élèves, elle sera remplacée par une enseignante d'origine japonaise.

C'est la panique à bord. Liliane ne peut se permettre de perdre le salaire confortable qu'on lui verse. Elle me confie son désarroi.

De mon côté, je suis passablement ennuyé dans la mesure où il est difficile de trouver un professeur de japonais qui accepterait d'enseigner à une élève en état d'autohypnose, sans être lui-même passé par la méthode.

Touché par son appel au secours, je donne une série de coups de fil, à tout hasard. La chance me sourit, je finis par trouver un étudiant japonais qui accepte d'enseigner dans les conditions requises. Son accent, aussi belge que le mien, ne me dit rien qui vaille. « Vous êtes vraiment japonais ? » Ma question stupide le fait rire. Nous convenons d'un rendez-vous. Le jeune homme qui se présente à mon cabinet est effectivement d'origine asiatique. Je lui expose mon problème. Il hésite. « Je ne suis pas enseignant ! » objecte-t-il. Cependant, il m'assure qu'il maîtrise sa langue maternelle. Je lui mets le marché en main : un mois de cours avec Liliane pour qu'elle soit en mesure de communiquer avec ses élèves. Il finit par accepter le challenge. Je lui confie un canevas d'apprentissage, afin qu'il prépare son cours sur le modèle didactique requis. Huit jours plus tard, l'immersion peut débuter.

Liliane maîtrise le verrouillage oculaire et les autres postures utiles et nécessaires, condition *sine qua non* pour débuter un cours de langues en autohypnose. La première journée se déroule sans incident notoire. Le jeune professeur de japonais est un peu déstabilisé par la rapidité avec laquelle Liliane intègre le vocabulaire prévu. Elle pose une foule de questions auxquelles il répond en souriant. Liliane est accro. Le jour suivant, le cours se poursuit de la même manière à une différence près : le corps de Liliane s'est mis en mouvement pour accompagner la mémorisation du vocabulaire. Ses mains et ses pieds décrivent des arabesques. Elle me jure qu'elle ne le fait pas exprès. Je précise qu'elle est couchée dans un fauteuil bas prolongé d'un pouf assorti. Huit jours plus tard, le vocabulaire de base est largement intégré et les contrôles indiquent un taux de mémorisation supérieur à 90 %. Pendant les trois semaines qui suivront, l'élève apprendra à converser en japonais sans se départir de ces gestes étranges complètement involontaires.

Liliane a remporté une double victoire. Ses collègues de l'école japonaise étaient persuadés qu'elle renoncerait à ses cours de musique, dès la rentrée. Une remplaçante avait déjà été prévue par la direction. La surprise a été totale, tant pour le personnel enseignant de l'école que pour ses jeunes élèves.

Perfectionniste, fanatique, épidermique, fidèle, volontaire et excellent auditeur, l'Idéaliste est souvent mal perçu parce que trop discret ou trop secret. Réceptif aux sensations les plus subtiles, il est branché sur les autres en permanence, sans interférence de son ego. Il fonctionne comme une éponge qui absorbe les vibrations sociales et réagit instinctivement aux autres selon ses sympathies ou ses antipathies. Excellent décodeur des vrais faux alliés ou de l'hypocrisie d'un interlocuteur bien sous tous rapports, l'Idéaliste a le sens inné de l'humain. C'est surtout un être doué d'empathie. L'Idéaliste est l'antagoniste complémentaire du Narcissique. Un couple Idéaliste-Narcissique sur le plan professionnel serait un Loto gagnant. Serait, mais pas toujours !

À l'instar des Sensitifs, les Idéalistes sont de grands connaisseurs de l'âme humaine. On les retrouve dans tous les combats socio-économiques, à tous les niveaux de responsabilités, de haut en bas. Intégristes, sectaristes, militants, syndicalistes, écologistes, altermondialistes, éveilleurs de conscience, gardiens des valeurs, journalistes engagés et surtout excellents psys au sens large du terme, les Idéalistes ne supportent pas de vivre avec des œillères, de faire semblant ou de simuler le bonheur dans une société délinquante et une humanité suicidaire. Ils sont de tous les combats et leur action me paraît essentielle à une époque où les consciences d'en bas sont lyophilisées par les promesses d'en haut.

La culpabilité de l'Idéaliste

Le plus grand problème des Idéalistes se situe au niveau d'une culpabilité le plus souvent irrationnelle dont ils se drapent comme d'un vieux manteau troué.

La culpabilité est l'un des sentiments qui peuvent se targuer du plus beau score psychotoxique de tous les sentiments polluants qui se bousculent au portillon. Irrationnelle, elle peut être induite par un événement traumatique. Mais un individu peut aussi être coupable d'une faute qu'il n'a pas commise, mais dont on lui fait endosser la responsabilité en vertu de liens parentaux ou héréditaires, aussi incoercibles qu'incontournables, qui l'attachent au vrai coupable. On pense inévitablement au *Loup et l'Agneau* de La Fontaine !

Si vous vous sentez coupable sans raison valable, voyez toujours du côté des formules toutes faites qu'on vous a servies durant votre enfance ou votre adolescence. Le conseil vaut pour tout le monde mais plus spécialement pour les amoureux du verbe que sont tous les Idéalistes. Ils représentent au moins 16 % de la population selon nos enquêtes sur le terrain et sont presque tous des fanatiques de lecture. Tant qu'il y aura des Idéalistes en nombre suffisant, le secteur de l'édition continuera à survivre et les écrivains à toucher des droits d'auteur. Dans certains pays où la lecture est souvent limitée à quelques ouvrages pieux, les Idéalistes sont en minorité.

La face sombre

Les individus qui ont un caractère obsessionnel comme les Idéalistes éprouvent un besoin incoercible de tout maîtriser. Ils ressentent le besoin de contrôler leur vie en la figeant dans un scénario rassurant où tout est rangé, organisé, contrôlé, nettoyé, toujours impeccable et irréprochable. Les Idéalistes ne supportent pas leurs défaillances. Tout doit être aussi proche que possible de la perfection. Les erreurs, les retards, les imprévus sont vécus comme des agressions qui alimentent leurs idées fixes ou leurs ruminations. La vie pulsionnelle d'un Idéaliste est imprégnée d'une agressivité latente contre laquelle il lutte en permanence. Personnalité obsessionnelle classique, l'Idéaliste a l'avantage de savoir se remettre en question, si on l'aide à y voir plus clair dans son jeu.

Le fonds de commerce psy de l'Idéaliste

Par ordre alphabétique, voici vos principales qualités si vous vous êtes identifié au profil Idéaliste :

Artisan
L'artisan a le cœur d'un artiste ; le pragmatisme d'un technicien et le cœur d'un bon ouvrier.

Astucieux
... comme un Schtroumpf bricoleur.

Austère
... parce que rigide.

Autodiscipline
... pour fuir son désordre mental ou intellectuel.

Bricoleur
... comme un Schtroumpf astucieux.

Conformiste
... pour rassurer ses angoisses.

Contestataire
Ne lui donnez jamais l'occasion de se taire, car un Idéaliste qui se tait est un individu qui fait demi-tour sans avertissement.

Courageux
Il en faut du courage pour ne pas se décourager.

Critique
... mais constructif.

Démocrate
... parce qu'il a le sens inné du partage.

Devoir (sens du)
La quête du pouvoir passe par la soumission au devoir.

Écologiste

Si tous les profils étaient comme lui, nos rivières seraient limpides comme de l'eau de source et les pollueurs seraient tous derrière les barreaux, condamnés à perpétuité.

Économe

L'Idéaliste n'est jamais cher à l'entretien.

Écoute (à l')

... de toutes ses oreilles.

Effort (sens de l')

Le seul effort qui vaille est celui qui n'en demande aucun. L'effort n'est que l'allumage de la persévérance.

Exigeant

... envers lui-même.

Fan de...

Il s'aime à travers son idole.

Fidèle

Pour le meilleur et pour le pire.

Frustration (bonne résistance à la)

... parce que la frustration est le lot commun de tous les perfectionnistes.

Honnête

... jusqu'à s'en ronger les ongles.

Indécis

La seule décision qu'il n'ait jamais prise est de n'en prendre aucune.

Infériorité (sentiment d')

Se sentir égal à soi-même est un idéal auquel aspire l'Idéaliste mais, comme par un fait exprès, il vise toujours trop bas.

Inquiet

... parce que rien ne dure jamais aussi longtemps qu'il le voudrait.

Insatisfait

Parce que perfectionniste.

Légaliste

Parce qu'il déteste les combines et encore moins les magouilles.

Loyal

Parce que fidèle.

Maniaque

... mais pas militant.

Manuel

Doté d'une intelligence manuelle, l'Idéaliste a rarement deux mains gauches.

Méfiant

Il se fait souvent rouler dans la farine.

Observateur

... mais pas réactif. Il voit ce que les autres occultent mais réagit rarement en flagrant délit.

Obstiné

... parce que persévérant.

Parole (de)

Quand un Idéaliste donne sa parole, il ne la reprend jamais.

Passif (parfois trop)

... parce que coincé entre le doute et la peur de déplaire.

Patient

... comme un arbre centenaire.

Pédagogue

... parce qu'il a le sens de la bonne éducation.

Perfectionniste

Le bien est le serviteur du mieux et non son maître.

Persévérant

Il ne faut jamais mesurer la distance avant de l'avoir franchie.

Perspicace

Le Cyclope n'est pas son cousin.

Pessimiste

Qu'elle soit à moitié pleine ou à moitié vide ne change rien au fait que la bouteille est déjà bien entamée.

Politiquement correct

Il vaut mieux se taire quand on a peur de ce qu'on pense.

Ponctuel

La ponctualité est à l'anxieux ce que le retard est au dépressif.

Pratique (sens)

... parce qu'il n'aime pas trop la fantaisie débridée.

Précautionneux

... parce qu'on ne sait jamais ce qui peut arriver.

Prévoyant

... pour la même raison que précédemment.

Productif

... mais pas toujours rentable.

Psychorigide

La psychorigidité de l'Idéaliste est comparable à un priapisme émotionnel.

Radical

Parce qu'il n'aime pas les demi-mesures.

Raisonnable

... pour éviter de se faire remarquer.

Râleur

... de service.

Réservé

L'audace n'est pas sa religion.

Résolu

Vous ne le ferez pas changer d'avis sans provoquer une crise de conscience aiguë.

Respect de l'environnement

Le corps est le premier territoire qu'il faut apprendre à respecter.

Respect des règles
L'Idéaliste est la pierre angulaire de la société démocratique.
Revendicateur
... quand il se sent trahi.
Scrupuleux
... parce que honnête.
Sécurité (besoin de)
Le sentiment d'insécurité est le cousin de l'angoisse, mais aussi celui de la salutaire remise en question.
Sentimental
Pour l'Idéaliste, l'amour est un royaume et il faut du temps pour en faire le tour.
Solidaire
... et fiable à 1 000 % !
Soucieux
Une vie sans soucis est comme un boudin antillais sans épices.
Stable
... parce que l'insécurité lui fait peur.
Vigilant
... parce que méfiant.
Volontaire
Quand le velléitaire se déguise en volontaire, on dirait un enfant qui porte le manteau de son père... Quant au volontariste, on dirait qu'il a enfilé le manteau de son gamin. Et rappelez-vous la règle d'or : ce n'est pas quand on veut qu'on peut, mais quand on peut qu'on veut.

Mais aussi...

— La personnalité de l'Idéaliste n'est pas figée de manière définitive, elle évolue au fil de sa vie, des vicissitudes ou des bonnes surprises qu'il croise sur sa route. Ce qui n'est pas le cas de tous les profils. Car l'Idéaliste est un perfectionniste *largo sensu*. Il n'est jamais vraiment satisfait du résultat obtenu. « Peut mieux faire » est un leitmotiv qui s'affiche sur son front en permanence. Une majorité de comédiennes et d'actrices de cinéma sont des profils Idéalistes, ce qui n'est pas le cas des comédiens, apparentés en majorité au profil Narcissique. Toute personne qui vise la perfection est consciente de la distance qui la sépare de son objectif, il lui est donc impossible de se raconter des histoires ou de faire semblant d'y croire.

— L'Idéaliste est facilement admiratif des qualités d'autrui mais attention, il peut aussi se montrer très malicieux et vouer une admiration factice à son interlocuteur pour lui tirer les vers du nez. Car il n'est pas plus dépourvu de sens critique, que du contraire, sa perspicacité est l'une des premières qualités de son hit parade psy. Il se comporte parfois en véritable prince d'Argos, ce personnage fabuleux qui avait cent yeux et dont cinquante demeuraient toujours ouverts. Rien ne lui échappe, soyez-en sûr !

— Affectueux, attentif et bénévole au sens le plus large du terme. Quand il s'investit, il ne recule jamais et va jusqu'au bout de son implication. « Trois pas en arrière, deux pas en avant. Elle portait sur sa tête deux pommes dans un panier » est une ritournelle qui s'applique à l'Idéaliste. Ce qui fait problème parfois, c'est qu'il est indécis et s'investit quand il n'a plus le choix de tergiverser. Et il est parfois trop tard pour rattraper le temps gaspillé à hésiter.

— L'Idéaliste est le confident idéal, émotif et/ou sensible, il écoute de toutes ses oreilles sans jamais interrompre l'autre avant l'heure. Cette capacité et cette qualité d'écoute sont uniques parmi les huit profils. Il est possible qu'elles soient la conséquence directe d'un tempérament timide ou réservé, mais aussi la conséquence mécanique d'un investissement auditif trop massif. Celui qui écoute vraiment éprouve souvent des difficultés à briser le silence et à prendre la parole. Sigmund Freud, un Idéaliste, l'avait bien compris. Il a instauré le silence des psychanalystes comme une règle relationnelle entre le praticien et le patient pour ouvrir un champ verbal complètement vierge au dernier et le confort du silence au premier. Beaucoup de psychanalystes sont des Idéalistes ou des Sensitifs. Ce sont les meilleurs psys du marché. Les premiers savent écouter, les seconds ressentent et partagent. L'empathie est leur fonds de commerce commun.

— Farceur disposant d'un sens de l'humour insolite quand il se lâche, l'Idéaliste surprend ses intimes par des fous rires très communicatifs. Ce n'est pas un humoriste pour autant mais le besoin de ces rires est libérateur d'un comportement social un peu trop rigide qui incarcère le profil Idéaliste dans un corset affectif. Les Idéalistes ne sont jamais très à l'aise en société, il faut bien compenser de temps à autre. Un spectacle comique est par ailleurs le meilleur antistress qu'ils puissent trouver sur leur chemin. Les Idéalistes adorent rire.

— C'est un être tendre et généreux sur le fond, mais son intégrité et son sens critique peuvent parfois agacer ses proches ou ses collègues qui le considéreront comme un râleur ou un obsessionnel, ce qu'il est effectivement. L'apparence est revêche mais ce n'est qu'une apparence derrière laquelle se cache un être plus fragile qu'il n'y paraît à première vue.

— Toujours de parole, son objectivité en fait un être sécurisant pour son conjoint ou ses proches. La confiance en un profil Idéaliste n'est (presque) jamais mal placée.

Bien sûr, il y a toujours des exceptions qui font mentir la règle.

— En général, l'Idéaliste est naturellement exigeant mais pas militant au point de verser dans l'insatisfaction chronique. Il est obstiné mais pas borné. Il sait se remettre en question en cas d'absolue nécessité, même si cette remise à plat de ses convictions peut exiger un certain temps.

— Possessif sur le plan des sentiments, il ne sera pas jaloux sans que vous lui donniez de bonnes raisons pour se fâcher. Personne n'aime partager son conjoint avec un intrus, mais l'Idéaliste est un individu qui aime sans compter et il ne soupçonnera son conjoint d'infidélité que s'il s'affiche un peu trop en public avec l'autre. Ce manque de respect est le seul argument qui puisse lui donner envie de rompre.

— Les Idéalistes sont des individus dans lesquels vous pouvez avoir entière confiance mais qui n'ont pas confiance en eux-mêmes. Tel est le paradoxe du personnage. C'est sans doute la raison pour laquelle ils sont si exigeants avec eux-mêmes.

— Dans toutes les études de terrain homogènes ou hétérogènes que j'ai effectuées, les Idéalistes sont majoritaires. La perfection est au programme de notre société dont tous s'accordent à dire qu'elle est imparfaite. La présence massive d'Idéalistes prouve le contraire. La société occidentale favorisée est un paradis sociétal pour le restant de la planète. Elle est, de fait, idéalisée par tous les sans-papiers qui parviennent à s'y introduire car elle est synonyme d'Eldorado. Bien entendu, il existe beaucoup trop d'îlots de pauvreté, des cités de non-droit, auxquels le droit d'être ou d'avoir est nié par l'État. Mais il faut savoir que tout idéal a son talon d'Achille. Et le nôtre se situe paradoxalement dans cette trop grande majorité Idéaliste (16 %) qui bloque les réformes ou le progrès économique de la France. Paradoxe ! Les Idéalistes représentent la France qui doute alors qu'ils crèvent d'envie d'y croire.

V

Le Narcissique

Le corps est le premier territoire qu'il faut apprendre à respecter.

« ... Il est essentiel que les parents sachent s'éloigner de l'enfant, afin de lui permettre d'expérimenter la solitude, la rêverie. C'est ainsi que le Soi se construit et que l'on devient un être subjectivement déterminé : un être qui s'aime suffisamment lui-même pour trouver son autonomie. L'amour de soi assuré – le narcissisme – est le gardien de la vie. » Serge Lebovici[1]

ÊTES-VOUS NARCISSIQUE COMME...

Daniel Auteuil, Richard Berry, George Clooney, Guillaume Depardieu, Yves Régnier, Hervé Vilard, etc.

ET EN POLITIQUE ?

Jack Lang et Jacques Attali ! Il est vrai qu'ils ne sont pas nombreux à se sentir une âme d'homme d'État. Les

1. *La Connaissance de l'enfant par la psychanalyse,* coll. « Quadrige », PUF, 2003.

Narcissiques et la politique ne font pas vraiment bon ménage.

Rôle socioprofessionnel : animateur/meneur
Faculté d'adaptation sociale : individualiste/excentré
Forme d'intelligence : spéculative/logique

Grille gestuelle : bras droit dominant + pouce droit dominant + écoute gauche.

Le Narcissique est un Offensif Cognitif Introverti.

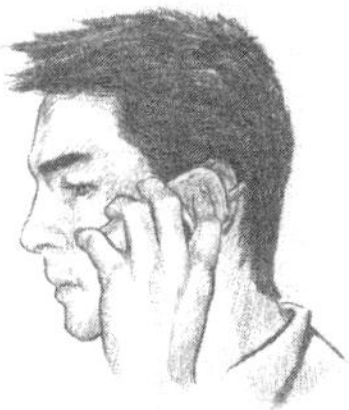

Véronique et Mathurin

Véronique aime qu'on l'aime et surtout qu'on le lui dise, souvent, à défaut de le lui prouver. Elle est très prisée par ses collègues parce qu'elle a toujours une anecdote sous la main pour égayer la récré à la salle des profs. Elle est professeur d'histoire dans un lycée. Ça tombe bien. Ses élèves l'apprécient, elle fait tout pour. Son cours est passionnant. Il fourmille de chroniques historiques, parfois un peu audacieuses et qui ne seraient pas trop goûtées par l'inspecteur d'académie. Divorcée d'un enseignant, un prof de maths, elle s'est remise en ménage avec un autre collègue, prof de physique-chimie. D'un scientifique à l'autre ! Leur couple ne va pas fort mais elle tente de recoller les morceaux chaque fois qu'ils se disputent. Elle entrevoit une nouvelle séparation comme une faillite affective rédhibitoire. William, son compagnon, n'en est pas non plus à son premier essai matrimonial. C'est un Cartésien pur et dur, comme le partenaire précédent de Véronique. La compatibilité émotionnelle entre une Narcissique et un Cartésien est souvent problématique. Véronique l'ignore mais sa sœur aînée, une psychologue scolaire, lui a ouvert les yeux. Elle réalise qu'elle se met en ménage avec des clones de son père, un prof de français à la retraite, avec lequel elle a toujours été en conflit ouvert. Un autre collègue du lycée est amoureux d'elle mais il ne s'est jamais déclaré. C'est un jeune homme timide qui a quelques années de moins que Véronique. Il est conseiller principal d'éducation. Véronique le considère comme un bon copain, un peu râleur parfois, mais très impliqué dans son métier. Les élèves le craignent et le respectent. Il s'appelle Mathurin, un prénom lourd à porter, qui en fait sourire plus d'un et propice à la mise en boîte. Coin ! Coin !

Un soir d'automne, la prof d'histoire revient au lycée en catastrophe. Elle a perdu les clés de son appartement. Mathurin fait son tour de contrôle des classes avant de fermer l'établissement pour la nuit.

« Et William ? demande-t-il à Véronique.

— Je ne sais pas où il est. Son portable est sur boîte vocale. Je l'ai déjà appelé dix fois au moins. Ça ne répond pas.

— Je te proposerais bien de venir chez moi en attendant qu'il rentre. Ce n'est pas un temps à rester dehors devant la porte de ton immeuble. »

Il pleut des cordes. Véronique est ennuyée mais elle n'a pas le choix. Elle accepte l'hospitalité de son collègue. Minuit. William ne répond toujours pas. Mathurin traverse la ville avec Véronique en croupe sur sa Yamaha pour aller sonner à la porte de son appartement. Personne. Ils se résignent à revenir chez Mathurin.

« Quelle histoire ! En tout cas, je le retiens, celui-là, râle-t-elle.

— C'est la première fois qu'il ne rentre pas ?

— Oui, non... »

Véronique hésite à se confesser. William lui a déjà fait le coup plusieurs fois ces derniers temps. Véronique se doute qu'il y a quelqu'un d'autre. Elle ne sait pas qui, mais son conjoint a un comportement bizarre ; il ne l'embrasse plus sur la bouche quand ils se retrouvent ; il dort souvent sur le canapé du salon en prétextant des insomnies. En fait, ils n'ont plus fait l'amour depuis plusieurs mois. Cette nuit-là, Véronique va squatter le lit de Mathurin sans Mathurin pour lui tenir la main. Il s'est couché sur un matelas pneumatique dans la pièce de séjour. Pressé de s'expliquer le lendemain soir, William finira par avouer qu'il a une liaison et emballera ses affaires dans la foulée. Exit William, bonjour tristesse.

Mathurin est aussi patient que le bœuf est lent. Il ne sautera pas sur l'occasion pour se déclarer. Il faut dire que ce n'est pas un Apollon. Il est long et efflanqué, une couronne de cheveux sans un poil sur le caillou et une grosse paire de lunettes sur le nez le font ressembler à un clone de Woody Allen en format XXL. Et Véronique attache de l'importance au look. Mathurin le sait pertinemment. Comme tout individu de profil Idéaliste, il prend une décision capitale pour conquérir le cœur de Véronique. Il commence par s'inscrire dans une salle de fitness qu'il va fréquenter quotidiennement en toute discrétion. Un beau matin, il débarque dans la salle des profs sans ses grosses lunettes. Mathurin s'est mis aux lentilles de contact. La couronne de cheveux a disparu, il a adopté la boule à zéro. Il est déjà méconnaissable. Tout le monde le charrie, évidemment. « T'es amoureux ? Tu changes de look ? Super, le mec ! Tu vas tomber les filles du lycée, fais gaffe à ne pas devenir pédophile ! » Plusieurs mois passent, le printemps fidèle au rendez-vous est revenu faire un tour de piste. Les cerisiers du Japon sont en fleurs dans la cour de récré. Banzaï ! Mathurin fait un saut à Paris pour changer sa garde-robe. Lui qui portait toujours de vieux costumes informes s'est converti : jean Lee Cooper assorti à une veste en lin clair. Il porte un polo Lacoste. La vieille montre bracelet est partie à la poubelle. Le surveillant s'est racheté une Rolex sur le Net. Une affaire. Quant aux vieilles molières à bout rond, elles ont été remplacées par une paire de Nike. Mais le bénéfice le plus étonnant de cette métamorphose, c'est que les jeunes filles du lycée le sifflent dans les couloirs. Le vilain petit canard s'est transformé en cygne, Mathurin est devenu un athlète souriant aux pectoraux saillants, larges épaules et ventre plat aux tablettes de chocolat évidentes. Métamorphosé. Enhardi par ce succès d'estime, il va oser inviter Véronique à dîner et Véronique va tomber follement amoureuse de ce joli garçon qu'elle ignorait pratiquement quelques mois auparavant.

Pour tout vous dire, ils sont parfaitement complémentaires sur le plan psychogestuel mais, surtout, Mathurin, qui s'est rebaptisé Mat' pour les intimes, n'est pas un clone du père de Véronique.

Cette petite histoire date d'un lustre. Mat' et Véro sont toujours ensemble. Ils songent même à officialiser leur union, car Véro est enceinte de trois mois.

Investi dans son image publique et le besoin de paraître ! Fashion victime, promoteur, catalyseur, communicateur, « rumoriste » de génie, le Narcissique est l'antagoniste complémentaire de l'Idéaliste. Le carburant du Narcissique est la sensation, celui de l'Idéaliste, le sentiment. Sentiments et sensations s'enrichissent mutuellement sur tous les plans. Le Narcissique prisera l'Idéaliste pour les sensations qu'il lui procure. Par exemple, la fierté de se pendre au bras d'un beau mec, en ce qui concerne Véronique. L'Idéaliste appréciera le Narcissique pour les sentiments qu'il éprouve pour ce dernier. Grâce à Véronique, Mat' s'est transformé, sa reconnaissance fait partie du pack de sentiments qu'il éprouve pour elle.

Le portrait d'un Narcissique

Il existe deux sortes de narcissiques : le premier vit par, pour et à travers son look, le second a besoin d'être reconnu, admiré, célébré ou concélébré pour ses mérites, ses talents ou pour le statut qu'il a conquis de haute lutte.

Les psychanalystes considèrent que le narcissisme est avéré quand toute l'énergie de la libido est investie dans le Moi. C'est ce qui explique pourquoi les jolies femmes ou les hommes zéro défaut sont généralement de mauvaises affaires au lit. Je vous rappelle que la libido est synonyme d'énergie sexuelle. (Si vous n'êtes pas sublime, vous n'êtes pas de la famille, rassurez-vous !)

Dans le développement de la personnalité, le stade narcissique primaire est celui du jeune enfant qui ne s'est pas encore différencié du monde extérieur. La recherche du Narcissique adulte résulte du même processus. Il est demeuré un enfant sur le plan des affects parce qu'il n'a pas été reconnu en tant qu'adulte par ses proches. Chaque fois qu'il ou elle a réussi à obtenir un résultat positif, la gratification attendue a été négligée ou carrément niée. C'est l'absence d'un père qui boostera la carrière ou la réussite de sa fille. C'est le refus d'approuver le talent d'un enfant qui le déterminera à quitter la maison pour réussir là où ses parents ne pourront plus le casser ou le castrer.

Fan de...

De nombreux jeunes se sentent attirés par les métiers artistiques parce que toute leur énergie libidinale est investie dans une quête de reconnaissance de leur individuation propre, une personnalité qu'ils n'ont pas la possibilité d'affirmer dans leur cadre familial. « J'aurais voulu être un artiste. » La plupart des groupies ou des fans sont d'ailleurs victimes du même trouble que les stars qu'ils supportent avec ferveur. Ils se comportent en faux self pour pouvoir s'identifier à leurs idoles qui, paradoxalement, ne peuvent exister qu'à travers leurs fans. Ce besoin de reconnaissance d'un talent est un mode de sublimation d'une non-reconnaissance du Moi. Plus le besoin de reconnaissance est impératif, plus le sujet est susceptible de devenir célèbre, s'il a la chance d'avoir du talent.

Le fonds de commerce psy du Narcissique

Par ordre alphabétique, voici vos principales qualités si vous vous êtes identifié au profil Narcissique :

Accrocheur
Il est très tactile.

Ambigu
Il cultive le sens des nuances jusqu'à l'ambiguïté.

Animateur
Il aime se regarder dans le miroir des autres.

Artiste
Celui qui prétend qu'il n'a jamais rêvé d'être un artiste est un menteur.

Baratineur
Il est parfois soûlant mais reste toujours intéressant à écouter.

Bluffeur
Le bluff n'est, somme toute, qu'une vérité qui attend son heure... ou son beurre.

Branché sur la mode et les courants
... en triphasé ou plus si c'est possible.

Caméléon social
Il s'adapte bien à tous les milieux avec l'aisance d'un Relationnel.

Capricieux
Comme une star de cinéma !

Comédien
... parce que caméléon.

Culot (indice de)
Même le culot a peur de ses audaces.

Débrouillard
Il s'en sort toujours. On se demande parfois par où il passe ?

Désinvolte

Ne vous y fiez pas ! Sa désinvolture n'est qu'une sérénité de carnaval mais ça le fait.

Élitiste

... parce qu'il aime fréquenter la poussière d'étoiles.

Éloquent

Il faut savoir s'exprimer pour se faire entendre.

Enthousiaste

L'enthousiasme a le mérite de rajeunir ceux qui en abusent.

Esthétique (sens)

La beauté est parfois d'une incroyable laideur et cette laideur est fatalement belle.

Estime de soi

Aime ton prochain comme moi-même !

Excentrique

Être soi tout en étant un autre à chaque fois.

Exclusif

Tous pour un, tout pour moi.

Expansif

... parce que chaleureux et très démonstratif dans le style : « J'adore... »

Extravagant

... parce qu'excentrique.

Faire savoir (roi du)

Dans sa bouche, les mots prennent vie, les phrases se maquillent et tout le monde y croit.

Festif

Sans lui, la fête ne serait qu'une kermesse paroissiale.

Flambeur

Le flambeur est le seul individu qui sait jouer à qui perd gagne.

Image (sens de l')

N'oubliez jamais que l'image de soi se construit dans le regard de l'autre.

Insatiable

Quand il sera rassasié, les poules iront chez le dentiste.

Interactif

Sa vie est une sorte de jeu vidéo dont il tient le premier rôle.

Jouisseur

Celui qui gère son temps est un fonctionnaire, celui qui le remplit est un jouisseur.

Militant

Il est de tous les combats quand il prête sa foi à une idée, un parti, un projet.

Mobile

Aucune distance n'est aussi infranchissable qu'elle pourrait le faire reculer.

Optimiste

Il est M. ou Mme Toujours opposé à M. ou Mme Jamais.

Original

Le Narcissique ne craint pas de choquer, il a surtout peur de passer inaperçu.

Participatif

... parce que militant et démocrate.

Partisan

Il n'est jamais neutre.

Philosophe

La philo est l'art de tordre le nez des mots pour en faire des concepts.

Prodigue

Pour tout Narcissique, l'argent est un excellent maître et un exécrable serviteur.

Promoteur

Pour promouvoir un produit, une idée ou un service qui lui plaît, il se fera emballage cadeau.

Prosélyte

Il fera de vous le roi au village, s'il croit en vous.

Public (sens du)

Celui qui a le sens du public n'est pas un individu mais un étalon de la multitude ou un relais de l'inconscient collectif.

Romantique

Quelle est la différence entre le sentimental et le romantique ? Le romantique s'aime à travers vous, le sentimental vous aime à travers lui.

Rumoriste

La rumeur est aussi croustillante que les frites.

Séducteur

Apprendre à séduire passe avant tout par un travail de séduction de soi. Toute charité bien ordonnée... Ce qui revient à dire : « Si tu te plais, tu plairas. »

Stimulant

... prosélyte.

Subjectif

Parce qu'il est son propre idole.

Susceptible

La susceptibilité est une hypersensibilité de la vanité avec laquelle le Narcissique confond son ego.

Versatile

Seuls les imbéciles ne changent jamais d'avis, selon le Narcissique.

Mais aussi...

— Il adore faire des affaires sans être pour autant un affairiste patenté. C'est l'homme des bonnes combines, la femme des bons plans. Très branchés sur les modes et les courants, certains Narcissiques sont des fanatiques de la période des soldes. Elle refait sa garde-robe, il complète sa boîte à outils s'il est bricoleur, elle se rachète de la vaisselle de marque à petit prix.

— Certains Narcissiques sont de grands voyageurs et des amateurs de clubs de vacances. Ils prennent des congés deux fois par an au moins : à la neige en hiver et au soleil en été. Toujours bronzés. Fiers de leur look, ils ne peuvent se passer de ces vacances qui servent plus à entretenir leur apparence qu'à se détendre.

> Naïma, 23 ans, dépense toute sa paie en vacances. Elle est barmaid dans un bistro branché à Paris. Trois, voire quatre fois par an, elle saute dans un avion et se retrouve sur une plage ensoleillée à la Martinique ou à l'île Maurice. Il faut dire que la bouffe ne lui coûte pas cher, elle mange au boulot et son frigo est désespérément vide. Pas de loyer, elle habite un studio qui appartient à son beau-père. Pas de voiture. Pas de petit ami en titre. Reste les fringues qu'elle achète aux puces, style bohème. Et comme elle gagne environ 2 500 euros par mois net, pourboires compris, le calcul est vite fait.

— Le Narcissique brûle facilement ce qu'il a adoré. Normal, il vit branché en permanence sur le futur, les perspectives, l'évolution de sa vie professionnelle, amoureuse, ou la chance qui déposera son obole sur son palier. Car il est un peu joueur et superstitieux. Il courtise la bonne fortune dans tous les sens du terme.

— Courtisan et très élitiste, c'est un séducteur profondément narcissique mais ce n'est pas toujours aussi voyant que vous pourriez le penser. Tous les Narcissiques ne sont pas beaux comme des camions ou vulgairement belles comme des bimbos de l'île de la Tentation. Quels que soient les avantages plastiques dont il bénéficie ou non, le Narcissique se conduit toujours en « narcissique » : qu'il soit fier de son intellect, de ses capacités manuelles, de ses connaissances scientifiques, de la coterie à laquelle il appartient ou de sa réussite professionnelle.

VI

Le Relationnel

On nous apprend à vivre avec les autres mais on oublie de nous enseigner l'art de vivre en société.

ÊTES-VOUS UN RELATIONNEL COMME...

Claude Berri, Mel Gibson, Bruce Willis ou Audrey Tautou ?

ET LES POLITIQUES ?

Bill Clinton, Olivier Besancenot, Bernard Kouchner, Roland Dumas, Jean-Pierre Raffarin, etc.

Rôle socioprofessionnel : coordinateur/organisateur
Faculté d'adaptation sociale : solidaire/consensuel
Forme d'intelligence : pratique/fonctionnelle

Grille gestuelle : bras gauche dominant + pouce droit dominant + écoute droite.

Le Relationnel est un Défensif Cognitif Extraverti, DEF-COGEX en langue gestuelle.

Chez lui, les sensations priment sur les sentiments. Il fréquente souvent beaucoup de monde sans trier l'ivraie du bon grain. Communicateur, expansif, motivant, vulgarisateur ! Le Relationnel est l'antagoniste complémentaire du Créatif (OFAFIN).

Et si on s'offrait une petite récré ? Je vous invite à lire le récit des aventures de Martine Barbare (un nom d'emprunt, bien sûr), une outsider Relationnelle qui vous permettra de saisir par l'exemple les potentiels de ce type de profil.

Le cas Barbare

« Vous vous fichez de moi, Verbeek ?

— Monsieur, je ne me permettrais pas si je n'étais pas sûr de mes sources. »

Jean-Marc Verbeek est un chasseur de têtes réputé sur la place de Paris. Il est consultant indépendant rattaché au cabinet G. et travaille principalement pour la multinationale *** dont son interlocuteur, Éric Gentil, est le directeur du personnel. Le tout-puissant DRH.

« J'ai vérifié l'attribution des diplômes de BTS de l'école de communication de R. Ils n'ont pas trouvé trace d'un diplôme attribué à Martine Barbare. Je suis allé plus loin en consultant les archives de l'Éducation nationale. Martine Barbare n'a jamais eu le bac à l'époque où son CV le mentionne. Ni bac ni BTS de communication.

— Mais alors quoi ? lui renvoie le DRH.

— Alors rien, Monsieur, rien qu'un BEPC en 19... au collège de L., dans le Nord, la ville où elle est née.

— Je suis sur le c... ! Vous vous rendez compte de l'étendue de ma responsabilité ? C'est moi qui ai accepté sa candidature il y a cinq ans. Elle m'a été chaudement recommandée par votre confrère de l'agence Tanner avec laquelle nous étions sous contrat pour cette mission de recrutement.

— Rien ne vous empêche de vous retourner contre eux et de demander le remboursement de la mission que vous leur aviez confiée.

— Il faut que j'en parle d'abord avec le DG (directeur général). Si le président a vent de cette histoire, je risque de me retrouver à l'ANPE, mon vieux. Je compte sur vous pour la discrétion. Motus et bouche cousue, n'est-ce pas ?

— Vous pensez bien, mon cher. Je ne tiens pas à perdre votre estime.

« Tu parles, se dit le DRH en reboutonnant son veston, comment vais-je le coincer pour qu'il ne l'ouvre pas aux quatre vents ? » L'autre s'est déjà levé pour prendre congé.

— Dites-moi Verbeek !

— Oui, Monsieur Gentil ?

— Le contrat que nous avons l'intention de vous confier pour les postes des cinq directeurs commerciaux de secteur est encore à l'étude. Je sais que vous l'espérez au plus vite. Cependant, je vais temporiser jusqu'à ce que cette affaire-ci soit réglée au mieux de nos intérêts respectifs. Je suppose que vous m'avez compris.

« Sous-entendu, mon bonhomme, si vous ouvrez votre grande g..., le contrat en question vous passera sous le nez », songe le DRH assez content de lui. L'autre a parfaitement saisi d'où venait le vent. Il proteste à demi-mots de son silence assuré. « Même sous la torture... » mais déjà il se demande comment il va rouler cet imbécile prétentieux de Gentil dans la farine. Avec le scandale qui lui pend au bout du nez, il se fera dégommer, c'est sûr. Comment la direction générale d'un si grand groupe de distribution pourra accepter que la toute-puissante dircom puisse diriger une centaine de cadres bac + 4, 5, 6 avec un BEPC en poche pour tout viatique ? »

Martine Barbare a quitté le collège à l'âge de 16 ans. Elle a emporté son BEPC de justesse et puis elle est allée se présenter à l'ANPE qui lui a tout de suite trouvé un poste de vendeuse apprentie en boulangerie. Trois jours plus tard, elle remettait son tablier pour incompatibilité d'humeur avec la farine. Allergique ! Les postes d'apprentissage se sont succédé, entrecoupés de longues périodes de *farniente* au grand désespoir de son père, un conducteur de travaux, et de sa maman, caissière en hyper à 5 000 francs brut par mois.
« Si je fais la manche, je gagnerai plus de blé que maman, avait-elle coutume de dire à ses parents pour qu'ils lui lâchent les baskets.
— Chiche, lui dit un jour son père excédé par ses caprices. »
Au bout de huit jours, elle rapportait 10 Pascals (des billets de 500 francs) sur la table de la cuisine.
« Tu as fait la pute ? lui crie sa mère catastrophée.
— J'ai fait la manche, lui rétorque sa fille en riant. »
Il faut dire que la petite Martine ne dispose pas vraiment des atouts plastiques nécessaires et suffisants pour attirer les messieurs.
À 18 ans, Martine décroche un poste de préposée au vestiaire dans une discothèque (dé)branchée. Trois mois plus tard, le patron de la boîte lui confie la responsabilité de la communication. Les affaires ne sont pas mirobolantes et les clients préfèrent se bousculer dans une discothèque voisine. Martine a des idées et elle s'exprime bien, ce qui lui donne une sorte d'autorité naturelle sur le personnel de la discothèque et une crédibilité aux yeux de son patron. Investie d'une mission de sauvetage, elle commence par repérer les cantines des nouvelles stars qui montent et y prend ses habitudes sur le maigre budget que lui a alloué son boss. Martine est une Relationnelle pure et dure. Elle sait se faire des relations à la vitesse grand V. Physiquement, elle est plate comme une planche à pain mais bénéficie d'un joli sourire

dans un visage sans valeur ajoutée. Tout le charme de Martine est dans son bagout, sa gestuelle et un culot d'enfer. Elle réussit à se lier d'amitié avec plusieurs acteurs en vue, quelques jolies comédiennes en mal de publicité et à les inviter dans « sa » boîte pour des happenings organisés à la hâte. Et ça marche ! Six mois plus tard, la discothèque de son patron est rebranchée et pleine à craquer. Le Tout-Paris s'y bouscule et Martine joue les reines de la nuit.

Elle y travaillera pendant trois ans mais ce poste finira par la lasser. Elle a d'autres projets en perspective. Hélas, les diplômes lui font cruellement défaut pour se présenter dans des agences de recrutement spécialisées. Retourner sur les bancs de l'école ? Il n'en est pas question. Un pote lui a parlé d'un site Internet qui vend des diplômes authentiques de n'importe quelle école ou université de la planète. Elle peut même se payer le bac une misère. Martine dispose maintenant d'un PC dans son « loft » de 36 m^2 qu'elle loue une fortune, mais son job lui rapporte largement de quoi y subvenir. Quelques meubles Habitat lui ont permis de le garnir à la hâte. Il faut dire que Martine ne passe dans son studio que pour y dormir.

En surfant sur le Net, elle se connecte à l'un des sites qui proposent des diplômes sur mesure. Elle commence par glisser un bac Lettres datant de ses 18 ans émis par un lycée de province dans son panier virtuel. Elle le recevra par courrier deux semaines plus tard. Du vrai-faux presque aussi authentique que le vrai. Enfin, elle a son bac. Martine vient d'avoir 21 ans. Elle se dit qu'un BTS en communication pourrait lui offrir un meilleur avenir. Va pour le BTS ! Pas trop ruineux et obtenu assez loin de Paris. D'après un article qu'elle a lu dans un magazine économique, ce genre de trafic est marginal et peu nombreux sont les recruteurs ou les chasseurs de têtes qui font des investigations sur la validité des diplômes des candidats qu'ils reçoivent. « Et puis, tout est une question de baratin et de look », se dit-elle pour se rassurer. Pour se vieillir, Martine a appris à se maquiller et s'habille désormais chez Devernois. Elle fait femme chic de 25 ans. Elle était brune, elle est devenue blond cendré, la couleur de la bonne bourgeoisie. Quelques séjours à

Djerba, en Tunisie, lui ont offert un teint hâlé, juste ce qu'il faut pour jouer les cadres sup aux dents de loup. Elle est presque jolie.

Martine débute dans le département de la communication de la multinationale *** après avoir coiffé au poteau une dizaine de jeunes femmes bardées de diplômes de grandes écoles. Elle a emporté le morceau. Il faut dire que son allure de sportive, sans atouts plastiques mais très dégourdie et surtout séductrice au sens large du terme, a suffi à faire basculer la conviction du recruteur de l'agence. Elle l'a scié en lui confiant qu'elle était folle de deltaplane. Une confidence qu'elle a glanée chez une hôtesse du cabinet de recrutement. Une ancienne cliente de sa discothèque. Le recruteur est un moniteur de delta et un mordu de chute libre. Martine s'est documentée la veille au soir, elle en parle comme une pro. Elle fera partie de l'entonnoir : les trois dernières candidates en lice.
Ses premiers pas dans l'entreprise se feront sur la pointe des pieds. En tant que Relationnelle, Martine sait d'instinct qu'il ne faut pas bousculer ses nouveaux collègues. Elle attend patiemment qu'ils viennent vers elle et écoute les conseils « à la nouvelle » de toutes ses oreilles. Elle parle peu et ne fait aucune référence à son passé festif. Elle qui portait des vêtements affriolants, des chemisiers diaphanes sans soutien-gorge et des mini-jupes au ras des fesses a radicalement changé de style. Elle s'habille de petits tailleurs pantalon très stricts mais de bonne coupe. Des vêtements de prix qu'elle a volontairement dégriffés pour ne pas susciter de commentaires. Encore une tactique typique du Relationnel. Les codes vestimentaires n'ont pas de secret pour lui. Il sait s'y plier d'instinct avec un goût très sûr.

Quelques mois après ses débuts dans le groupe, l'assistante Martine Barbare devra remplacer Gérard Serfaty, un des adjoints du dircom, au pied levé. Accident de ski pendant les vacances d'hiver. Deux jambes cassées et un problème sérieux à la colonne vertébrale. Il ne reviendra pas avant des mois, voire une année, selon les bruits qui courent.

« Quand je pense que je lui ai conseillé de s'attaquer aux pistes noires », songe Martine, sans ressentir la moindre culpabilité. Il faut dire que le jeune Serfaty lui faisait une cour effrénée. Jeune marié, il se sentait dans l'obligation d'avoir une maîtresse en titre pour faire comme ses chefs. Martine en a profité pour le manipuler sans jamais rien lui céder.

Promue adjointe du dircom en compétition avec une autre jeune femme aux dents acérées et nettement plus attractive, Martine se sent prête pour la bagarre. Elle veut garder ce poste temporaire et supplanter sa rivale qui s'occupe de la communication externe de l'entreprise (contacts avec les médias et actions marketing sur le public au plan national). Martine est chargée de la communication interne au niveau national. Elle s'occupe d'un service de quatre personnes qui gèrent les contacts avec les distributeurs et les sous-traitants. Un autre directeur placé sous la direction de Malard, le dircom, est responsable des contacts avec les filiales à l'étranger.

Au fil des mois, sous son impulsion, la communication interne va prendre un tour inattendu qui sera plébiscité par les distributeurs du groupe. Cette évolution viendra jusqu'aux oreilles du directoire qui demandera au DRH un rapport détaillé sur les actions entreprises par le service de Martine. Un peu plus d'une année s'est écoulée depuis son entrée en fonction. Martine a tissé des liens d'amitié avec certains collègues. Tous ont compris qu'elle était un outsider qui leur permettrait peut-être un jour de rafler la mise. Grande communicatrice devant l'Éternel, Martine s'est construit un réseau de complicités à travers divers services de cette entreprise tentaculaire. Toujours sur la brèche, elle se consacre corps et âme à sa carrière et n'offre à sa vie privée qu'une portion congrue de son temps. Pas de petits amis en titre, juste quelques en-cas qu'elle croque et qu'elle jette aussitôt. Car Martine est une dragueuse. Elle n'attend pas qu'on vienne lui conter fleurette. Pas le temps ! Pas encore.

Au bout d'une année, Gérard Serfaty a démissionné et Martine a conservé son territoire. Elle est devenue le chef de service un peu moins temporaire, chargée de la COM interne. Une sorte de sous-directeur faisant fonction, en

somme. Pendant les deux premières années, Martine s'inscrira à toutes sortes de formations qualifiantes payées par son employeur. Elle y apprendra la théorie et les ficelles du métier de la communication. Pour la pratique, son job suffira.
Cet acharnement sera payant. Convoquée par le directeur général pour un entretien privé, elle ressortira de son bureau avec des étoiles dans les yeux. Sur la foi de ses résultats, le directoire a décidé de la confirmer dans ses fonctions, celles de Serfaty. Elle sera officiellement la patronne de la communication interne de la société sur le plan national. La directrice de la formation lui a proposé des crédits d'heures pour suivre des cours de langues étrangères : anglais, espagnol. Martine s'immergera dans l'apprentissage de ces idiomes comme seul un Relationnel est capable de le faire. Elle se payera tous les bistros anglophones de la capitale et tous les restos espagnols. Il lui faudra trois mois pour commencer à se débrouiller dans ces deux langues.

« Mais qui vous a demandé d'aller fouiller dans les dossiers de nos employés, Monsieur Verbeek ? »
Le chasseur de têtes a été convoqué par un des vice-présidents de la société. Il n'aime pas du tout ce que le DRH lui a appris. Cependant, il ne souhaite pas que l'information circule dans la société ou pire, en sorte. Une enquête rapide lui a permis de tracer la liste des clients du cabinet où travaille Jean-Marc Verbeek. Certains sont des fournisseurs attitrés de la société de distribution ***.
La climatisation fonctionne à fond, la canicule a débuté tôt cette année. Nous sommes en mai.
« Je suppose que vous n'aimeriez pas perdre la confiance des clients qui sont sur cette liste, Monsieur Verbeek ?
Il lui tend une feuille de papier pelure sur laquelle une liste de noms a été tapée sur une vieille machine à écrire. Très Fleuve noir ! Verbeek transpire à grosses gouttes. Il défait discrètement le nœud coulant de sa cravate Gucci. Il n'en mène pas large. Un mot du vice-président à son patron et il est viré.
— Absolument pas, Monsieur ! couine-t-il. Je vous l'assure. Mais pour répondre à votre question, la demande d'inves-

tigation venait d'Éric Gentil. Une demande verbale évidemment.

— Gentil prétend que vous avez agi de votre plein gré pour le discréditer.

— Évidemment ! Je ne peux pas vous prouver ma bonne foi mais je peux vous garantir le secret absolu sur ces indiscrétions. Vous pensez bien que je n'aurais jamais pris l'initiative d'une telle enquête de mon propre chef. Je n'avais rien à y gagner. Gentil, en revanche...

— Qu'entendez-vous par là ? Allez, videz votre sac, mon vieux.

— Tout le monde est au courant d'une relation, disons tendre, entre Charlotte Andry-Jaloin et Éric Gentil.

— Vous en avez après la responsable de la communication externe de la société ?

— Exactement, Monsieur. Et comme le bruit court que Monsieur Malard devrait être muté à l'étranger, la place de dircom risque de se libérer sous peu et Charlotte Andry-Jaloin se sent faite sur mesure pour le poste en question. Hélas, Martine Barbare lui fait de l'ombre. Elle est très efficace, cette petite. Et puis, des rumeurs laissent entendre que Barbare a réussi à monter un réseau de collègues qui la soutiendraient en cas de rivalité avec Andry-Jaloin. Les gens du Comité d'entreprise en font partie. Elle leur a obtenu à plusieurs reprises de pouvoir squatter une discothèque à la mode pour y fêter les départs à la retraite et les promotions internes.

— Mais c'est aussi passionnant qu'un polar, votre histoire, Verbeek.

— N'est-ce pas, souffle l'intéressé, soulagé de voir que l'entretien tourne en sa faveur.

— Si j'ai bien compris – arrêtez-moi si je me trompe ! –, Gentil vous aurait demandé d'exécuter quelques petites vérifications sur le CV de Barbare pour le compte d'Andry-Jaloin, histoire de favoriser son poulain, je veux dire, sa pouliche, si le CV en question était un peu trafiqué ? Ça se tient.

— Vous savez, Monsieur, la plupart des CV le sont, trafiqués. Nous avons tous quelques casseroles à dissimuler.

— Quelles sont les vôtres mon cher Verbeek ? réplique le vice-président finaud.

Le chasseur de têtes ne répond pas mais lui sourit, un peu gêné tout de même. Un moineau se cogne contre l'une des vitres fumées du vaste bureau.
— Bien, reprend le vice-président, je compte sur votre entière discrétion dans cette affaire. Vous n'y perdrez pas au change, si tout se passe comme je le veux. Je vous remercie, mon cher. À bientôt. »
Jean-Marc Verbeek se retire et referme la double porte sur lui. Il sourit, d'un sourire sardonique du chasseur qui a réussi à retourner la situation en sa faveur.

« Alors ses diplômes, c'est du lard ou du cochon, Éric ? s'exclame Charlotte en colère.
Éric Gentil n'en mène pas large. Le vice-président l'a averti. S'il dévoile le pot aux roses à sa maîtresse ou à qui que ce soit d'autre, il est viré sur-le-champ pour faute grave.
— Je regrette, Charlotte. J'ai été mal informé. Son CV est rigoureusement exact, ment-il en la regardant droit dans les yeux. »
Éric Gentil subodore une entourloupe du vice-président et craint que la place du dircom ne soit attribuée à Martine Barbare, malgré son jeune âge. Elle serait dès lors à son niveau de responsabilités dans la boîte. Et il a pu remarquer son manège pour se tisser un réseau d'alliances jusqu'au niveau de la direction générale. Elle sera bientôt incontournable. Il serait prudent de s'éloigner un peu de Charlotte pour ne pas être catalogué « loser ». Sa carrière est peut-être en jeu. À 45 ans, il est grand temps de retrouver le droit chemin en évitant les cinq à sept avec de jeunes et jolies collègues féminines.

Martine Barbare dirige aujourd'hui un service d'une centaine de personnes disséminées un peu partout dans le monde. Elle est la plus jeune directrice de la communication du secteur d'activité de la société ***. Elle vient de fêter ses 26 ans. Et je vous rappelle qu'elle n'a qu'un BEPC pour tout diplôme légal. Le vice-président le sait, le président le sait. Et tous les autres acteurs de cette affaire préfèrent ne plus le savoir. Mais Martine est une Relationnelle jusqu'au bout des ongles et une autodidacte de génie, elle a tout appris sur le tas. On parle déjà d'elle pour un poste de plus jeune vice-présidente du groupe. Dans quelques années...

Tous les Relationnels n'ont pas un tel parcours de carrière, même s'ils disposent, peu ou prou, des mêmes atouts que Martine Barbare. Le personnage existe bel et bien, et j'en connais d'autres qui ont réussi à rouler les DRH de multinationales dans la farine. Tous les noms ont été changés, évidemment, ainsi que les lieux cités en province. Vous trouverez en fin de chapitre (voir p. 237) la liste des principales qualités du Relationnel. Si vous en êtes, donnez-vous le temps de méditer sur ce panel d'atouts qui vous appartient de plein droit. Tous les Relationnels ne deviennent pas des Claude Berri, Audrey Tautou, Mel Gibson ou Bruce Willis. Qu'ont-ils en commun ? Ce sont tous des Relationnels pur jus.

La communication est le royaume du Relationnel, un leader dans ce domaine qui exige un profil Extraverti. Protégé par son tempérament Défensif, le Relationnel ne peut exercer son talent qu'en étant plébiscité par son public. Il aime qu'on l'aime, même s'il ne fait pas toujours l'unanimité. Fauteur de paix ou de guerre, provocateur ou consensuel, il connaît d'instinct la manière de déshabiller le discours pour lui ôter le cache-sexe derrière lequel il dissimule ses pudeurs ! Il sait les mots qui font vibrer l'émotion quand il faut endormir la raison et ceux qui éveillent la raison quand l'émotion se cache derrière le mensonge. Le Relationnel a le sens de la coordination, il aime faire partager ses coups de cœur et ses sautes de bonne humeur de manière festive et par le plus grand nombre. Pour s'accomplir, il fréquentera des Créatifs dont il sera le porte-parole idéal. Le Relationnel vit dans la lumière, il a besoin de la résonance des autres pour donner un sens à son existence. Le tempérament du Relationnel pur et dur consiste à arrondir les angles, à flatter, à insinuer, à suggérer, à élever le rire au rang d'un art, bref il émeut au lieu d'exacerber, éteint le feu en pasteurisant la fureur. Il se veut anxiolytique avant toute chose.

Le Relationnel croit au pouvoir magique des mots sur les esprits qui s'enflamment, plus qu'aux vertus « alchimiques » de la neige carbonique. À quoi ça sert de se mettre les autres à dos quand c'est si facile de se les mettre en poche ? Telle pourrait être, en substance, sa philosophie. Il dispose d'une capacité innée à négocier des solutions : c'est le talent du médiateur, celui qui permet de prévenir les conflits ou de les résoudre. Les personnes possédant cette aptitude excellent à négocier des arrangements, à arbitrer les différends ; on les trouve souvent dans les carrières diplomatiques ou juridiques, elles savent servir d'intermédiaires. Ce sont les enfants qui règlent les disputes dans la cour de récréation.

La capacité à établir des relations personnelles est le talent que possède le profil Relationnel. Il lui permet d'identifier les sentiments et les préoccupations des autres pour y répondre de manière appropriée – c'est tout l'art des relations personnelles. Les enfants Relationnels s'entendent bien avec tout le monde, jouent volontiers avec les autres sans marquer d'intolérance, et y prennent plaisir. Ils savent en général déchiffrer les émotions et sont les préférés de leurs camarades. L'homme est un animal social, il est fait pour vivre avec d'autres, il compte, parmi ses besoins, celui d'entrer en relation avec ses semblables. La relation avec d'autres relève à proprement parler d'un besoin primordial.

Les Relationnels représentent 16 % de la population globale d'une enquête réalisée à Paris et en province.

Le fonds de commerce psy du Relationnel

Par ordre alphabétique, voici vos principales qualités si vous vous êtes identifié au profil Relationnel :

Adaptatif

... parce que Relationnel !

Amical

Avec tout autre profil que le Relationnel, l'amitié devient une valeur sûre quand l'adversité en est le fonds de commerce. Avec le Relationnel, elle demeure une valeur sûre quelles que soient les circonstances.

Animateur

Celui qui anime, rassemble les différences et parfois parvient à les gommer.

À-propos (esprit d')

L'esprit d'à-propos est un dialogue vu sous l'angle d'une partie de ping-pong dont celui qui a le dernier mot est le gagnant.

Arbitre

L'arbitrage est un art et le Relationnel, un artiste de la médiation.

Charmeur

Même les serpents le trouvent charmant.

Coach

Il est souvent d'excellent conseil.

Communicateur

Tout Relationnel savait déjà communiquer avant de venir au monde.

Complice

La complicité est son truc pour vous faire craquer.

Compromis (sens du)

Il sait mettre de l'eau dans son vin.

Coopératif

Toujours prêt à venir en aide ! Comme les scouts !

Coordinateur

Il est le lien social qui manque entre l'indifférence et la compassion.

Débrouillard

Ce n'est pas le roi de la débrouille, mais il se sort toujours des situations les plus délicates.

Démocrate

Le relationnel est le champion de la démocratie.

Dialogue (adepte du)

Avec tout autre profil que le Relationnel, le dialogue est plus souvent un double monologue.

Diplomate

Il sait convertir ses ennemis et ses détracteurs.

Disponible

Pour être disponible, il faut savoir conjuguer sa vie au présent de l'indicatif.

Dynamique

Le dynamisme est une posture sociale qui repose sur la transmutation des énergies négatives.

Écoute (à l')

Le Relationnel entend les mots, mais il écoute surtout les émotions. En somme, les oreilles entendent ce que le cœur écoute.

Épicurien

Carpe diem, et pour demain ? On verra demain.

Équipe (esprit d')

C'est l'homme ou la femme du lien.

Explicite

Il n'est jamais confus.

Expression (capacité d')

Certains individus deviennent riches grâce aux mots qu'ils utilisent ou à ceux qu'ils évitent d'employer, d'autres s'appauvrissent en oubliant de s'exprimer.

Faire savoir (sens du)

Il sait faire savoir son savoir-faire en matière de communication.

Festif

De la fête, il est le gourou quand il n'y a pas de Narcissique dans les parages.

Initiative (esprit d')

Prendre une initiative, c'est s'initier à oser le faire au lieu de se laisser faire.

Libéral

... parce qu'il aime entreprendre.

Médiateur

Il peut être génial dans le genre.

Motivant

La motivation nous pousse à vivre nos rêves au lieu de rêver notre vie.

Négociateur

... social bien entendu !

Objectif

... parce que toujours à l'écoute des autres.

Optimisme

C'est un peu sa religion.

Parole (de)

C'est le côté agréable du Relationnel, il est fiable.

Psychoflexible

... comme le roseau de la fable !

Questionner (aptitude à)

Apprenez à poser des questions à vos interlocuteurs au lieu d'affirmer vos certitudes, vous emporterez leur estime d'entrée de jeu. Tel est le credo du Relationnel pur jus.

Réactif

La passivité lui flanque des boutons.

Sociable

Il est la toile d'araignée du tissu social.

Spontané

... et sincère quand il le peut.

Stimulant

... comme une pile Duracel. Vous savez bien... celle qui anime les petits lapins.

Sympathique

La sympathie est un capital très rentable et un investissement d'avenir.

Valorisant

Bien dans ses baskets, il aime que les autres lui ressemblent.

Mais aussi...

— Bosseur, il ne rechigne pas à s'investir corps et âme dans son job s'il est motivé par l'ambiance de travail. En revanche, si on lui cherche des puces ou si on essaye de le harceler subtilement, il peut s'avérer un adversaire redoutable.

— Ferme quand sa décision est prise, vous ne le ferez pas changer d'avis.

Homme ou femme de devoir, le Relationnel a le sens de la hiérarchie mais il ne se gênera pas de contrarier son supérieur hiérarchique s'il estime que ce dernier fait fausse route.

— Productif, il est aussi très réactif en situation d'urgence.

— Responsable, le Relationnel a le sens des valeurs humaines et respecte ses collaborateurs pour autant que ceux-ci ne lui manquent pas de respect. Si c'est le cas, il s'arrangera toujours pour rendre la monnaie de sa pièce à son détracteur quand ce dernier aura baissé sa garde.

La perception sociale

La « perception sociogestuelle » est un outil fruste que nous a légué l'évolution. Il permet de catégoriser très rapidement nos relations sur la base, notamment, de quelques refrains gestuels, observés de manière non consciente afin de reconnaître d'éventuels alliés, des ennemis ou des partenaires sexuels.

Il faut garder un certain recul par rapport à cette vision des choses, car cette perception instinctive perturbe évidemment notre capacité de jugement. Nous vivons dans un monde plein d'idées préconçues, qui peuvent nous entraîner vers des conclusions erronées et des comportements inappropriés.

On sait que les informations visuelles atteignent, via les aires visuelles, deux régions cérébrales différentes : le cortex frontal, siège des processus de cognition conscients, et le complexe amygdalien. Cette dernière structure, aussi petite qu'une cerise, est localisée derrière les yeux, au centre du cerveau : elle gouverne en grande partie émotions et sentiments. Cortex frontal et complexe amygdalien évaluent la nature des stimuli visuels, chacun à sa façon. Fondamentalement, le complexe amygdalien est manichéen : tout est noir ou blanc, ami ou ennemi. Ses choix sont automatiques et non conscients : on n'a aucune prise sur lui. Vous aurez beau vous répéter qu'une personne est géniale, si elle vous est antipathique, elle le restera. Là où les choses deviennent intéressantes, c'est au moment où vous constatez que les refrains génériques de cette personne entrent en dissonance avec les vôtres et confirment, *de facto*, le sentiment d'antipathie irrationnel ressenti.

Il est un fait que les hommes et les femmes ont des capacités différentes quand il s'agit de juger leurs contemporains. Les femmes sont plus douées pour se mettre à la place d'autrui, et leurs jugements sur les autres sont généralement plus pertinents. Cette meilleure perception résulterait du fait que les jeunes filles apprennent dès leur plus jeune âge à écouter, à consoler et à être sensibles aux sentiments de leurs semblables. Le processus de socialisation aiguise le sens relationnel, l'intuition et les facultés d'observation. En outre, les femmes sont plus attentives que les hommes à leurs propres émotions. Elles prennent plus souvent leurs décisions en se fiant à leur instinct... c'est-à-dire à leur complexe amygdalien. Plus que les hommes, elles utilisent leur hémisphère gauche, siège des centres du langage. Plus intuitives, maîtrisant mieux le langage, elles ont plus facilement accès à autrui.

Certaines aires cérébrales de l'hémisphère gauche seraient entièrement dévolues à la communication sociale, donc verbale ou non verbale. Comme l'hémisphère gauche se développe plus précocement chez la fille *in utero*, les femmes auraient une longueur d'avance en ce qui concerne le langage et l'intelligence interpersonnelle et/ou sociale. Chez les garçons, le développement de l'hémisphère gauche est retardé à cause de la présence de l'hormone mâle, la testostérone. Les hommes perdent en compétence sociale ce qu'ils gagnent en agressivité.

Pour conclure sur ces rouages cérébraux qui déterminent notre degré de compatibilité émotionnelle avec autrui, je veux croire que l'évolution a élaboré un système cérébral de compatibilité socio-affective, système qui fonctionne indépendamment de la conscience et de la réflexion et dont le profilage psychogestuel est sans doute une des composantes visibles, mais non la seule, à disposition dans notre boîte à outils psychosociale.

VII

Le Sensitif

« Comme l'émotion est une énergie, elle n'est jamais en panne de carburant. » Tel est le credo du Sensitif.

ÊTES-VOUS SENSITIF COMME...

Jean-Jacques Goldman, Richard Anconina, Francis Huster ou Michel Houellebecq ?

ET EN POLITIQUE ?

Édouard Balladur, Bertrand Delanoë, François Mitterrand, Gilles de Robien, Philippe Douste-Blazy, Pierre Mauroy, Charles Pasqua, Hubert Védrine, Vladimir Poutine, etc. Ils sont nombreux à se bousculer au portillon de cette tribu politique, ce qui est assez normal dans la mesure où le Sensitif est l'antagoniste complémentaire du Challenger. Et tous les Sensitifs ne sont pas des enfants de chœur. Il ne faut jamais se fier aux apparences.

Rôle socioprofessionnel : révélateur/compassionnel
Faculté d'adaptation sociale : dépendant du groupe/fusionnel
Forme d'intelligence : créative/empirique

Grille gestuelle : bras gauche dominant + pouce gauche dominant + écoute gauche.

Le Sensitif est un Défensif Affectif Introverti.

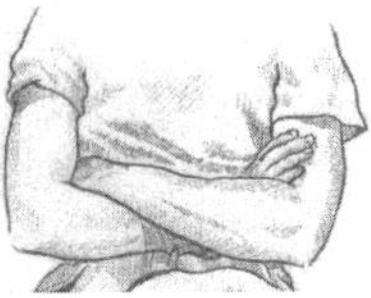

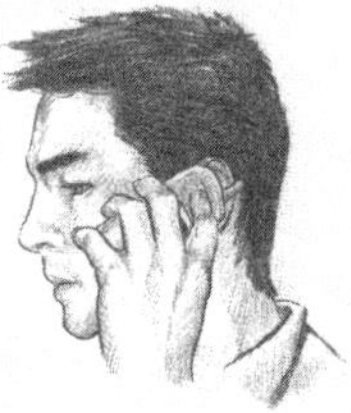

Les Chippendales

Un Sensitif a besoin d'être entouré d'amis et d'être apprécié pour ses qualités de cœur. Yann a monté une boîte de formation d'un genre original, elle dispense des cours de séduction à destination de femmes qui ont la quarantaine et plus. Pas d'hommes, jeunes ou moins jeunes, sauf comme cobayes humains ! Car l'école en question enseigne l'art de séduire sous la forme de travaux pratiques. Sensibilisé par la détresse des femmes mûres, mais pas encore assez blettes pour se contenter de leurs fantasmes, Yann s'est dit qu'il y aurait là une opportunité de gagner sa vie tout en offrant de l'espoir à une population en déshérence sentimentale. Une proportion non négligeable de femmes de cet âge fait appel à des sociétés matrimoniales pour retrouver un compagnon de vie ou pour se payer quelques amants intermittents en s'acquittant au passage d'un droit de cuissage rondelet. Yann a engagé des professeurs de séduction qu'il a « castés » sur les terrasses de bistro d'Amsterdam en leur expliquant que la frontière déontologique entre flirt et passage à l'acte était laissée à leur appréciation personnelle. Ce qui revient à dire : « Messieurs, le passage à la casserole n'a rien de déshonorant quand la réputation de la boîte est en jeu. » L'un des profs a renoncé après avoir été virtuellement violé par sa première élève. Les autres sont restés, nous dirons, pour des raisons de sécurité financière. Car le poste de professeur de séduction est très bien rémunéré, voyez-vous ? Yann encaisse les droits d'inscription auprès de ses clientes et chaque cours est payé en sus. La moitié de la rémunération revient au professeur, l'autre moitié passe dans la caisse de l'école. Une forme de prostitution déguisée de bon niveau mais dans un secteur peu fréquenté par la concurrence. Yann a vraiment des qualités de cœur, il est Sensitif jusqu'au bout des ongles mais aussi un peu Challenger, son profil antagoniste. C'est un vrai patron et un fin psychologue. Ne cherchez pas cette société dans l'annuaire. Elle existe mais dans un pays où ce type d'activité ne risque pas de choquer les consciences : les Pays-Bas. Yann est Français et psychologue de formation. Il a rencontré une jolie Hollandaise qui lui a donné envie de connaître son pays. Et voilà comment il est devenu le P-DG d'une société dont le chiffre d'affaires n'a rien à envier aux meilleures boîtes de formation françaises, mais dans un secteur d'activité très différent. Le Sensitif a un avantage indéniable sur son frère ennemi, le Créatif. Il sait d'instinct suivre le courant de la mode et ressent les besoins du public mieux que personne. *A contrario* du Créatif, il sait comment concrétiser ses idées. Yann a senti qu'une boîte de ce genre pourrait marcher en Hollande. Il s'est informé des règlements et des lois en matière de « séduction tarifée » et il a ouvert sa boîte après avoir recruté quelques « chippendales » qu'il a formés lui-même. Car les clientes apprennent vraiment à séduire leurs professeurs qui ne sont autorisés à craquer qu'après réussite à l'examen de passage. Il peut donc se passer quelques semaines, voire quelques mois avant que l'objectif ne soit atteint. C'est le principe du « Suis-moi, je te fuis » qui alimente le chiffre d'affaires de Yann.

« Cette démarche peut te paraître cynique, elle ne l'est pas. Je considère, me dit Yann, que tout se mérite et une femme mûre qui désire séduire doit apprendre les techniques de chasseresse urbaine pour lesquelles la patience est la plus grande des vertus. J'applique le proverbe chinois qui dit que le bœuf est lent mais la terre est patiente.

— Je ne vois pas le rapport ?

— Le bœuf qui est lent, c'est la cible, le mec qui plaît à la cliente. La terre, c'est la cliente qui apprend qu'à un certain âge, la patience est le meilleur des aphrodisiaques. »

Chez le Sensitif, les sentiments priment sur les sensations. Sentimental, charmeur, concepteur, généreux et très sociable, mais aussi fusionnel et parfois très possessif et tyrannique, le Sensitif est l'antagoniste complémentaire du Challenger, donc son autre moitié. Tous les Sensitifs qui ont réussi leur vie deviennent souvent des profils hybrides entre Sensitif et Challenger. Ils iront puiser des atouts du Challenger s'ils en ont besoin, mais resteront fondamentalement des Sensitifs.

Le portrait d'un Sensitif

La qualité première du Sensitif, ce qui le distingue de ses camarades, c'est son intelligence interpersonnelle, en d'autres termes son niveau d'empathie, cette faculté de ressentir ce que vivent les autres au plus profond de leurs sentiments. Il est le confident de toute la bande. Son gros défaut : il est parfois très superstitieux. Mitterrand faisait confiance à son astrologue : Élisabeth Teissier. Ce qui pour un homme de sa dimension intellectuelle pouvait sembler complètement aberrant.

Sa sensibilité n'est pas une vulnérabilité, mais une véritable force qu'il fait partager à tous ceux qui l'approchent. Aussi social que le Créatif est intuitif, le Sensitif est un novateur qui sait sentir le vent et suivre le mouvement au lieu de le précéder.

Beaucoup de Sensitifs se dirigent aussi instinctivement vers des carrières sociales ou de santé, *a priori*. Ils sont les bons Samaritains modernes. Ils ont besoin de comprendre et d'aider leurs semblables. Mais les Sensitifs sont aussi d'excellents concepteurs : architectes, inventeurs, publicitaires, producteurs de disques, directeurs artistiques, musiciens, découvreurs de talents et politiciens.

Les Sensitifs réussissent mieux, en règle générale, que les Créatifs parce qu'ils sont plus en prise avec la réalité quotidienne et plus sensibles aux modes et aux courants.

Comment fonctionnent vos émotions ?

Nous avons tous besoin de nous identifier pour nous situer par rapport aux objets ou aux sujets qui nous entourent. Le phénomène de l'identification à notre environnement appartient totalement à l'activité psychique de l'hémisphère droit du cerveau, celui qui commande aux émotions et à l'imagination. Ainsi, un panorama splendide déclenchera en son sein une réaction bioélectrique associée au plaisir de voir ; une musique agréable exacerbera le plaisir d'entendre ou d'écouter les sons harmonieux qui pénètrent le cerveau droit par le canal auditif. Chaque événement est filtré par un ou plusieurs de nos sens à la fois avant d'être intégré ou rejeté par le royaume de nos émotions, qu'on nomme aussi le système limbique. C'est ainsi que débute le phénomène de l'identification, sorte de jeu du miroir !

Ce qui vous plaît vous ressemble, ce qui vous déplaît est rejeté ! Les sens sont votre police des frontières. Ils censurent ou approuvent sans restriction, suivant le degré de ressemblance d'un stimulus avec l'image que vous percevez de vous-même. Les sons, les formes, les odeurs, les saveurs, les couleurs... sont identifiés sans aucune intervention logique ou analytique de la partie gauche de votre cerveau. Vous réagissez instinctivement par l'attraction ou la répulsion immédiates à ce que vous considérez comme agréable ou désagréable. L'intelligence des émotions appartient de droit divin au profil du Sensitif. Pour lui, aucun choix n'est dû au hasard, dans la mesure où le hasard est une notion logique qui dépend étroitement du mode d'appréhension privilégié par le cerveau gauche. Aucune association symbolique, aussi bizarre fût-elle, n'est insignifiante pour le cerveau droit.

En résumé, l'intelligence logique est la faculté d'abstraire le concret pour mieux en cerner les contours tandis que l'intelligence émotionnelle est une faculté de concrétiser l'abstraction des émotions qui président à nos sentiments. Cette dernière serait donc un mélange d'analogie, d'imaginaire, d'inspiration, d'intuition fulgurante et d'émotions. En réalité, l'intelligence émotionnelle est une « vieille » découverte récente dont l'objectif consiste à redonner des lettres de noblesse à un panaché de facultés que nos pédagogues déconsidéraient, hier encore. L'émotion dévoyée, héritière d'une cour des Miracles et des fantasmes de l'imaginaire, se retrouve ainsi sur le devant de la scène, en concurrence directe avec son ennemie indispensable : la sacro-sainte logique.

Sous l'impulsion d'une littérature récente, nos émotions ont quitté le purgatoire des « sciences occultes » dans lequel la logique les avait reléguées pour redevenir propres sur elles. Épiphénomène d'une crise socio-économique qui s'est installée à demeure au cours de la dernière décennie du XXe siècle. L'évolution exponentielle des moyens de communication et d'information à destination du grand public, les multiples innovations technologiques qui ont envahi notre vie quotidienne ont eu raison de l'intelligence logique. Cette dernière est incapable de suivre pas à pas l'explosion des nouveautés indispensables à notre confort ou à la qualité d'une existence de plus en plus complexe. Impuissante à expliquer le coup de cœur populaire pour la Toile (Internet), pour ne citer que cet exemple parmi tant d'autres, l'intelligence logique a dépassé son niveau d'incompétence en moins d'un demi-siècle. D'où, sans aucun doute, l'émergence soudaine de son antagoniste complémentaire : l'intelligence émotionnelle.

La source du charisme

Si l'intelligence peut se définir comme la faculté de comprendre les liens de causalité qui unissent les questions que nous nous posons aux réponses qui nous rassurent, alors l'intelligence peut être émotionnelle. Si l'intelligence peut être considérée comme la faculté de faire un choix, avec ou sans connaissance de cause, alors l'émotion peut être tenue comme une faculté logique. Hélas, pour les défenseurs de l'intelligence émotionnelle, l'émotion ne respecte aucune règle logique. Pour les Affectifs, 1 + 1 ne font jamais 2 mais débouchent sur une réponse élastique, essentiellement liée à la masse énergétique investie dans le sentiment exprimé. Le seul fait d'observer l'univers des sentiments exerce un effet bien connu en physique quantique : il modifie ce qui est observé.

Contrairement à l'opinion répandue selon laquelle les comédiens ne ressentent pas les émotions qu'ils expriment, feindre une émotion, c'est la vivre. Les chercheurs expliquent que les mouvements organiques corollaires de l'expression physique commandée par le cerveau du comédien sont immédiatement ressentis par ce dernier, selon un mécanisme de rétroaction du corps sur le cerveau. Une étude menée sur des acteurs, bons artisans de la fabrication des passions, démontre que, si le corps exprime la passion, en retour, nous pouvons produire un corps passionné. On peut trouver par auto-observation que le fait d'imiter l'expression physique d'un état mental nous fait comprendre bien mieux que si nous nous bornions à le contempler. Quand je marche derrière une personne que je ne connais pas et que j'imite aussi exactement que possible son port et sa démarche, j'obtiens la curieuse impression de ressentir ce que vit la personne en question. Affecter la démarche d'une jeune femme vous met, pour ainsi dire, dans un état féminin. La source du charisme se situe dans l'expression émotionnelle feinte ou réelle.

Une autre vision sensitive

L'individu émotif est impressionnable. Il vibre facilement, paraît susceptible et vulnérable, mais n'est pas pour autant inadapté. L'émotivité est normale et utile, car elle suscite un comportement adapté à la situation. La capacité d'adaptation psychosociale dépend étroitement du degré d'émotivité investi dans la relation à l'autre. L'émotif (ou le Sensitif) se montrera toujours plus sociable qu'un individu présentant un niveau d'émotivité faible à nul. Selon J. Piaget, il y a adaptation lorsque l'organisme se transforme en fonction du milieu d'accueil et que cette variation a pour effet un équilibre des échanges entre l'environnement et l'organisme, échanges favorables à sa conservation ou à l'émergence de ses prédispositions, ce qui est aussi une manière de se conserver. La relation à l'autre est un échange qui exige une adaptation constante. L'homme communique avec ses semblables pour assurer la conservation de son équilibre psychologique, mais aussi pour discerner dans le miroir de l'autre les contours de ses prédispositions. La rencontre avec le monde est le détonateur de la prise de conscience individuelle. Le rôle du

Sensitif dans l'organisation émotionnelle de la société est fondamental. Les Sensitifs représentent environ 14 % de la population de référence que nous avons étudiée. Ils font partie du groupe Défensif majoritaire.

David Servan-Schreiber écrit en substance, dans l'un de ces nombreux articles, que « le plaisir dans le lien à autrui, le sentiment d'être impliqué dans un groupe social, est un remède remarquable pour le cerveau émotionnel, et donc aussi pour le corps », un constat qui s'adapte idéalement au profil du Sensitif mais aussi à son détriment, parfois, comme nous allons le voir dans la description qu'en fait Marie-France Hirigoyen dans l'un de ses ouvrages, consacré au harcèlement moral[1]. Je la cite :

« Les sensitifs (appellation donnée par Ernst Kretschmer, un psychiatre du début du XXe siècle) sont des sujets timides, hyperémotifs, sensibles et souvent anxieux. Ils sont enclins aux débats de conscience et sensibles aux réactions d'autrui. Ils ont ce que les psys appellent une hyperesthésie des contacts sociaux, c'est-à-dire qu'ils réagissent de façon exacerbée aux agressions de la vie. Ils ont souvent une mauvaise image d'eux-mêmes et une fragilité caractérielle... » qui les obligent à composer pour éviter de se faire agresser. Elle poursuit : « Un sensitif est sensible aux fautes éthiques. Il n'accepte pas les imperfections des choses et encore moins des relations, et ne passe sur rien. Pour lui, les rumeurs ont de l'importance... », d'où son extrême vulnérabilité au harcèlement moral.

Une vision un peu limitative de cette famille psychogestuelle. Les Sensitifs sont aussi des transformistes. Ils deviennent parfois de véritables Mister Hyde quand ils arrivent à s'emparer du pouvoir.

---

1. *Femmes sous emprise : les ressorts de la violence dans le couple*, Oh ! Éditions, 2005.

Le fonds de commerce psy du Sensitif

Par ordre alphabétique, voici vos principales qualités si vous appartenez à la tribu sensitive :

Accueillant

Il aime recevoir et/ou être reçu. Les Sensitifs ont beaucoup d'amis, en règle générale.

Affectueux

Il a de l'amour à revendre.

Altruiste

Le besoin d'être à l'écoute des autres procède d'une empathie naturelle chez le Sensitif.

Amical

Si c'est l'un de vos amis, vous avez bien de la chance. Sinon, tâchez de devenir le sien, il vous fera du bien.

Associatif

« Aider » est un verbe clé dans sa vie.

Bénévole

... parce qu'associatif.

Charitable

... parce que bénévole.

Charmeur

... parce qu'il faut plaire pour désamorcer l'agressivité.

Complice

... parce que confident.

Conciliant

... parce que la souffrance est partout.

Cultuel

Il faut croire en quelque chose ou en quelqu'un pour être soi.

Consensuel

Il cherchera toujours l'apaisement face à l'agressivité de l'autre.

Développement personnel (en recherche de)

Le Sensitif se sent imparfait, partiel. Il a besoin de progresser pour maîtriser ses prédispositions.

Émotif

Sans l'apport indispensable de l'émotion, toute relation s'appauvrit et l'indifférence fait le lit du désamour.

Ésotériste

Il prête souvent sa foi aux faux prophètes qui se vantent toujours de prédire de vraies vérités.

Fataliste

Un fataliste est un individu qui prend la vie comme elle vient.

Fusionnel

Quand il dérape.

Généreux

On dit de lui qu'il a le cœur sur la main.

Honnête

Quand on aime son prochain, il est difficile d'être malhonnête sans se sentir coupable.

Humaniste

Il est plus sage que les sept autres profils réunis, mais on l'écoute mal ou pas assez.

Identification (en recherche d')

Le Sensitif a besoin de se fondre dans le groupe pour se sentir utile.

Imaginatif

Pour le psychanalyste Bruno Bettelheim, les contes de Grimm, Perrault et autres Lewis Carroll constituent la seule littérature qui permette à l'enfant de faire face solidement aux épreuves de l'existence en les « scénarisant ». L'imaginaire du Sensitif est fait de scénarios de vie qui lui permettent souvent d'aider un ami en difficulté en lui présentant son problème comme s'il s'agissait d'un conte. Le Sensitif Milton Erickson a innové en la matière et donné à l'hypnose ses lettres de noblesse.

Indulgent

... parfois même un peu trop.

Influençable

... ne veut pas dire naïf. Le Sensitif se laisse influencer par souplesse de caractère, mais il sait parfaitement dire non sans heurter son interlocuteur.

Introspectif

Il est branché en permanence sur sa conscience et plus encore sur le Moi des autres. « Allô ! Moi ! Ici les autres ! »

Non directif

Il est plus laxiste qu'autoritaire.

Participatif

Il aime participer, se dépenser pour le groupe.

Prévenant

Sa gentillesse est souvent remarquable.

Psychoflexible

Une souplesse relationnelle qu'on peut lui envier, même s'il lui arrive de piquer un fard quand on lui marche un peu trop sur les pieds.

Psychologue

Il ressent les autres comme une éponge s'imbibe d'eau.

Sauveur

Jésus devait être un Sensitif, à n'en pas douter. Comme beaucoup de psys d'ailleurs.

Scrupuleux

Une trop grande honnêteté qui le dessert parfois face à des personnes moins scrupuleuses.

Secourable

Si vous êtes dans l'ennui ou en crise, le premier ami qui vous aidera sans que vous ayez à le supplier est un Sensitif.

Sensible

La sensibilité est la quatrième dimension de l'intelligence humaine. Les trois premières sont la logique, l'imaginaire et l'intuition.

Socioculturel

Sociomane ou culturomane ou les deux ! On trouve statistiquement plus de Sensitifs dans ces deux domaines que partout ailleurs. Ce sont de grands lecteurs, à l'instar des Idéalistes.

Les deux groupes : Idéalistes et Sensitifs représentent respectivement 16 % et 14 % de la population de référence. Si j'extrapole ces résultats à la population de la France, 30 % de 60 millions de citoyens représentent en théorie 18 000 000 de lecteurs effectifs ou potentiels. Pas mal du tout pour un pays qui plébiscite sa culture. Le secteur de l'édition a encore de beaux jours devant lui, malgré la crise.

Solidaire

Le bénévolat est le genre d'action qui attire les Sensitifs en quête d'une croisade personnelle.

Suggestible

Parce qu'il est influençable.

Tactile

Il a besoin d'être proche des autres.

Tendre

Il paraît que c'est à son tour de taille que l'on mesure la tendresse qui se dégage d'un individu. À ce titre, les femmes enceintes détiennent le record absolu à égalité avec les Sensitifs.

Tolérant

Cultiver ses propres différences, c'est déjà tolérer celles des autres.

Mais aussi…

— Les Sensitifs sont généralement dotés d'un sens artistique qui les pousse vers des carrières marginales mais motivantes pour leur épanouissement. Ils sont aussi attirés par le pouvoir politique.

— D'une finesse de jugement et d'une subtilité surprenantes, le Sensitif ne laisse pas indifférent. Il gagne à être connu en profondeur et surtout, ne vous fiez jamais à ses apparences.

— Du sens littéraire. Les Sensitifs sont de grands lecteurs. Certains d'entre eux franchissent le pas et deviennent des écrivains de grand talent.

— Ils ont le souci du détail qui tue, auquel personne n'avait jamais pensé avant eux.

— Par son terrain d'hypersensibilité et de frustration, il peut aussi se montrer rebelle quand quelque chose lui déplaît, et rompre les ponts sans préavis.

— Impressionnable, le Sensitif est un fan d'irrationalité, parapsychologie et santé alternative en tête de liste.

— Enfin, c'est un sauveur de naissance. Si vous avez besoin d'un complice ou d'un confident, n'hésitez jamais à faire appel à lui. Il est toujours disponible pour une bonne cause.

Pour conclure ce chapitre, je vous propose cette petite fable qui vous éclairera le cœur et l'esprit, si vous appartenez au profil Sensitif.

La fable de l'ingérence

On frappe à la porte.
« C'est qui ?
— C'est l'ingérence !
— Quoi ? Encore cette emm... ? Qu'est-ce qu'elle me veut ? peste la famine.

— Elle dit que tu exagères, dit l'information d'une voix aussi neutre que monocorde.
— Moi ? Quelle blague ! Je ne fais que remplir ma mission. Ce n'est quand même pas de ma faute si les gens crèvent de faim. Qu'est-ce qu'elle s'imagine ? Si je me retire, la violence me remplacera automatiquement et nous ne serons pas plus avancés.
— Explique-le-lui toi-même ! se défile l'information qui n'aime ni les partis pris ni prendre parti. »
L'ingérence fait son entrée en grande pompe, suivie par une armée de fonctionnaires compassés comme des croque-mitaines. « De quoi tu te mêles ? aboie la famine en guise de bonjour.
— Je me mêle de tout. C'est mon droit puisque je suis l'ingérence. C'est le devoir de ma charge.
— Comme toujours, tu parles pour ne rien dire, ma chère, lui renvoie la famine. N'imagine pas que les hommes, dès qu'ils auront le ventre plein, te porteront en triomphe ! Ils se feront la guerre et mourront sous les balles au lieu de mourir de faim. La belle affaire !
— N'as-tu donc pas de cœur ?
— Que du contraire ! Et même de l'esprit ! Je réfléchis pendant que la faim les tenaille. Et je me dis que tout cela ne serait pas si tes fonctionnaires n'étaient pas des croque-mitaines.
— Où veux-tu en venir ?
— Je suis logique, moi ! Tu interviens sans te poser les questions fondamentales. Pourquoi ces malheureuses créatures humaines meurent stupidement de malnutrition par milliers ? Le sais-tu seulement ?
— Je t'écoute, reprend l'ingérence, pleine de morgue.
— D'abord il faut que tu saches que je ne suis pas opposée à ton action mais je la considère comme nulle et non avenue, si elle ne s'accompagne pas de mesures éducatives.
— Éducatives ?
— Parfaitement ! C'est très beau de partager le pain mais ça ne sert à rien, si tu ne leur enseignes pas le respect.
— Le respect ? Mais de qui ou de quoi ?

— Mais, parbleu, le respect de soi et des autres ! D'où sors-tu, ma chère ? Le respect de soi est la racine de toute vie en société. Les nations qui l'ignorent condamnent leurs populations à brève échéance.
— C'est de la pataphysique tout ça, rétorque l'ingérence.
— Pense ce que tu veux ! Je te signale, toutefois, qu'un homme qui ne se respecte pas lui-même est incapable de respecter les autres et, *a fortiori,* son environnement. D'où les famines, les guerres, les émeutes, etc. Voilà ce que je pense, moi, la famine, conclut-elle. »
L'ingérence passe son chemin, consciente de ses devoirs. Quelle idée d'inculquer le respect aux populations affamées alors qu'il suffit d'un peu de pain pour les aider à survivre ! Comment nourrir les gens avec le respect de soi quand c'est du riz qu'ils réclament ? L'ingérence n'a rien compris et, malgré le pain et le riz, la famine continue de sévir.

Le respect de soi et des autres est une qualité éthique fondamentale dont se prévaut tout Sensitif et qu'il réclame à autrui, car le manque de respect lui est insupportable.

VIII

Le Tribal

Celui qui a le sens des autres n'est pas un individu mais un étalon de la multitude.

ÊTES-VOUS TRIBAL COMME...

Brad Pitt, Régis Debray, Jean-Pierre Pernaut, etc.

ET EN POLITIQUE ?

C'est la nouvelle génération politique du XXIe siècle ! Laurent Fabius, Bruno Gollnisch, François Hollande, Lionel Jospin, Nicolas Sarkozy, Dominique de Villepin, François Chérèque, Marie-George Buffet, Ségolène Royal, Anne Hidalgo, etc.

Rôle socioprofessionnel : initiateur/fédérateur
Faculté d'adaptation sociale : autonome/indépendant
Forme d'intelligence : interpersonnelle/sociale

Grille gestuelle : bras droit dominant + pouce gauche dominant + écoute droite.

Le Tribal est un Offensif Affectif Extraverti.

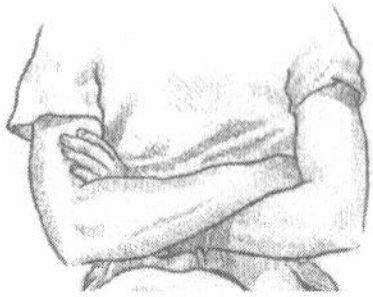

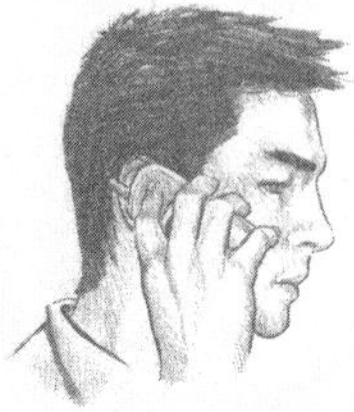

Qui est-il ?

Il sait mordre quand il considère qu'il doit protéger son pré carré contre les appétits gargantuesques de ses vrais faux amis, qui sont nombreux, comme il se doit en politique. Il réagit au quart de tour quand on égratigne son couple dans la presse parisienne. Les caprices très médiatiques de son épouse l'affectent, certes, il n'est pas de bois, mais sa carrière passe avant tout. On dit de lui qu'il est populiste, voire démagogue, qu'il surfe sur la vague de l'insécurité de ses concitoyens. Je ne crois pas qu'il ait besoin de jouer les doublures de Le Pen pour augmenter la cote d'amour de ses électeurs. Cet homme est une nature, un être d'exception, on l'aime ou on le déteste, mais il ne laisse personne indifférent. C'est un animal politique pur et dur, norme NF. Alors qui est-il ? C'est en tous les cas un Tribal ! Il croise les bras de manière Offensive, les doigts en Affectif et il écoute son correspondant au téléphone de l'oreille droite.

Si vous voulez embrasser une carrière publique (politique, ciné, télé, jet-set), vous avez toutes vos chances si vous appartenez à la tribu Tribale ou, éventuellement, Relationnelle (bras gauche dominant + pouce droit dominant + oreille téléphonique droite). J'y ajoute les tribus de

Challengers et d'Idéalistes, soit 4 des 8 tribus qui représentent le gros du peloton dans le landerneau politique.

Paternaliste, fédérateur, fusionnel et chef de clan ! Le Tribal est l'antagoniste complémentaire du Cartésien. Hyperactif par définition, c'est un initiateur qui a besoin d'un complice réaliste et qui dispose du recul nécessaire et suffisant pour lui éviter de s'engager dans des croisades inutiles. C'est le couple socio-éducatif par excellence !

Les Tribaux sont des individus exclusifs, voire fusionnels. Ils ne supportent pas qu'on les quitte ou qu'on leur refuse quoi que ce soit. Ce sont des battants qui réussissent généralement très bien dans leur vie active. Ils savent tirer un profit considérable de leurs troupes car ce sont des manipulateurs émérites. Pour s'entendre avec un Tribal, il faut être Relationnel, Narcissique ou Sensitif, le Cartésien étant évidemment son antagoniste complémentaire idéal. Si vous êtes Idéaliste, Challenger ou Créatif, vous avez intérêt à passer votre chemin ou à vous faire tout petit. Votre niveau de compatibilité émotionnelle pourrait ne pas faire l'affaire, à moins d'accepter les conditions non négociables qu'il vous imposera. Les Tribaux sont des séducteurs de masse, au sens large du terme évidemment. Ils sont rassurants parce qu'ils savent toujours réagir avec efficacité aux situations les plus difficiles ou les plus périlleuses. Ce sont les héritiers des chefs de tribu ou de clan d'autrefois.

Quand un Tribal veut se gagner les faveurs de quelqu'un, il peut le faire en adoptant délibérément le langage corporel amical de l'autre. S'adressant à un subalterne, il peut prendre un œil attentif et rester suspendu à ses paroles. Les politiciens utilisent de telles pratiques en dehors de contextes exceptionnels, par exemple durant les campagnes électorales.

Les Tribaux sont souvent très tactiles, ils s'arrangeront pour vous faire une tape amicale dans le dos, pour vous subtiliser un peu de votre chance infernale ; ou poser leur main droite sur votre épaule gauche, histoire de vous vassaliser en jouant les amis suzerains. Ils aiment les embrassades viriles et parfaitement hypocrites qui ont la cote auprès de certains chefs d'État.

Beaucoup de patrons de PME ou de chefs de service au sein des grandes entreprises sont des Tribaux, évidemment. Ils ont l'audace entrepreneuriale suffisante et nécessaire à la réussite de leurs entreprises.

Le fonds de commerce psy du Tribal

Par ordre alphabétique, voici vos principales qualités si vous vous êtes identifié au profil Tribal :

Ambitieux

L'ambition est une vieille maîtresse tyrannique. Quand on la suit, elle vous fuit mais si vous parvenez à faire semblant de la fuir, elle vous suivra.

Autonome

Quiconque veut retrouver la liberté d'être doit retrouver le fil que son existence a débauché.

Autoritaire

On ne devient pas autoritaire, on naît avec le gène de l'autorité, coincé comme un couteau entre les dents.

Chanceux

La chance a bien de la chance de ne pas en avoir besoin. Les Tribaux aussi. Elle est prisonnière de ses actes, suspendue à ses décisions. Quand la chance vient à passer, le Tribal la saisit au vol avant qu'elle n'ait le temps de réaliser ce qui lui arrive.

Charismatique

Le Tribal est plus populaire que charismatique. On l'aime ou on le déteste, mais il ne laisse personne indifférent.

Colérique

... parce que la colère est le carburant de l'autorité.

Compétent

Les Tribaux ne s'engagent jamais sans avoir les aptitudes en stock pour réussir dans une entreprise.

Confiance en soi

Celui qui n'a pas confiance en lui se méfie fatalement des autres.

Conseilleur

Il est surtout de bon conseil quand ses intérêts sont en jeu.

Coriace

Aussi coriace que le Challenger mais avec une aptitude à flairer les bonnes pistes.

Crédible

Je n'ai jamais croisé un charlatan qui appartenait au profil Tribal.

Décideur

Il peut avoir du mal à prendre ses décisions mais ne tergiverse jamais très longtemps. Il écoute les avis mais se fait sa propre opinion.

Découvreur

Le Tribal est un découvreur de talents, de produits ou de services dont la rentabilité a échappé à tout le monde.

Éclectique

Il apprécie la diversité en tout : intérêts, rencontres, bouffes, etc.

Économe

Et même parfois aussi généreux qu'une peau de chagrin. Radin, quoi !

Entrepreneur

Le Tribal est un actif, il a besoin de bouger, de faire, d'entreprendre.

Épicurien

Aimer la chair, la bonne et la faible, n'a jamais tué personne.

Exclusif

Si vous êtes son vassal, ne vous avisez pas de lui être infidèle. En revanche, lui ne se gênera pas pour vous doubler.

Famille (sens de la)

Toute famille dont on est issu ou qu'on crée est une source d'énergie, toute famille que l'on quitte est une source de pollution. Tel est le credo du Tribal qui déteste les ruptures familiales.

Fédérateur

Le Tribal est un rassembleur qui surfe sur l'opportunisme des autres.

Flair

Le flair est la capacité de sentir la fragrance inodore de l'argent. Il ne faut pas confondre le flair du Tribal et l'intuition du Créatif.

Frustration (bonne résistance à la)

La frustration alimente sa combativité. Repu, il ne vaut rien.

Gustatif

Il a du goût pour les bonnes choses.

Habile

... parce que malin.

Implicite

C'est sans doute sa principale faiblesse. Il n'a pas le sens de la vulgarisation.

Initiateur

... parce que Pygmalion.

Interventionniste

Il peine à déléguer et cherche souvent à centraliser trop de responsabilités ou de pouvoirs entre ses mains.

Lobby (homme de)

On trouve beaucoup de Tribaux dans les cercles du pouvoir.

Malin

Seuls les gens très malins savent jouer les idiots avec brio.

Manipulateur

Comme la plupart des sources d'information sont inaccessibles à la majorité silencieuse, la majorité garde le silence et continue à subir ceux qui la manipulent.

Matérialiste

L'argent peut tout acheter, il est le sang des affaires, la potion magique du riche et le poison du pauvre.

Mercantile

L'esprit marchand n'est plus donné à tout le monde dans notre société d'assistance sociale, où les Tribaux qui réussissent se délocalisent ou exportent leurs compétences dans des pays où l'esprit d'entreprise n'est pas considéré comme un risque majeur par les banquiers.

Négociateur

La négociation est un jeu pervers dans lequel la frustration excite les partenaires et la conclusion singe l'orgasme des amants de passage.

Opportuniste

On peut être opportun sans être opportuniste au sens péjoratif du terme.

Organisation (sens de l')

L'organisation est l'antidote du désordre.

Orgueilleux

Son arrivisme est une surexposition de son ambition au soleil de sa vanité.

Outsider

Il arrive là où personne ne l'attend ou ne s'y attend, il réussit quand tout semble perdu. Il se doit d'être le meilleur en tout pour conserver le pouvoir sur tout.

Persuasif

Il sait se montrer persuasif quand ses intérêts sont en jeu.

Politique (sens)

Le sens politique est l'art de dire le contraire de ce qu'on pense sans pour autant penser le contraire de ce qu'on dit.

Polyvalent

Un Tribal a toujours plusieurs cordes à son arc, même s'il arrive qu'il lui manque des flèches.

Populaire

Certaines stars sont célèbres sans être populaires. Le Tribal est souvent populaire avant d'être célèbre.

Possessif

On ne dépossède pas un Tribal sans en payer la note un jour ou l'autre.

Pouvoir (homme ou femme de)

Il est fait pour le pouvoir comme d'autres sont faits pour obéir.

Priorités (sens des)

Il ne s'embarrasse jamais de détails annexes. Seule la cible compte à ses yeux.

Pygmalion

Le Tribal aime initier, même si le message ne passe pas toujours bien.

Radical

Il n'est pas toujours très commode.

Rancunier

... parce qu'il est vindicatif.

Réalisation (capacité de)

Un Tribal incapable de se réaliser est une aberration.

Réflexes (rapidité des)

Les réflexes sont les racines du succès.

Réformiste

Homme ou femme de progrès, le Tribal déteste le *statu quo* qu'il considère comme une forme de régression.

Rentable

Il l'est désespérément.

Responsable

Assumer des responsabilités professionnelles, familiales ou morales est incontestablement source de stress pour n'importe qui, sauf pour le Tribal.

Ressources humaines (sens des)

Pour devenir un grand homme, vous pouvez avoir un petit cerveau, mais vous devez avoir impérativement un excellent sens des ressources humaines.

Sécurisant

Il veut se montrer sécurisant pour ses proches ou ses collaborateurs. Il l'est, tant qu'il vous apprécie.

Spéculateur

Un Tribal ne fait jamais rien pour rien.

Tacticien

Le Tribal est un homme ou une femme de terrain. Il ne supporte pas de rester enfermé entre quatre murs du 1er janvier au 31 décembre. Il faut que ça bouge, voire que ça déménage.

Tenace

Il est aussi tenace qu'un pitbull, mais beaucoup moins stupide que vous ne l'imaginez.

Vindicatif

Le sentiment de vengeance est surtout producteur d'ulcères gastriques pour le vindicatif. Une affection particulièrement tribale.

Mais aussi...

— Proactif et visionnaire, le Tribal est en quête d'un devenir qui colle à l'avenir qu'il se promet. Il est le seul maître de son destin quand il a décidé de se prendre en main.

— Phénix qui renaît de ses cendres chaque fois qu'il rate une marche ou une volée d'escaliers, il ne craint pas les rebelotes qui finissent souvent mieux qu'il ne l'avait prévu.

— Autodidacte, débrouillard, battant toujours sur la brèche, le Tribal est l'image idéale de l'entrepreneur de start-up ou du patron de PME. Il sait se rendre disponible quand il sent que c'est nécessaire à la bonne marche de l'entreprise ou du groupe dont il a la charge. Le Tribal est un boulimique, voire un alcoolique du boulot. Il faut dire qu'il a une puissance de travail que seul le Challenger peut lui envier.

— Il aime faire la fête, les bons restos, les plans week-end libéraux ou libertins, c'est selon. Normal ! C'est un épicurien. Il ne se promet pas du plaisir, il le conjugue au présent de l'indicatif chaque fois que l'occasion se présente.

— Le patron Tribal a toujours besoin de traîner un ami, un collègue ou un subalterne dans son sillage. Comme une sorte de témoin de sa réussite ou une boîte d'écho de sa malice.

— Ennemi juré de toutes les théories qui l'ennuient profondément, il apprécie le concret et les projets bétonnés, pas les rêves sur pattes.

— Le Tribal est un coach idéal et un homme ou une femme de terrain. Il apprécie l'interactivité et déteste ceux qui se la jouent au mépris. Il est souvent très populaire dans son microcosme social parce que disponible.

— Philosophe, il ne se pénalise pas de ses échecs. Il enterre les projets morts et va de l'avant. D'où sa prospérité endémique qui fait grincer des dents !

– Vainqueur, il est toujours rentable. Le Tribal a le sens de la réussite professionnelle et une capacité d'achèvement chevillée au cœur de ses initiatives. Il n'hésiterait pas à vendre son âme au diable si cela pouvait lui ouvrir la route du succès éternel.

– Flexible, c'est un homme de compromis mais, attention, il a un sens du bluff qui vous bluffera et peut parfois être de très mauvaise foi. Un manipulateur émérite, en somme.

– La Tribale a un sens inné de la famille. Excellente mère et épouse modèle quand le couple est établi, elle est le chef du cocon familial et détient un pouvoir matriarcal équivalent à celui d'un *capo mafioso*. On lui obéit au doigt et à l'œil. Les femmes Tribales qui n'exercent pas une activité professionnelle sont très centrées sur leur famille et leur cercle d'amis et connaissances. Ce sont les femmes du clan.

— Dans certaines circonstances, le Tribal peut devenir mesquin et se comporter comme si tous les services rendus à sa cause ou à sa personne étaient chose due sans contrepartie. Il donne peu et s'attend à recevoir beaucoup en échange. Parfois, il veut tout avoir en exclusivité mais ne donnera rien d'autre que des promesses en retour. Une conduite féodale qui finit par le déconsidérer auprès de ses amis ou de ses collaborateurs. On a parfois les défauts de ses qualités.

En conclusion

Mémorisez votre profil et comparez-le à celui de vos proches mais surtout à celui de vos nouvelles rencontres. Si vous ressentez une sympathie ou un rejet d'entrée de jeu pour une nouvelle connaissance, n'allez pas lui demander de croiser les bras, les doigts ou de décrocher le téléphone d'emblée, elle risque de vous considérer comme un original. Attendez de mieux la connaître et observez-la, vous découvrirez très vite ses refrains gestuels génériques sans avoir à la solliciter. Soyez aussi attentif aux **profils mutants** que vous retrouverez au chapitre que je leur ai consacré (voir p. 365). Le simple fait d'être attentif à l'autre est déjà perçu par cet autre comme une marque d'intérêt et de sympathie pour sa personne.

À force d'observer vos interlocuteurs, vous finirez par maîtriser :

– **Le mode d'adaptation** (croisement des bras et oreille téléphonique).

– **L'identification au rôle social** (croisement des bras et des doigts).

– **La forme d'intelligence** (croisement des doigts et oreille téléphonique).

Exercez-vous à identifier ces trois échelles partout où vous vous trouvez et surtout dans les séries ou les films diffusés par la télé.

Par exemple, sachant que vous êtes **Individualiste** en mode d'adaptation et que votre nouvel ami est **Autonome**, vous prendrez vos distances pour lui donner envie de se dévoiler et de s'adapter à vous et non le contraire. Si votre rôle social est celui de l'**Initiateur**, vous risquez le clash avec un profil d'**Organisateur**, soyez sur vos gardes et tout ira bien. **Intelligence créative** et **intelligence logique** ne sont pas sur la même longueur d'ondes. Avec le temps et l'habitude d'observer votre entourage, vous apprendrez à discerner les relations amicales et les autres, les relations professionnelles utiles et inutiles, la capacité de séduire ou non celui ou celle qui fait battre votre petit cœur un peu trop vite.

Trois gestes suffisent pour se faire des amis ou éviter de fréquenter ses ennemis.

Distribution de la population de référence entre les huit profils.

PROFILS	NOMBRE D'OBSERVATIONS	POURCENTAGE
Créatif	925	9 %
Tribal	1 132	11 %
Sensitif	1 392	14 %
Idéaliste	1 599	16 %
Narcissique	900	9 %
Challenger	1 107	11 %
Cartésien	1 367	14 %
Relationnel	1 574	16 %

Les pourcentages peuvent varier de plus ou moins 5 %. Soit une tribu Créative à 4 % au lieu de 9 % et une tribu Tribale à 6 % au lieu de 11 %, par exemple. Évidemment, ce que l'une perd l'autre le gagne. Il n'est pas possible d'avoir des résultats précis hors d'une enquête verticale et homogène. Dans ce genre d'enquête, les refrains gestuels des sujets sont identifiés directement et non seulement observés de loin.

Les répartitions des tribus psychogestuelles sont plus fiables dans le cadre d'investigations homogènes : patrons de PME, journalistes, politiciens, comédiens, etc. Une enquête homogène se pratique dans un milieu socioculturel, professionnel, culturel... particulier. Elle peut aussi concerner une classe d'âge, une population locale, une ethnie particulière, etc. La distribution des tribus psychogestuelles varie en fonction de tels critères.

QUATRIÈME PARTIE

RÉSONANCES ET DISSONANCES ÉMOTIONNELLES

« On dit avec le corps
ce qu'on ne peut pas dire avec les mots. »

Christiane Olivier

Le principe de compatibilité interindividuelle (PCI) en psychogestuelle repose sur la loi des contraires. Ce qui signifie que les profils antagonistes sont complémentaires et fatalement compatibles. Les profils identiques sont considérés comme des doublons et donc peu compatibles. Plus on se ressemble, moins on se complète, en somme. Toutes les clés appartiennent à la même race d'objets, mais il leur faut des serrures pour devenir fonctionnelles. Donc, les différences sont compatibles, les similitudes le sont moins, sur un plan purement émotionnel.

Cette règle s'applique essentiellement dans le cadre d'une relation interindividuelle et à l'intérieur du groupe social. En revanche, ces valeurs s'inversent en cas d'identification par projection à un élu, un champion, une idole, un choix sans contact humain direct, en quelque sorte. Je m'identifierai plus facilement à un profil Tribal si j'en suis un moi-même. Il est moi et je suis lui. Dans cette optique-là, qui se ressemble, s'assemble.

La compatibilité émotionnelle interindividuelle n'est pas une compatibilité affective. On peut apprécier une personne sans être compatible émotionnellement avec elle. L'émotion est une énergie neutre qui trouve sa coloration avec l'intervention de l'affect. Aimer ou haïr sont des affects alimentés par la même énergie ou émotion. Cette dernière est un carburant qui propulse le sentiment, quelle que soit sa coloration, positive ou négative. Dans le phénomène de l'identification par projection, l'émotion alimente un sentiment de ressemblance avec la cible. C'est l'effet miroir ! Nous sommes liés les uns aux autres par la résonance ou la dissonance émotionnelle ou par empathie. Par résonance, nous reflétons automatiquement les attitudes et les mimiques des autres ; par empathie, nous ressentons ce qu'ils éprouvent, ce qui nous permet de nous identifier à eux, c'est-à-dire de vivre leurs aventures par procuration émotionnelle, comme au cinéma.

C'est notamment le cas dans le contexte d'une élection politique. Les clones s'attirent par effet narcissique au lieu de se rejeter. Le Challenger se reconnaîtra dans l'élu qui dispose du même profil et aura tendance à lui accorder sa confiance, s'il est du même courant politique ou s'il adhère à son projet. La dissonance émotionnelle se reportera sur l'antagoniste et les tribus peu compatibles selon les règles de l'identification par projection, c'est-à-dire les règles inverses du principe de compatibilité interindividuelle (PCI). Dans ce cas précis (le PCI), si je suis Idéaliste, je m'entendrai idéalement avec un profil Narcissique et j'accorderai instinctivement ma sympathie au Challenger, au Créatif ou au Cartésien.

Les refrains gestuels sont-ils innés ou acquis par imprégnation dans le milieu familial ? D'avoir observé des enfants dont le profil psychogestuel générique (celui qui combine les trois refrains : bras croisés, doigts croisés et oreille téléphonique) ne correspondait absolument pas à ceux de leurs parents me donne à penser que cette programmation est précâblée, donc innée.

Un père **Challenger** se heurtera à son fils **Narcissique,** car leurs résonances émotionnelles respectives entrent parfois en dissonance. Le père hyperactif et dynamique reprochera à son fils **Narcissique** un intérêt démesuré pour son nombril et une attirance pour la paresse. Une mère **Idéaliste** et souvent maniaque trouvera insupportable le désordre dans la chambre de sa petite bimbo **Relationnelle**. Un père **Créatif** éprouvera des difficultés à dialoguer avec sa fille, **Créative** à son image. Un frère **Idéaliste** se chamaillera continuellement avec son frangin **Tribal**, un peu trop despotique à son goût.

Dans tous ces exemples, la résonance émotionnelle des protagonistes est faible, ce qui n'empêche pas de s'aimer ou de s'entendre intellectuellement sur le fond affectif qui les lie les uns aux autres. Mais le fait de prendre conscience de ce « détail » gestuel qui paraît sans importance peut changer l'ordre des choses et améliorer fortement la qualité des rapports intrafamiliaux.

Émotion ou affection ?

Il ne faut pas confondre émotion et affect. La première ne s'embarrasse pas de jugements de valeur comme le fait d'aimer ou de détester. L'émotion est une énergie primaire qui représente le substrat de toutes les conduites humaines, bonnes ou mauvaises. C'est l'affect (colère, sympathie, coup de foudre, amertume, rancune, amitié) qui donne sa polarité et sa coloration à l'émotion. La haine est un affect négatif soutenu par une émotion négative, fatalement.

Le principe de compatibilité

Le principe de compatibilité interindividuelle (PCI) repose sur un postulat essentiel : la complémentarité des résonances émotionnelles, qui représentent le substrat de nos ressources humaines et affectives. Si vous êtes une commerçante indépendante, que votre époux est, soit un bon acheteur, soit un gestionnaire avisé, que vous êtes une excellente animatrice et que vous disposez d'un sens aigu de la vente, les ressources de votre couple seront idéalement complémentaires et la résonance émotionnelle entre vous sera idéale, quels que soient vos profils respectifs.

> Mélanie et Xavier étaient cités en exemple pour leur réussite dans le domaine de la mode. Elle était une excellente acheteuse et Xavier un vendeur émérite qui dirigeait tout le personnel avec un sens aigu des ressources humaines. Deux belles boutiques dans un même quartier d'une grande ville et qui marchaient du feu de Dieu. Et puis, Xavier a commencé à déraper, le succès lui est monté à la tête, et Mélanie a demandé le divorce. Chacun a repris une boutique : Xavier a gardé la boutique pour hommes et Mélanie, la boutique pour dames. Tous deux étaient et sont encore des Tribaux. La faible résonance émotionnelle a-t-elle joué le mauvais rôle dans l'éclatement de leur couple ? S'aimaient-ils vraiment, ces deux-là ? Allez savoir !

La compatibilité entre deux individus repose sur les sentiments qui sont susceptibles de les unir dans un projet ou une entreprise communs (amitié, amour, entreprise professionnelle, etc.). Cette compatibilité est fonction des différences qui les complémentarisent et non de leurs similitudes comme c'est le cas pour l'identification par projection. Dans le principe de compatibilité interindividuelle, leur complémentarité émotionnelle est fragilisée par une identification en miroir, donc fondée sur le narcissisme. « S'aimer, ce n'est pas se regarder l'un l'autre, mais regarder ensemble dans la même direction », écrivait Saint-Exupéry. Les individus qui s'assemblent parce qu'ils se ressemblent ne font que s'admirer par personne interposée. Le fonds de commerce émotionnel sur lequel repose leur couple est fragile, ce qui n'empêche pas les sentiments. Les identités de vue ou d'opinion rapprochent les gens ; l'appartenance à une même communauté religieuse, également. Mais ces ressemblances ne tiennent que sur un argument de genre, superficiel et « fragilisable ». Le corporatisme peut fédérer les gens en dehors de leur secteur d'activité, en vacances par exemple, mais rarement dans l'exercice de leur métier. À ce titre, le pourcentage de couples corporatistes (couples de médecins, d'avocats, de profs, d'architectes) qui finissent par divorcer est impressionnant (environ deux sur trois). Mais il y a des exceptions, comme toujours.

Comme vous l'avez appris dans les chapitres consacrés aux profils génériques, le **profil Relationnel** est idéalement compatible avec le **profil Créatif**. On pourrait inférer qu'ils représentent le couple idéal. Hélas, cette complémentarité trop parfaite est à relativiser pour plusieurs raisons. La combinaison qui représente un individu est unique dans le mélange qui le constitue. Deux **Créatifs** fonctionneront en apparence de manière identique ; toutefois, les trois refrains gestuels qui signalent leur appartenance à ce profil identifient des conduites génériques mais ne tiennent pas compte de la complexité de la personnalité qui les différencie au bout du compte.

> Annie a épousé Pol-Henri. Sans le savoir, ils étaient parfaitement complémentaires. Un profil Cartésien (Défensif – Cognitif – Introverti) pour Pol-Henri, un profil Tribal (Offensive – Affective – Extravertie) pour Annie. Annie était un peu trop autoritaire et Pol-Henri un peu trop ironique. Ils ont vécu une grande passion pendant la première année de leur union. Et puis, tout a capoté quand Pol-Henri s'est retrouvé au chômage. Annie lui reprochait son manque d'esprit d'initiative et son besoin de temporiser pour prendre

du recul ; Pol-Henri trouvait qu'Annie avait une vie professionnelle un peu trop agitée avec des horaires à élastique. Quand Pol-Henri a rencontré Charlotte au guichet de la SNCF, il est tombé amoureux de cette jolie fonctionnaire. Charlotte, au profil Idéaliste (Défensive – Affective – Extravertie), avait une qualité fondamentale du point de vue de Pol-Henri, elle savait l'écouter et le conseiller en douceur. Un soir, Pol-Henri est rentré à l'appartement qu'il partageait avec Annie. Vide. Annie avait déménagé la plupart des meubles et vidé sa garde-robe. *Hasta la vista !* Choqué, il a directement téléphoné à Charlotte pour lui annoncer la « mauvaise » nouvelle. Et c'est ainsi que Charlotte est entrée dans la vie de Pol-Henri.

Si nous analysons les profils des protagonistes de cette histoire, somme toute banale de nos jours, vous constaterez que deux des trois refrains gestuels du couple Charlotte/Pol-Henri sont différents mais que leur mode de gestion de l'espace vital est identique. Ils sont compatibles aux deux tiers dans la mesure où les deux refrains qui identifient la dynamique mentale (Affectif et Cognitif) et le mode de communication (Introverti et Extraverti) sont antagonistes. Ce type de complémentarité est un gage de longévité du couple. Pas de passion, mais une relation d'amour construite avec le temps et sur une base « parole-écoute ». Les Extravertis sont souvent d'excellents auditeurs et les Introvertis de grands bavards. En conséquence, deux Introvertis risquent d'avoir des difficultés de communication. Trop de différence peut tuer la différence, trop de similarité peut tuer la curiosité de l'autre. Trop est toujours trop, dans un sens comme dans l'autre.

Jean-Édouard et Éric se sont associés pour créer une entreprise informatique. Création de sites Internet, formations, programmation, créations de simulations, etc. J.-É., profil Idéaliste (Défensif – Affectif – Extraverti), et Éric, profil Sensitif (Défensif – Affectif – Introverti). La combinaison

(Affectif/Extraverti) débouche sur une intelligence sociale pour Jean-Édouard. La combinaison Affectif/Introverti débouche sur une intelligence créative pour Éric. Deux modes de fonctionnement intellectuel qui ne peuvent que s'entendre, *a priori*. Défensifs, l'un et l'autre, ils avaient trop besoin de la reconnaissance de leur clientèle, ce qui les amenait souvent à faire des heures sup' non rémunérées. Affectifs, ils s'impliquaient émotionnellement dans leurs relations avec leurs clients et « faux » amis de passage, dont certains oubliaient de régler leurs factures. Après une année de démarrage, Éric a été victime d'une dépression d'épuisement et Jean-Édouard a fini par renoncer. Ils ont été obligés de déposer le bilan de leur boîte.

Les Défensifs ont des difficultés à s'affirmer, ils arrondissent toujours les angles ou se butent et fonctionnent par déni. Deux associés Affectifs sont enthousiastes, mais peu raisonnables. Et même si le dialogue (Introverti/Extraverti) existe entre eux, la similarité des deux premiers refrains les fragilise. S'ils avaient pris conscience de la faiblesse de leur association pourtant fondée sur de solides qualités professionnelles, ils auraient pu s'adjoindre un profil Narcissique (Offensif – Cognitif – Introverti) par exemple, pour rééquilibrer leur niveau de compatibilité énergétique[1]. Pour identifier cet associé fantôme, nous l'appellerons Jacques.

En langage gestuel, cela donne :

Jean-Édouard + Éric	DEFAFEX + DEFAFIN	1/3
Jean-Édouard + Jacques	DEFAFEX + OFCOGIN	3/3
Éric + Jacques	DEFAFIN + OFCOGIN	2/3
Total		6/9

1. Le tableau des compatibilités émotionnelles est donné en annexe, p. 357.

Soit une compatibilité énergétique supérieure à la moyenne arithmétique (4,5). L'adjonction d'un collaborateur du profil décrit (Jacques) aurait pu sauver leur entreprise.

Cela peut vous paraître élémentaire, voire naïf, parce que trop simple. Détrompez-vous, ça ne l'est pas. Les grilles de compatibilité reposent sur d'autres paramètres non gestuels. Je n'ai pas jugé utile d'aborder cette théorie dans cet ouvrage destiné au plus grand nombre, de manière à ne pas alourdir mon propos. Apprenez à maîtriser déjà les trois refrains de base et vous en tirerez un avantage relationnel fabuleux.

Je vous propose de passer directement aux compatibilités entre profils. Vous pourrez utiliser ces grilles de compatibilité dans votre vie quotidienne. Un conseil ! Faites-le en toute discrétion. La catégorisation des groupes d'individus comporte toujours un danger de rejet. N'entrez pas dans ce jeu stupide, contentez-vous de prendre acte du profil de votre interlocuteur et offrez-lui toutes les chances de vous séduire ou de vous plaire, *a priori*. Laissez-le venir et imprégnez-vous de sa présence avant de comparer votre ressenti à la résonance émotionnelle du couple que vous formez, évaluation que vous retrouverez à la fin de cet ouvrage. Si vous êtes offensif et que votre nouvelle amie reproduit la même latéralité en croisant les bras, prenez du recul pour ne pas créer les conditions d'un conflit de personnalités d'entrée de jeu. Si votre nouveau collègue est introverti et vous aussi, défroquez-vous de votre profil et faites l'effort de l'écouter au lieu de lui imposer votre bavardage habituel *a priori*. Sachez évaluer les différences pour pouvoir en tirer profit sur le plan relationnel.

Les compatibilités socio-affectives

Elles concernent essentiellement les couples, c'est-à-dire deux individus face à face associés ou intégrés à une activité professionnelle, un partage de sentiments ou une relation simplement amicale. La résonance émotionnelle qui vous lie au voisin, à votre conjoint ou à vos amis entraîne une compatibilité ou une incompatibilité souvent inexplicable, c'est le phénomène de la sympathie-antipathie. Comme l'écrit Christiane Olivier : « On dit avec le corps ce qu'on ne peut pas dire avec les mots. »

Les commentaires qui accompagnent les descriptifs de ce chapitre ne sauraient constituer ni une preuve ni parole d'évangile, tout au plus une hypothèse de travail. Ce sont des interprétations qui traduisent la théorie des résonances et dissonances émotionnelles. J'ai observé nombre de couples de mon entourage ; j'ai pu obtenir la grille gestuelle générique de collègues ou d'associés ; ce fut plus facile avec des connaissances ou des amis. Ces informations m'ont permis d'observer les réactions des uns et des autres sur les trois terrains : le professionnel, l'affectif et le social, que je distingue dans chacune des fiches qui suivent. Ce qui m'a poussé à exposer cette théorie de la compatibilité interindividuelle repose sur la convergence que j'ai observée entre la théorie et la réalité.

Mais je me suis aussi fondé sur le comportement global de chaque sujet ainsi que sur le choix des mots dans son discours. À ce propos, il est important que vous sachiez que les mots que vous utilisez prioritairement sont en relation intime avec votre profil psychogestuel. Un Challenger n'utilisera que rarement le conditionnel pour conjuguer ses actes ; un Tribal est accro au « on » à la place du « nous » car « on » c'est lui et les autres, le Cartésien conjugue souvent son futur à l'imparfait : « Je voulais vous revoir », l'Idéaliste « croit », le Cartésien « pense », le Sensitif « ressent », le Créatif « fait », le Tribal « va », le Relationnel « dit que », etc. Cette liaison logique entre verbal et non verbal fera l'objet d'un ouvrage de synthèse, un de ces jours.

Comme vous entrez en possession des grilles de compatibilité avec l'achat de cet ouvrage, n'hésitez pas à analyser vos rapports professionnels, sociaux ou affectifs en comparaison de ce qui est écrit. D'accord ou pas d'accord, vous pouvez me toucher directement sur mon mail : *joseph.messinger@wanadoo.fr*

I

La famille Cartésienne

La logique est une qualité de l'esprit qui purge nos rêves de leurs illusions.

Cartésien et Cartésien ?

AU TRAVAIL...

Ils n'éprouvent pas de difficultés à s'entendre sur le plan professionnel, même s'ils ne s'apprécient pas toujours sur le fond. Les Cartésiens sont des êtres carrés, très organisés mentalement. Tout dépend du secteur d'activité dans lequel ils exercent leurs talents. Laurent Gerra est un Cartésien qui a su adapter son profil à un métier d'imitateur et d'humoriste prédateur dans lequel son public se reconnaît. Tous les Cartésiens n'ont pas obligatoirement une mentalité de fonctionnaire ou de scientifique, mais tous ont de l'humour.

EN COUPLE...

Le couple clone ! Ils existent mais ne courent pas les rues. Car si on peut tomber amoureux de son propre reflet dans le miroir, il est difficile de vivre toute une vie avec soi-même.

EN TOUTE AMITIÉ...

Le Cartésien s'entendra bien avec un Créatif, un Sensitif ou un Idéaliste. Il copine un peu moins bien avec le Relationnel ou le Narcissique. Il se marie parfaitement avec le Tribal. Quant à son clone, tout dépend des affinités électives. Si vous voulez le séduire, faites-le rire.

Cartésien et Challenger ?

AU TRAVAIL...

Le Cartésien respecte le Challenger, mais le côté aventureux ou directif de ce dernier le désarçonne. Heureusement, le Cartésien est un suiveur et le Challenger un meneur. Il peut arriver que le Cartésien soit le patron et le Challenger son subalterne. Un tel couple professionnel sera toujours peu compatible. L'inverse marchera mieux.

EN COUPLE...

Pas mauvais comme tandem amoureux mais ça risque de manquer de fantaisie à la longue. Le Challenger est un aventurier, le Cartésien est plutôt sédentaire et bien au chaud dans ses pantoufles. Non pas qu'il déteste prendre le large de temps en temps, mais pas dans n'importe quelles conditions. Il ne fera pas le Paris-Dakar. Faut pas pousser.

L'homme ou la femme de savoir n'est pas fan de savoir-faire comme le Challenger. Le Cartésien est patient, pas hyperactif ou réactif au quart de tour. Le Challenger bouscule les règles du jeu quand elles ne lui conviennent pas, le Cartésien les respecte. Drôle de couple, n'est-ce pas ? Mais il arrive que cela fonctionne.

EN TOUTE AMITIÉ...

Les Challengers préfèrent fréquenter des Tribaux ou des Relationnels avec lesquels ils ont des atomes crochus, notamment leur rapport au pouvoir. Et puis, le Challenger n'apprécie pas des masses le sens de l'ironie du Cartésien. Son sens de l'humour le fait grincer des dents.

Cartésien et Créatif ?

AU TRAVAIL...

La fantaisie du Créatif l'amuse, l'étonne mais leurs fonctionnements intellectuels sont aux antipodes l'un de l'autre. Le Cartésien est un saint Thomas, il ne croit que ce qu'il voit et ne supporte pas les considérations analogiques fantaisistes du Créatif. S'ils sont au même niveau hiérarchique, pas de problème. En revanche, si l'un est le subalterne de l'autre, il faut s'attendre à des douleurs gastriques.

EN COUPLE...

Le seul problème que peut rencontrer un tel couple se situe au niveau du mode de communication introverti qui les caractérise tous les deux. Ils risquent de se perdre en route chaque fois qu'ils essaieront de communiquer avec l'autre. Et le Créatif est un grand bavard qui n'apprécie pas tellement qu'on fasse semblant de l'écouter.

EN TOUTE AMITIÉ...

Ils vivent sur des planètes très différentes et croient à des dieux qui s'affrontent régulièrement. Pour vous en convaincre, je ferai appel à une fable qui vous édifiera.

> **Réincarnation**
>
> « On dit que, quand les lettres disparaissent de la planète Alphabet, elles se réincarnent en mots sur une autre planète ou dans un autre univers. Tu crois que c'est vrai, ce bobard ?

demanda la lettre I du clan des incrédules à la lettre S du clan des scientifiques.

— C'est une hypothèse, comme on dit chez nous, renchérit avec un zeste de suffisance la lettre C du clan des cartésiens. Une hypothèse très fantaisiste, ajoute-t-elle en ricanant de toutes ses dents. »

La lettre A qui les écoute intervient, un peu énervée par ce discours dépourvu de la moindre trace d'émotion :

« Hypothèse, hypothèse ! Vous m'avez tout l'air d'une hypothèse. À votre humble avis, après la mort des lettres, il n'y aurait plus rien de rien ? Rien que de la poussière, du vide, du néant ?

— Parfaitement, rétorque la lettre S. D'ailleurs, cette histoire de planète des mots est une légende qui a la vie dure.

— Ce n'est pas une légende, s'écrie la lettre A offusquée. Il y a même une autre planète qui accueille les mots disparus.

— Elle est bien bonne celle-là, ironise la lettre I des incrédules. On joue aux chaises musicales ?

— Bonne ou non, j'ai entendu dire qu'on l'appelle la planète des Phrases, rétorque la lettre A hystérique.

— Qui est « on » ? reprend la lettre S.

— On, c'est tout le monde… commence la lettre C.

— Et personne, termine la lettre I.

— Alors, vous qui êtes si malignes, enrage la lettre A, pouvez-vous me dire ce que deviennent les lettres après leur disparition ?

— Elles ne deviennent rien, tranche la lettre I, toujours aussi incrédule. Elles sont mortes, comme les feuilles des arbres à l'automne et tombent en poussière.

— Pour les feuilles, c'est normal. Elles ont accompli leur cycle. Mais pour les lettres, je n'arrive pas à croire qu'elles ne rejoignent pas les mots, après que leur temps de vie s'est écoulé sur notre planète. »

La lettre A quitte ses interlocutrices, le dos voûté. Elle se sent soudain vieille et fatiguée. À quoi sert de discuter avec ces minuscules qui se prennent pour des majuscules de la pensée et ne croient en rien ni en personne ? À rien !

Le soir même, A disparaît de la planète Alphabet, comme tant d'autres consonnes et voyelles avant elle. Tandis qu'on enterre sa dépouille, elle renaît à la tête d'un verbe sur la planète Vocabulaire. Elle ne se souvient plus de son existence de lettre, mais elle est fière, d'appartenir au plus beau de tous les verbes de la planète, le verbe « aimer ».

Et recommencent les mêmes discussions oiseuses entre les mots qui peuplent la planète Vocabulaire. La vie après la mort ! Le doute contre la foi !

« Et après les phrases, demande le mot « ironie » au verbe « aimer », tu nous promets quoi ? Le paradis ?

— Parfaitement ! Le paradis des phrases existe ailleurs que dans mon imagination. J'en suis sûr, objecte le verbe « aimer ». À quoi serviraient les mots autrement ? Où iraient les âmes des mots qui s'en vont ?

— Nulle part ailleurs ! En dessous de tes pieds, mon petit verbe, répondent en chœur tous les mots incrédules. »

À l'instar de la lettre A, le verbe « aimer » ne peut accepter que la fin soit vraiment la fin de tout. Et tandis qu'il prêche l'amour sur la planète Vocabulaire, comme il se doit, il rêve d'une planète où les mots seraient unis par des phrases aussi bien rythmées que de jolies mélodies. Et par un vilain jour de grisaille, le verbe « aimer » quitte à son tour la planète Vocabulaire.

Bien longtemps après, l'histoire recommence, éternelle comme la vie, comme la mort. Le verbe « aimer » appartient maintenant à un quatrain sur la planète des Vers. On y parle beaucoup de personnages mythiques : des poètes qui choisiraient les vers disparus. Ils seraient les maîtres du paradis.

« Je me demande à quoi ressemble ce paradis, dit un vers.

— Tu verras bien quand tu y seras, lui répond un autre, plus philosophe. »

Les vers se promènent en quatrain, la main dans la main, sans savoir que les poètes les observent avec les yeux de leur âme. Au détour d'un chemin, certains quatrains disparaissent sans laisser de trace, mais personne ne s'en inquiète vraiment car…

Quand le recueil fut publié, le verbe « aimer » en était le titre. Et il se souvenait de l'incrédulité des lettres, de l'ironie des mots et de l'inquiétude des vers. Il se mit à rire, car il était enfin arrivé au paradis… dans un poème.

Les Créatifs veulent y croire. Les Cartésiens s'y refusent. Mais je vous rassure, il y a des exceptions à la règle.

Cartésien et Idéaliste ?

Au travail...

Il se dégage d'un binôme professionnel de ce genre une atmosphère précautionneuse, prudente, attentive à ne pas dépasser la ligne blanche, sauf quand on s'en prend à leurs privilèges, évidemment.

En couple...

Il existe beaucoup de couples Cartésien/Idéaliste dans les milieux de fonctionnaires. Ils sont l'un et l'autre en recherche de sécurité matérielle et de stabilité socio-affective. Ce sont des binômes raisonnables et qui durent. Idéalistes et Cartésiens sont des amoureux de la culture, de la lecture et des arts en règle générale. Ce type de couple pourrait bien être majoritaire en France. Les Idéalistes le sont, en tout cas.

En toute amitié...

Le Cartésien peut parfaitement s'entendre avec l'Idéaliste, mais même si la résonance émotionnelle des deux profils en présence est plutôt favorable, les atomes ne se crochètent pas souvent entre eux. Allez savoir pourquoi !

Cartésien et Narcissique ?

La résonance émotionnelle

Tous deux sont rationnels, spéculatifs et introvertis, mais le Cartésien reproche souvent au Narcissique son manque de modestie et son besoin de squatter le devant de la scène. L'enthousiasme militant du Narcissique lui file des boutons.

AU TRAVAIL...

Le Narcissique exaspère parfois le Cartésien, il le trouve un peu trop centré sur son nombril, narcissique quoi. Les couples Cartésien/Narcissique sont de véritables frères ennemis, ils vivent souvent côte à côte sans jamais se comprendre. Leur mode de fonctionnement territorial s'oppose mais le reste (dynamique mentale et mode de communication) est identique. Tous deux sont des spéculatifs, ils raisonnent mais pas dans le même sens. L'intelligence spéculative du Narcissique le concerne au premier chef, elle est centrée sur ses coups de cœur. L'intelligence spéculative du Cartésien est avant tout logique, elle est dédiée à son besoin de réflexion. Leur compatibilité émotionnelle sera relativement faible et donc peu rentable ou productive pour le service. Demandez donc à un chat ce qu'il pense des chiens.

EN COUPLE...

Ça marche plutôt bien au début. Après la première crise de confiance, tout dépend du volume des sentiments que le Cartésien éprouve. Quant au Narcissique, il restera amoureux tant que son ou sa partenaire gardera tout son éclat et un look acceptable. Sentiments et sensations n'ont pas élevé des cochons ensemble. Mais il y a toujours l'amour (le capital affectif) qui peut aplanir les différends et qui gomme les rides. Ces deux profils n'ont pas vraiment d'atomes crochus sauf peut-être au lit. Le sexe est souvent le ciment de couples aux intérêts divergents.

> Jade est médecin, André est artisan plombier. La Narcissique, c'est elle ; le Cartésien, c'est lui. Ils s'adorent mais ont chacun leur cercle d'amis et, parfois, ils partent séparément en

vacances. Des quartiers libres qui ont permis à leur couple de s'installer dans la durée. Jade aime bien se payer du bon temps mais elle revient toujours à son André qui b... comme un dieu, selon ses propres termes. Il faut dire que quand Jade présente son homme à des amis de vacances et qu'elle précise leurs métiers respectifs, ça choque l'assistance. Mais il faut croire que le couple adore ce genre de provocation, car il la répète souvent pour savourer le malaise des autres.

EN TOUTE AMITIÉ...

Les Introvertis communiquent mal entre eux, car ils se projettent en continu l'un sur l'autre. Ils s'entendent parler mais n'écoutent que leur propre ego : *« J'ai croisé Gérard Jugnot sur le boulevard Raspail. – Moi aussi, je me suis cogné dans Laurent Ruquier, qu'est-ce qu'il est séduisant, celui-là. Figure-toi que... »*

Cartésien et Relationnel ?

AU TRAVAIL...

Le Relationnel n'est pas la tasse de thé du Cartésien, il le trouve un peu trop démonstratif. Quant au Relationnel, il trouve le Cartésien ennuyeux comme un jour de pluie, même s'il fera semblant de le trouver fabuleusement intéressant. Il faut dire que le Relationnel sait y faire. La résonance émotionnelle sera faible à nulle, sauf exceptions qui confirment la règle comme toujours.

EN COUPLE...

C'est le mariage de la carpe et du lapin ! Les milieux de vie sont antinomiques : le Relationnel est ludique, aime faire la fête, c'est un bon vivant qui vit en bande. Il cultive les amitiés. Le Cartésien a besoin de recul, il préfère se faire une toile en couple que de sortir en boîte à vingt-cinq, visiter une cathédrale plutôt que de disputer un match de beach volley sur la plage, des vacances culturelles plutôt que sportives ou club Med. Bref, ils sont faits l'un pour l'autre comme la carpe est faite pour le lapin. Et pourtant, de tels couples existent, s'aiment et respectent leurs différences. Certains d'entre eux ont trouvé la solution, ils vivent dans deux lieux séparés, mais demeurent un couple uni quand ils décident de se retrouver en terrain neutre. On peut parfaitement s'aimer sans avoir besoin de tout partager.

EN TOUTE AMITIÉ...

Les amitiés exigent un minimum de goûts et couleurs communs, ce qui ne sera pas le cas de ces deux-là, en règle générale. Ils se fréquenteront sans passion, mais en gardant une certaine distance pour ne pas perdre leurs convictions respectives. La raison domine l'émotion chez chacun d'entre eux, ce qui entraîne une double rigidité sociale.

Cartésien et Sensitif ?

AU TRAVAIL...

Du moment que la relation demeure limitée aux relations professionnelles pures et dures... Les Introvertis ont du mal à partager leurs confidences. Ils ont tendance à monologuer en parallèle sans jamais se rejoindre à l'horizon.

EN COUPLE...

Ils peuvent s'entendre pour diverses raisons dont l'amour qui les lie serait la première de toutes. Car l'amour se fiche bien des profils psychogestuels ou de l'inimitié entre les tribus. Cependant, je reste persuadé (sans pouvoir le prouver) qu'une majorité de couples de ce type finissent par se séparer, car ils ne partagent pas la même vision de la vie en société et n'ont pas les mêmes attentes. Le Sensitif croit en la magie du destin, le Cartésien rejette toute idée de *buena fortuna*.

EN TOUTE AMITIÉ...

Leurs centres d'intérêt sont divergents. Le Sensitif trouve que le Cartésien est trop mou, trop prudent, pas assez excitant. Le Cartésien n'apprécie pas le côté psychologisant ou bénévole du Sensitif.

Cartésien et Tribal : le couple star !

AU TRAVAIL...

Le Tribal fascine le Cartésien, il le suivrait jusqu'en enfer. La plupart des chercheurs Cartésiens suivent certains chercheurs Tribaux qui se lancent dans les affaires à la suite d'une découverte commercialisable.

EN COUPLE...

J'ai en réserve une jolie petite histoire à vous conter, même si elle ne saurait représenter la généralité de ces couples presque parfaits.

> **Le grand amour**
>
> Valérie vient de fêter ses 14 ans. Elle est amoureuse de Bruno, 16 ans. Une amourette d'adolescents ! Bruno est Cartésien et Valérie est Tribale, mais ils l'ignorent. Ils sont parfaitement antagonistes, donc complémentaires. Ces détails ne prouvent rien, surtout à cet âge-là. Pourtant Bruno et Valérie ne se quitteront plus, et ce, malgré les réticences des parents de la jeune fille pour lesquels Bruno est un intrus

et un voleur d'affection. Les deux familles sont aisées financièrement et ce détail a son importance dans la suite des événements.

Dix-huit ans se sont écoulés. Valérie a accouché d'une petite Talia et Bruno est papa pour la première fois de sa vie. Ils sont toujours amoureux et fêtent religieusement la Saint-Valentin chaque année. Les parents de Valérie sont divorcés depuis des lunes, ceux de Bruno également. Ils ont refait leur vie dans d'excellentes conditions matérielles. Comme quoi, le mauvais exemple de parents issus du papy-boom ne doit pas forcément déteindre sur leurs héritiers. En tant que Tribale, Valérie a un sens aigu de la famille. *A priori*, elle a investi toute son énergie dans la réussite de son couple au détriment de sa vie professionnelle. Bruno aussi. Un proverbe juif dit qu'on ne peut pas danser sur deux mariages en même temps. L'investissement affectif de ces deux tourtereaux a été tellement massif que leur carrière a été reléguée au plan B. Ils se sont impliqués dans la construction de leur amour au détriment de leur vie professionnelle et je constate qu'ils sont bien plus heureux que nombre de mes amis, divorcés ou non, qui ont fait exactement le contraire.

En toute amitié...

Les Cartésiens sont des individus épris de paix, soucieux de leur confort et surtout d'une stabilité à l'épreuve des balles. Même fous, ils ne perdent jamais l'usage du raisonnement. Leur sens logique les protège contre tous les rêves impossibles à vivre. Ils se contentent de vivre leurs rêves, ce qui correspond en toutes choses à la manière dont le Tribal envisage son existence.

II

La famille des Challengers

L'ambition est la seule illusion qui fait croire à l'Homme que tout est possible.

Challenger et Cartésien ?

Voir la famille des Cartésiens p. 286.

Challenger et Challenger ?

AU TRAVAIL...

Ça passe ou ça casse ! Il ne peut y avoir deux patrons à la tête d'une structure sans que cette dernière éclate en deux camps adverses. Les doublons de Challengers se terminent toujours mal et tout le monde connaît le sort réservé aux directions bicéphales dans les entreprises.

EN COUPLE...

Au niveau du couple, les choses ne sont pas aussi tranchées. Un couple de ce type est un binôme fusionnel. Ils se possèdent car ils se ressemblent en tous points. Pour eux, qui se ressemble s'assemble est un credo incontournable. Ils se partagent le pouvoir de manière efficace et chacun dans son domaine de prédilection. Ce sont des jumeaux affectifs en somme. L'homme a épousé une reproduction gestuelle de sa sœur ou de sa mère, la femme itou. C'est une sorte de transfert affectif générationnel.

EN TOUTE AMITIÉ...

Les Challengers qui ont réussi se fréquentent volontiers et parfois tissent des liens d'amitié par esprit de caste, un peu comme les familles nobles qui refusent de s'allier à la roture. Il faut dire que la tournure d'esprit du Challenger est très spécifique, orientée vers la prise de risque ou le goût du défi. Il faut avoir envie de le suivre.

Challenger et Créatif ?

AU TRAVAIL...

Le Challenger cultive la maîtrise de soi et le Créatif court après la confiance en soi. Tous deux sont des Offensifs et ont donc besoin de s'affirmer. Mais c'est là que s'arrête la similitude. Le Créatif est un émotif et le Challenger un individu de sang-froid. Le premier est Introverti et le second Extraverti, sauf que... le Challenger déteste l'incapacité du Créatif d'aller droit au but quand il accepte de lui consacrer du temps. Il prend toujours des chemins de traverse pour exposer ses idées ou ses projets et tout ça manque cruellement d'efficacité. Les Créatifs sont des individus passionnants, mais ils peuvent devenir confus quand on les stresse. Et le Challenger n'a pas son pareil pour stresser un Créatif. En revanche, sur le plan professionnel, une équipe Challenger/Créatif peut fonctionner sans affrontement majeur : le Challenger commande et le Créatif fait ce qu'il veut. Les Créatifs sont un peu anarchistes mais ce trait de caractère stimule leur créativité.

En couple…

Les Créatifs font d'excellents amants ou maîtresses mais dans un cadre matrimonial, ils s'adaptent mal à leurs partenaires Challengers.

> « Mais j'adore mon mari », me chante cette Créative mariée à un Challenger, un sportif célèbre et concélébré. Nous sommes dans un taxi, de retour d'une émission de télé. « Ça fait cinq ans que nous sommes mariés et ma famille l'a adopté malgré la différence de religion. » Trois mois plus tard, j'apprends, par les indiscrétions d'un magazine « pipole », que le torchon fume entre ces deux tourtereaux. Le sportif s'est mis en ménage avec un mannequin vedette. Exit la Créative ! Ils sont divorcés depuis peu.

Ce n'est qu'un exemple, bien sûr, et il ne constitue pas une généralité. Certains couples de ce type font route ensemble sans le moindre pépin dans leur CV matrimonial, pour autant que chacun respecte les désirs de l'autre. Ils ne sont pas très portés sur la fidélité mais s'en accommodent.

En toute amitié…

Ils ne croient pas aux mêmes dieux et ne cultivent pas les mêmes valeurs. Les Challengers sont des Cognitifs investis dans le réel, les Créatifs sont des Affectifs immergés dans l'imaginaire. La communication est difficile, voire impossible. On peut se fréquenter à la rigueur, mais sans excès.

Challenger et Idéaliste ?

Au travail…

En général, l'Idéaliste est plutôt sous les ordres du Challenger mais cet ordre hiérarchique peut parfois être bousculé et le résultat n'est pas toujours heureux, car l'Idéaliste peut devenir un patron maniaque, très procédurier et surtout insatisfait, par principe, des efforts consentis par le Challenger. Le supérieur Idéaliste est souvent psychorigide.

EN COUPLE...

Sur le plan sentimental, c'est un peu l'histoire de Cendrillon ! Les princes Challengers (les vrais) épousent rarement les bergères, même si cette image d'Épinal fait les choux gras des magazines. Idem dans l'autre sens, les bergers Idéalistes qui séduisent des princesses Challengers ne font jamais long feu sous la couette.

EN TOUTE AMITIÉ...

Sympathie, oui ! Symbiose, non ! En tous les cas de la part du Challenger. L'Idéaliste peut considérer le Challenger comme une sorte de héros qu'il admirera en secret.

Challenger et Narcissique ?

AU TRAVAIL...

Pas de problèmes majeurs pour autant que le boss soit un Challenger et le subalterne, un Narcissique. Dans le cas contraire, il risque d'y avoir de la friture sur la ligne. Les Narcissiques n'apprécient pas du tout qu'on leur fasse de l'ombre et les Challengers ne goûtent pas qu'on leur marche sur la tête. Savoir-faire contre faire savoir ! Efficacité contre look !

EN AMOUR...

J'ai noté de nombreuses unions entre des Challengers masculins (qui ont réussi dans la vie) et des Narcissiques féminines qui avaient pour tout viatique une beauté à vous couper le souffle et une génération de moins que leur partenaire, en règle générale. Quoi de plus normal, me direz-vous, la beauté s'achète avec de l'argent et le pouvoir fascine la beauté. Il n'y a qu'à ouvrir un magazine « pipole » pour s'en persuader. Oui mais... ces unions-là ne durent jamais. Car il manque à la Narcissique la sensibilité qui attire le Challenger et la beauté finit toujours par se faner par temps d'orage. Certains couples résistent à l'usure des sentiments, mais ils sont une minorité discrète.

En toute amitié...

Généralement, ils s'entendent plus ou moins mal, merci.

Challenger et Relationnel ?

Au travail...

Ils ne partagent pas la même vision des choses, ce qui provoque parfois des affrontements. Cependant, le Relationnel est moins rigide que le Challenger et il utilisera son sens inné de la médiation pour esquiver le conflit ouvert avec son collègue Challenger.

En couple...

Le mode Extraverti qu'ils utilisent tous deux est un gage d'ouverture à la discussion. Leurs modes de défense du territoire mental étant antagonistes, ils trouveront très facilement des terrains d'entente pour construire leur couple sur la base d'une ambition commune.

En toute amitié...

Disons que ce ne sera jamais la grande amitié indéfectible pour cause de résonance émotionnelle faible. Les

Relationnels parviennent à s'entendre avec tout le monde mais les Challengers sont nettement plus élitistes.

Challenger et Sensitif ?

Au travail...

Un tandem idéal, ça se sent ou ça se voit et ça rapporte. Le Sensitif est l'autre moitié du Challenger, son image inverse qui dispose de toutes les qualités qui manquent au Challenger. Ils se complètent idéalement et représentent une masse énergétique sans commune mesure avec tous les autres binômes professionnels.

En couple...

Le couple star ! Quand le Challenger comprend que son partenaire Sensitif est le moteur de sa réussite, ce qui n'est pas toujours le cas. Car les Sensitifs sont des moteurs discrets, voire modestes, qui se cachent dans l'ombre du Challenger. Je connais plusieurs couples de ce type dont la réussite vitale m'a semblé évidente. Hélas, les apparences ne sont pas toujours un gage de réalité sur le terrain, me direz-vous.

En toute amitié...

Il existe aussi des coups de foudre en amitié. Si vous croisez votre antagoniste complémentaire à l'occasion, observez son attitude à votre égard, soyez réceptif aux petits détails auxquels vous ne prêtez jamais attention et vous découvrirez que l'autre est votre image miroir. Ça ne marche pas à tous les coups mais quand la sauce prend, c'est le bonheur. Évidemment, les Challengers ne fréquentent pas n'importe quel Sensitif. Rappelez-vous qu'ils sont très élitistes.

Challenger et Tribal ?

AU TRAVAIL...

Si le Tribal détient le pouvoir, ça craint. Les Challengers n'aiment pas qu'on leur dise ce qu'ils doivent penser ou faire. Et le Tribal est un peu trop paternaliste, un peu trop despotique. Il aime conseiller, voire imposer ses vues. Ça fonctionne mieux dans l'autre sens. Mais il existe un cas de figure où l'alliance Tribal-Challenger peut être profitable pour les deux camps : quand il s'agit de faire front contre un autre camp de Tribaux. C'est actuellement le cas au sommet de l'État. Le clan Villepin contre le clan Sarkozy à droite. Le clan Hollande-Royal contre le clan Fabius, à gauche.

EN COUPLE...

Couple du pouvoir, le Tribal et le Challenger qui parviennent à se le partager en travaillant ensemble ou séparément sont des couples très solides. Ils deviennent conflictuels en cas de refus du partage de ce fichu pouvoir.

EN TOUTE AMITIÉ...

Les individus de pouvoir aiment à se fréquenter. Un bémol, pourtant. Le Tribal risque de se « fritter » avec son ami Challenger à cause de cette sale manie qu'il a de tout savoir sur tout, surtout quand il ne sait rien.

III

La famille Créative

L'imagination a du génie de naissance.

Créatif et Cartésien ?

Voir la famille des Cartésiens p. 287.

Créatif et Challenger ?

Voir la famille des Challengers p. 297.

Créatif et Créatif ?

AU TRAVAIL...

Même s'ils s'apprécient professionnellement d'un point de vue narcissique, les profils Créatifs ont du mal à s'entendre car ils sont en surenchère continuelle. C'est à celui qui aura les meilleures idées. Le Créatif devient vaniteux (et parfois bête et méchant) en orbite autour de son nombril, dès qu'on touche à ses créations ou à ses convictions. S'ils sont amis, en revanche...

En couple...

Je crois que les couples Créatifs clones ne sont pas faits pour vivre ensemble mais pour être amants. La créativité est, à la fois, une constante caractérielle et une prédisposition cyclothymique qui sont rarement synchrones chez deux individus Créatifs vivant en couple. Le Créatif est un obsessionnel et ses obsessions l'éloignent de son conjoint quand l'autre attend qu'il se rapproche et *vice versa*. « Fuis-moi, je te suis et suis-moi, je te fuis » ne peuvent pas vivre en harmonie.

En toute amitié...

Les amis Créatifs sont de vrais amis à la vie à la mort, quand ils se connaissent depuis l'enfance. Ils savent pouvoir compter l'un sur l'autre en cas de besoin, contrairement au couple de Créatifs évoqué plus haut. Il faut dire que les Créatifs sont des individus qui vivent en projection sur leur environnement affectif. Soit cette attitude est acceptée par l'entourage, soit elle est rejetée. Cette constante caractérielle en fait des individus peu sociables, s'ils ont exprimé leur créativité au travers d'un talent ; en revanche, les Créatifs qui n'ont pas eu cette chance « retournent leur veste » et se conduisent comme des Relationnels, leur image inverse à laquelle ils ont un accès direct. C'est ce qui permet à un Créatif confirmé et un Créatif défroqué de s'entendre comme de vrais amis, même s'ils ne se connaissent que depuis peu de temps. En revanche, deux Créatifs confirmés se fuiront pour ne pas se retrouver en concurrence.

Créatif et Idéaliste ?

Au travail...

Très bon tandem ! Le premier crée, le second critique de manière constructive la création du premier. Ça grince parfois un peu, mais le sens critique de l'Idéaliste apporte plus qu'il n'enlève au génie du Créatif.

EN COUPLE...

Ce sont deux Affectifs pour lesquels l'émotion prime sur la raison. En revanche, l'Idéaliste écoute avec son esprit critique en batterie et le Créatif tient le crachoir juché sur son imaginaire. Le Créatif offre à l'Idéaliste tout le carburant nécessaire et suffisant à son estime de soi et l'amour de l'Idéaliste pour le Créatif est le mélange dont il a besoin pour alimenter sa confiance en soi.

EN TOUTE AMITIÉ...

Créatifs et Idéalistes sont généralement de bons amis, mais il arrive que les premiers effraient les seconds par manque de sociabilité ou par une originalité un peu trop polémique.

Créatif et Narcissique ?

AU TRAVAIL...

Deux conceptions du monde qui s'affrontent de manière créative. Le Créatif conçoit, le Narcissique y croit. Ils sont condamnés à s'entendre, si la sauce prend, question atomes crochus.

EN COUPLE...

Si c'est un couple narcissique, donc une alliance amoureuse fondée sur le look ou l'aspect physique des partenaires, le couple peut s'installer dans la durée. Le Créatif aime les belles gens et le Narcissique apprécie l'imagination du Créatif. Mais la beauté des partenaires sera le gage de longévité du couple. La réussite de l'un ou de l'autre peut également aider à dépasser les petites déceptions ou les grosses frustrations. Un bémol, cependant, Créatifs et Narcissiques sont un peu infidèles.

EN TOUTE AMITIÉ…

Ça se passe bien car tous deux sont curieux et enthousiastes. En revanche, leurs égocentrismes respectifs pourraient entraîner des malentendus. Le Narcissique aime le monde, la foule, les amis ou ses voisins ; le Créatif vit dans son monde et fuit la foule.

Créatif et Relationnel ?

AU TRAVAIL…

Antagonistes et complémentaires parfaits, ce couple est un tandem idée/communication. Le Créatif invente, innove, conceptualise, et le Relationnel trouve les canaux de communication ou les cibles pour valoriser les idées ou les concepts du Créatif. Sur le plan professionnel, c'est un binôme gagnant-gagnant.

EN COUPLE…

Deux exemples vous éclaireront mieux que dix lignes de théorie, tant il est vrai que les couples antagonistes et complémentaires débouchent souvent sur des histoires d'amour hors du commun.

Deux couples parfaits

Pierre-Olivier est un jeune attaché de presse Créatif d'une efficacité redoutable. Il travaille au feeling et son instinct est souvent payant. Il décroche des interviews pour les acteurs qu'il est chargé de promouvoir, des interventions télévisuelles, des papiers chauds dans un milieu médiatique saturé de propositions. Il est bon, très bon dans sa partie. S'il s'entête dans cette voie, il sera un jour l'un des meilleurs du métier. Il faut dire qu'il est bien accompagné en privé par Céline, sa jeune épouse Relationnelle qui ne travaille absolument pas avec lui, ni dans le même secteur d'activité. Céline organise des mariages. Elle a 28 ans et dirige sa boîte avec brio. La crise, connaît pas. Les noces ont toujours la cote en France. Et comme on se marie plusieurs fois dans une vie pour la moitié des couples, le secteur du mariage fait florès. Ils forment un couple antagoniste et complémentaire parfait, ce qui signifie que leurs résonances émotionnelles respectives se conjuguent. Chacun bénéficie de l'appui énergétique de l'autre. Et l'amour que l'on éprouve pour son partenaire est une énergie fabuleuse car elle enrichit la vie.

Une autre anecdote mérite un pas de deux !

Céline et Charly sont tous deux Créatifs et leur couple part à vau-l'eau depuis un certain temps. Ils travaillent pourtant dans le même secteur d'activité, Céline est psychologue clinicienne et Charly est médecin psychanalyste en libéral. Ils finiront par se séparer sur les instances de la belle-famille très interventionniste de Céline. Quelques mois plus tard, Céline rencontre un médecin à la clinique dans laquelle elle travaille. Henry vient d'arriver dans le service de pédiatrie. Céline a le coup de foudre pour ce collègue qui, malheureusement, est marié depuis plus de vingt ans. Marié mais, semble-t-il, pas très fanatique. Henry finira par remarquer le manège de la psychologue qui lui plaît beaucoup plus qu'il n'oserait se l'avouer. Arrive ce qui doit arriver, fatalement, ils deviennent amants en cachette de l'épouse d'Henry. Il leur faudra plusieurs années pour officialiser leur liaison et vivre ensemble après la séparation d'Henry. Ce dernier a retrouvé une pêche d'enfer depuis qu'il vit avec Céline et les deux enfants qu'elle a eus de Charly. Il faut dire qu'Henry est Relationnel, le profil antagoniste complémentaire de Céline. Ils s'entendent à merveille et cette entente rejaillit sur l'équilibre affectif des enfants qui ont retrouvé en leur beau-père un papa bis.

Céline n'a pas choisi de tomber amoureuse d'Henry parce qu'il était Relationnel, mais parce qu'elle se sentait attirée par sa gentillesse et son physique, *a priori*. Henry a abandonné une superbe propriété familiale à son ex-épouse pour s'installer avec Céline dans un pavillon sans prétention, mais il a retrouvé le bonheur de vivre en tandem.

EN TOUTE AMITIÉ...

Le tandem Créatif/Relationnel est un couple d'amis à la vie à la mort. Un peu comme deux frères ou deux sœurs sans liens de sang. Si vous avez la chance de croiser un antagoniste complémentaire, n'hésitez pas à accrocher votre wagon, la locomotive va dans le sens de vos sympathies, irrationnelles par définition.

Créatif et Sensitif ?

AU TRAVAIL...

Ça devrait se passer plutôt bien. Le Créatif invente, conçoit, et le Sensitif ressent l'opportunité ou le succès à venir de l'idée ou du projet proposés par le Créatif.

Le seul problème qui pourrait se poser se situe au niveau des responsabilités de chacun : un patron Créatif pourrait prendre ombrage de l'avis de son employé Sensitif dont le flair sera toujours plus extemporané que le sien. Le grand défaut du Créatif vient de son intemporalité. Il peut avoir des idées géniales mais elles ne sont pas toujours adaptées à l'époque ou aux courants. Le Créatif n'est pas branché, comme on dit aujourd'hui, il fonctionne en roue libre. Dans le sens contraire, ça marche nettement mieux : le Sensitif dirige le Créatif et tout est pour le mieux dans le meilleur des mondes.

En couple…

Pas le bon plan ! Une liaison trop poétique, trop fragile psychologiquement pour durer. La résonance émotionnelle est faible, même si les sentiments peuvent y pallier. Ce genre de couple n'est pas adapté à notre société de consommation dans laquelle il faut se battre pour survivre. À moins d'avoir les moyens financiers de vivre ses rêves, c'est le genre de couple qui rêvera sa vie pour échapper à l'impitoyable sanction du combat quotidien. Roméo et Juliette ! En revanche, en tant qu'amants, ça peut le faire !

En amitié…

Sensitifs et Créatifs s'entendent bien et se respectent. Ce n'est pas le coup de foudre, mais une amitié raisonnable qui peut s'installer dans la durée.

Créatif et Tribal ?

Au travail…

Professionnellement, il s'agit d'un couple très rentable tant que le Créatif produit des idées ou des projets commercialisables. Le Tribal paiera toujours le moins possible mais il paiera sans rechigner, car il considère son intérêt comme prioritaire. Le Tribal est fondamentalement matérialiste et surtout très opportuniste et le Créatif fondamentalement… artiste et parfois trop généreux quand il déborde d'idées. Le premier pond des contrats, le second les signe sans les lire. Le jour où les idées du Créatif ne correspondront plus aux attentes du Tribal, le premier se retrouvera à la rue et le second le remplacera sans l'ombre d'une hésitation par un nouveau citron Créatif à presser. Tout cela n'est que normal. Les Tribaux ne sont pas des philanthropes. La seule parade du Créatif est son instinct auquel il doit obéir, surtout quand le Tribal semble s'éloigner ou tarde à répondre aux projets qu'il lui présente.

En couple...

Heureusement, sur le plan des sentiments, les choses ne sont pas aussi drastiques. Un couple de ce genre fonctionnera bien si tous deux ont des activités professionnelles croisées ou communes. Peut-être un peu moins bien s'ils exercent chacun de leur côté.

En toute amitié...

Humainement, c'est une autre paire de manche. Ces deux-là ne sont pas branchés sur le même voltage. L'amitié entre un Tribal et un Créatif ? Mission impossible. Ils s'évitent sans pour autant se détester et esquivent surtout les sujets qui fâchent, car le Tribal est un peu « Moi, je sais tout » et le Créatif a toujours réponse à tout, même s'il ne sait rien.

IV

La famille Idéaliste

L'Idéaliste vise le plus-que-parfait
et atterrit inéluctablement au moins-que-parfait
car la perfection n'est qu'une illusion.

Idéaliste et Cartésien ?

Voir la famille des Cartésiens p. 290.

Idéaliste et Challenger ?

Voir la famille des Challengers p. 298.

Idéaliste et Créatif ?

Voir la famille Créative p. 304.

Idéaliste et Idéaliste ?

AU TRAVAIL...

Les Idéalistes sont majoritaires dans la population, ce qui fait qu'on en trouve souvent plusieurs dans un même service sans que cela ne pose de problème particulier. Ce sont des individus sociables et productifs qui terminent toujours ce qu'ils commencent. Leur communication à destination de leur entourage est modulaire, ce qui signifie qu'elle se cantonne à diffuser des informations non affectives, donc factuelles.

En couple...

Ça peut mais ça ne doit pas obligatoirement marcher. Et pourtant, les couples clones existent chez les Idéalistes. Très fidèles, ils poursuivent leur route ensemble même si l'amour a perdu des points. Il reste toujours de la tendresse au congélateur.

En toute amitié...

Ils sont souvent fans de... et très liés par l'admiration qu'ils vouent à leur idole. L'idole peut aussi être une machine infernale comme une Harley Davidson, un domaine de prédilection comme la gastronomie ou la musique classique, pas forcément un individu. Les Idéalistes sont des collectionneurs, d'où le succès des collections dans notre beau pays où les Idéalistes sont majoritaires. Ils s'attachent facilement à tout autre amateur de la même passion qu'eux. On se rassemble pour se ressembler.

Idéaliste et Narcissique ?

Au travail...

Ça marche toujours bien et parfois le binôme qu'ils représentent est formidablement rentable, surtout quand il s'agit de deux associés qui gèrent un commerce indépendant ou une entreprise.

En couple...

C'est le couple idéal, comme je l'ai illustré au début de ce chapitre avec l'histoire de Véronique et de Mathurin (voir p. 215). Elle est Offensive, il est Défensif ; elle est Cognitive, il est Affectif ; elle est Introvertie, il est Extraverti. L'image inverse l'une de l'autre. Un couple incassable, en principe. Cerveau gauche et cerveau droit se complètent, ils n'ont qu'un seul cœur qui bat en double mais ce n'est pas un couple fusionnel. Le fonds de commerce de leur entreprise repose sur un amour et un respect infini de l'autre. Ils n'ont pas seulement l'air heureux, ils le sont.

En toute amitié...

Le profil Idéaliste est le versus du profil Narcissique. Il y a toujours un peu de l'Idéaliste chez le Narcissique et *vice versa*. Ils sont tous deux perfectionnistes, mais à leur manière. Et ils s'entendent bien, évidemment. Quelle question !

Idéaliste et Relationnel ?

Au travail...

Le Relationnel copine avec tout le monde et fait bonne impression de prime abord. L'Idéaliste voit en lui un allié possible, voire un porte-parole en cas de conflit avec la direction. Même si sa résonance émotionnelle avec l'Idéaliste est faible, le Relationnel s'arrangera toujours pour faire croire le contraire, affable, gentil, à l'écoute et jouant de l'étonnement comme d'une caresse pour l'ego de son interlocuteur. Il ne se fâchera vraiment que si l'Idéaliste lui marche sur les pieds.

EN COUPLE...

Couple un peu lambda qui peut marcher ou pas en fonction des sentiments qui les unissent, des enfants ou des intérêts communs. Il ne faut surtout pas qu'ils travaillent ensemble, ce qui sera le meilleur gage de stabilité.

EN TOUTE AMITIÉ...

Je suis obligé de me reporter à la théorie de la résonance émotionnelle : elle serait assez bonne mais pas toujours suffisante pour cimenter une amitié au long cours.

Idéaliste et Sensitif ?

AU TRAVAIL...

L'Idéaliste est un auditeur, le Sensitif est un locuteur. Sur ce plan, tout devrait se passer sans aspérité, sauf que l'esprit critique de l'Idéaliste ne sera pas toujours apprécié par le Sensitif. Ce qui est vrai pour l'un ne sera pas toujours avéré pour l'autre.

EN COUPLE...

L'Idéaliste ne se sentira pas en sécurité avec un Sensitif, trop fragile ou trop vulnérable à son avis. Et *vice versa*. Or, l'Idéaliste recherche, lui aussi, une épaule solide (mâle ou femelle) pour se reposer de ses angoisses existentielles.

EN TOUTE AMITIÉ...

Ça se passe plutôt bien mais sans véritable attirance intellectuelle. Ce genre de relation demeure très superficielle mais de bon ton. Cependant, il existe un terrain d'entente qui les rassemble : le goût de la lecture. Les Sensitifs et les Idéalistes sont des fans de romans et des lecteurs assidus. Le goût de la culture peut aussi les rassembler dans le même camp.

Idéaliste et Tribal ?

Au travail...

Si le Tribal détient le pouvoir, l'Idéaliste se pliera de mauvaise grâce à ses ordres mais il obtempérera par respect de la hiérarchie. Dans le cas inverse, l'Idéaliste risque fort de harceler subtilement son subalterne Tribal pour qu'il change d'air.

En couple...

Ce n'est pas vraiment la configuration idéale. Encore que de tels couples existent fatalement. S'entendent-ils aussi mal que le voudrait la théorie des résonances émotionnelles ? Je ne le crois pas. Mais plus la construction du couple sera fastidieuse, plus ce couple aura des chances de durer. Il sera toujours un peu sado-maso. Devinez qui tient le rôle du sadique !

En toute amitié...

Le Tribal est un profiteur des bonnes prédispositions ou de la compassion de l'Idéaliste. Si ce dernier consent à lui faire plaisir chaque fois que l'autre a besoin de lui, des liens d'amitié peuvent s'établir sur la base de services rendus. On se fait des amis comme on peut, pas comme on veut.

V

La famille Narcissique

Il s'y croit déjà avant d'y être.

Narcissique et Cartésien ?

Voir la famille des Cartésiens p. 290.

Narcissique et Challenger ?

Voir la famille des Challengers p. 299.

Narcissique et Créatif ?

Voir la famille Créative p. 305.

Narcissique et Idéaliste ?

Voir la famille Idéaliste p. 312.

Narcissique et Narcissique ?

AU TRAVAIL...

Pas de problème majeur sauf que, pour ce qui est de la créativité, il faudra repasser un autre jour. Mêmes compétences, mêmes idées, mêmes erreurs. Ça manque de relief, voire d'originalité.

EN COUPLE...

Un couple de Narcissiques est un binôme qui vit pour, par et à travers la galerie. Pas très courant sous nos latitudes franco-françaises mais très couru chez les Nordiques. Ils s'habillent pareil, se teignent les cheveux de la même couleur, choisissent parfois un partenaire en fonction de critères de ressemblance physique. C'est ce qu'on nomme un couple fusionnel, genre « Moi, mon homme » ou « Moi, ma fille ». Il y a eu une émission de télé sur TF1 pour laquelle avaient été invités des clones « mère-fille » totalement photocopiées. C'était lamentable et effrayant à la fois. Ne pas pouvoir être soi mais un clone de sa mère est un inceste visuel. Car les pères étaient présents, alignés sur une rangée de banquettes comme des oignons en larmes... de joie. Bon, d'accord ! Ce n'était qu'un concept télévisuel. Les couples fusionnels existent cependant et sont généralement heureux de se ressembler, un peu comme des jumeaux univitellins (du même œuf) qui jamais ne se quittent. La ressemblance est-elle un gage de fidélité ? Il est vrai qu'on ne divorce jamais de soi.

EN TOUTE AMITIÉ...

« Vous connaissez l'histoire du Narcissique qui se croise dans la rue ? Ça lui a fait un tel choc de se reconnaître qu'il s'est retrouvé aux urgences... »

Là, c'est une autre paire de manches. Les binômes clonés s'entendent très bien, car ils se comprennent implicitement. Pas de sentiments amoureux mais une amitié sans aspérités tant qu'ils n'entrent pas en concurrence. Imaginez deux amis qui ouvriraient une boutique de mode féminine dans la même rue commerçante. Je vous la pose, la question qui brûle : pourront-ils rester amis alors qu'ils sont en concurrence frontale ?

Narcissique et Relationnel ?

AU TRAVAIL...

Excellent tandem s'il faut trouver des idées de communication ou de promotion d'un produit ou d'un service. Le Relationnel joue sa partition au niveau du terrain et le Narcissique explore les possibilités de l'image ou les mots qui font vendre. Les bonnes bouffes s'additionnent aux bonnes idées, et le tour est joué. Le Narcissique conçoit, le Relationnel se met à l'écoute du feed-back. Il fait son marché.

EN COUPLE...

Couple festif, grands amateurs de week-ends impromptus et de petits restos branchés. Si votre couple correspond à ce binôme, vous avez bien de la chance. Hélas, pour faire face, il faut des sous, beaucoup de sous. Si vous en manquez, vous risquez de vous emm... nnuyer comme des rats morts.

EN TOUTE AMITIÉ...

Pour illustrer l'amitié qui peut lier ces deux profils, je vous propose une petite fable amusante (encore une) que je vous demande de ne pas prendre au pied de la lettre. Les Narcissiques sont souvent des « Moi, je » un peu égocentriques, ce qui ne les rend pas antipathiques pour autant. J'attribue le rôle du JE au Relationnel et celui du MOI au Narcissique. Deux faces d'un même personnage !

La fable de Moi et de Je

« Qui êtes-vous ?
— Je suis Moi ! Et vous ?
— Moi aussi, je suis Moi !
— Enchanté de me connaître ! »
Moi et Je s'amusent comme des petits fous. C'est à celui qui sera le plus spirituel des deux.
« Et vous faites quoi dans la vie ? poursuit Je sur le même ton.
— Égocentrique ! Je suis en orbite autour de mon nombril, répond Moi avec un air filou.
— Vous avez beaucoup de travail ?
— Énormément ! Si vous saviez ! C'est épuisant de s'occuper de soi exclusivement.
— Je pourrais peut-être vous aider. Vous n'avez pas besoin d'un assistant, des fois ?
— Qu'est-ce que vous faites dans la vie ?
— Pronom personnel ! répond Je.
— Et ça vous plaît, comme job ?
— On s'y fait ! Mais il m'arrive de perdre des clients.
— Ah bon ? Et pourquoi ?
— Vous savez bien ! Ceux qui s'adressent la parole à la deuxième personne du singulier en se regardant dans un miroir, histoire de briser leur solitude. « Tu vas bien ? – Au poil, ma croûte ! » Notez que je les comprends. À force de se fréquenter soi-même, on a parfois envie de frayer avec les autres.
— Bof ! Les autres ne présentent aucun intérêt, réplique Moi, dédaigneux.
— Ne dites pas ça ! Les autres existent et on s'amuse toujours mieux à deux.
— Pour quoi faire ? Les hommes sont tous obsédés par leur nombril. Ce qui explique d'ailleurs ma réussite extraordinaire, se rengorge le Moi.
Je, le pronom personnel, poursuit son inventaire :
— J'ai d'autres clients qui parlent d'eux à la première personne du pluriel. « Nous sommes arrivés », disent-ils. « Nous ferons ceci, nous irons là-bas. »

— Des hommes à rayons multiples comme les hypermarchés, lâche Moi en riant de bon cœur de son trait d'esprit.
— C'est un peu ça, convient Je, riant à son tour.
— En tout cas, les « Moi, je » sont en augmentation constante dans nos régions. On pourrait peut-être s'associer. Et vous savez pourquoi ? reprend le Moi.
— Non, j'avoue que je l'ignore.
— Réfléchissez donc, mon cher Je ! Plus on crève de faim dans le monde, plus chacun a besoin de son Moi pour se protéger de la misère des autres.
— Mais c'est une ignominie !
— C'est vrai, admet le Moi. Cependant, l'individualisme est devenu une valeur refuge. À quoi ça sert de s'inquiéter de tous les malheurs qui frappent le voisin quand on a déjà tant mal à s'occuper de soi ?
Je passe au tutoiement :
— Si je comprends bien ton raisonnement, plus on est riche plus le cœur descend vers le postérieur…
— C'est tout vu, réplique Moi.
— … Et le portefeuille de remonter à la place du cœur, dans ce cas ? Un de ces jours, on te donnera un coup de pied au derrière et tu feras un infar, ma croûte. »

Narcissique et Sensitif ?

AU TRAVAIL…

Excellent binôme professionnel dans le secteur de la déco, du marketing ou de la publicité, par exemple. Narcissiques et Sensitifs y trouvent toujours un terrain de jeu à partager. Ailleurs, c'est déjà moins évident. Le Narcissique vit pour la galerie et projette son Moi sur les autres. Le Sensitif est plus introspectif et plus psy, il est la caisse de résonance des autres.

En amour...

Mis à part quelques problèmes de communication, un tel couple demeure une valeur sûre à la bourse des sentiments. Deux Introvertis se racontent l'un à l'autre au lieu de communiquer l'un avec l'autre. Et alors ? Ça ne gêne ni l'un, ni l'autre, car ils se trouveront passionnants tant qu'ils s'aimeront. L'idéal : qu'ils ne bossent pas ensemble pour que jamais la routine et la monotonie ne s'installent dans leur couple.

En amitié...

Ils sont assez différents l'un de l'autre pour ne pas s'ennuyer ensemble.

Narcissique et Tribal ?

Au travail...

C'est un binôme gagnant pour autant que chacun exerce une fonction qui convient à ses aptitudes ou à ses talents.

En amour...

Excellente association amoureuse, s'il en est. Le Tribal a le sens de la famille et de l'autorité pour deux. Le Narcissique (homme ou femme) est ou sera le moteur de la réussite professionnelle ou vitale du couple. Le Tribal en sera l'artisan, le Narcissique le promoteur. Ne cherchez pas plus loin si votre nouveau coup de cœur est une Tribale et vous un Narcissique (ou l'inverse), vous avez décroché la timbale. À moins que...

Il y a un défaut à la cuirasse : les Narcissiques se shootent à l'image publique (la leur). Si vous êtes une célébrité ou si vous êtes un notable dans votre région, votre partenaire

Narcissique voudra en tirer parti mais n'acceptera jamais de vivre votre notoriété par procuration. Il ou elle voudra exister par lui-même et c'est à ce niveau de votre histoire que les ennuis vont commencer. Beaucoup de stars Tribales épousent des Narcissiques anonymes qui n'ont souvent que leur beauté pour tout viatique. Des Narcissiques qui, quand ils découvrent l'univers de paillettes dans lequel évolue leur conjoint, veulent absolument être reconnus pour leurs propres talents réels ou imaginaires, et non considérés comme une pièce rapportée de leur partenaire dans la vie civile.

En amitié...

Ils me font penser à un remake de la fable *Le Corbeau et le Renard* dans une version expurgée de la ruse du renard. Le fromage que le Narcissique (je veux dire le corbeau) tient dans son bec, il acceptera de le partager avec le Tribal (j'entends le renard) en toute amitié. Il faut dire que le Tribal est un fichu manipulateur.

VI

La famille Relationnelle

Il faut savoir s'exprimer pour se faire entendre.

Relationnel et Cartésien ?

Voir la famille des Cartésiens p. 292.

Relationnel et Challenger ?

Voir la famille des Challengers p. 300.

Relationnel et Créatif ?

Voir la famille Créative p. 306.

Relationnel et Idéaliste ?

Voir la famille Idéaliste p. 313.

Relationnel et Narcissique ?

Voir la famille Narcissique p. 318.

Relationnel et Relationnel ?

Au travail...

Deux Relationnels ne peuvent que s'entendre, car ils apprécient les mêmes plaisirs de la vie.

En couple...

Ça devrait être très conflictuel, et c'est tout le contraire. Les couples clones chez les Relationnels fonctionnent bien, voire très bien. Ils contredisent la théorie de la résonance émotionnelle à laquelle j'ai fait référence dans l'introduction de ce chapitre.

En toute amitié...

Les Relationnels se lient facilement et se reconnaissent entre eux. Ils sont très sociables, aiment la fête et le rire. Ce sont d'ailleurs des individus très « bisounours », c'est le type de signal qui les distingue des autres profils.

Relationnel et Sensitif ?

Au travail...

La résonance émotionnelle entre Relationnels et Sensitifs est équilibrée, ils ont tous deux un sens de la communication, sympathique pour le Relationnel et empathique pour le Sensitif.

En couple...

Sexuellement, ils sont toujours prêts, comme les scouts. Ça marche encore mieux quand il y a des sentiments en option.

Marjorie et Hippo (pour Hippolyte) se sont rencontrés dans un bistro qui pratique le « dating » et ont tout de suite flashé l'un sur l'autre. Une attirance sexuelle magnétique entre deux polarités presque contraires. Leur liaison a duré quelques mois. La passion – mais il a bien fallu se résigner à couper court, Marjorie était mariée à un autre homme prestigieux, riche, beau et intelligent. Bien des années plus tard, elle m'a confié qu'elle avait le sentiment d'avoir raté le coche avec Hippo. S'il n'y avait pas eu son époux, elle aurait peut-être... Mais Marjorie est une Relationnelle et Hippo était un poète, un Sensitif pas très fortuné et pas trop ambitieux.

Les Relationnels détestent par-dessus tout la médiocrité d'une vie faite d'amour et d'eau fraîche. Il leur faut des sous pour améliorer l'ordinaire.

EN TOUTE AMITIÉ...

Ça fonctionne toujours bien entre eux. Le Relationnel apprécie la sensibilité du Sensitif et ce dernier admire l'aisance sociale du Relationnel.

Relationnel et Tribal ?

AU TRAVAIL...

Adeptes convaincus que la bonne communication ne peut qu'améliorer les performances du service ou de l'entreprise, les couples Tribal/Relationnel s'entendent sur le dos des autres profils et s'enrichissent de leurs différences, s'ils ne sont pas en concurrence frontale.

EN COUPLE...

Un couple adaptatif dans lequel le ou la Tribale prendra le pouvoir sans levée de bouclier de son conjoint

Relationnel. Il faudra pimenter la relation sexuelle pour que l'amour s'entérine.

En toute amitié…

Le côté festif du Relationnel ne dérange pas le Tribal, qui aime aussi faire la fête.

VII

La famille Sensitive

L'instinct devine toujours ce qui se trame dans le cœur de l'autre.

Sensitif et Cartésien ?

Voir la famille des Cartésiens p. 293.

Sensitif et Challenger ?

Voir la famille des Challengers p. 301.

Sensitif et Créatif ?

Voir la famille Créative p. 308.

Sensitif et Idéaliste ?

Voir la famille Idéaliste p. 314.

Sensitif et Narcissique ?

Voir la famille Narcissique p. 320.

Sensitif et Relationnel ?

Voir la famille Relationnelle p. 324.

Sensitif et Sensitif ?

Au travail...

Tant qu'ils demeurent prudemment dans le champ professionnel ou amical, rien ne peut déraper entre eux. Ils croient aux mêmes choses, partagent les mêmes rituels et se fréquentent pour s'enrichir mutuellement de leurs confidences ou de leur intelligence créative.

En couple...

La combinaison impossible, impensable ! Pourquoi ? Parce que ces deux profils sont des bavards impénitents. À force de parler chacun pour soi, ils finiront par se lasser l'un de l'autre ou par se perdre de vue.

En toute amitié...

Voir *Au travail...* Les Sensitifs fréquentent beaucoup les boutiques « parapsy » et les conférences de santé alternatives. Ils sont aussi attirés par l'écologie. Les Sensitifs sont des individus très curieux, de l'inexplicable à l'inexpliqué.

Sensitif et Tribal ?

Au travail...

Excellente combinaison pour autant que le Tribal ne cherche pas à déprécier l'estime de soi que se vote le Sensitif. Ce dernier pourrait devenir agressif, voire quérulent. Mais si le Tribal le respecte et l'accepte en bloc avec ses lubies, le Sensitif lui sera totalement dévoué. Il faut dire que le Tribal profite sans vergogne de la créativité du Sensitif. Quant au Sensitif, il a besoin d'être apprécié pour ses idées. Tout le monde y gagne.

En couple...

Ce genre de couple appartient à la catégorie du possible. Le Sensitif a besoin de se sentir en sécurité et le Tribal est un homme (ou une femme) plutôt sécurisant. Le Tribal détiendra le pouvoir dans le couple, quel que soit son sexe, et le Sensitif n'y verra que des avantages.

En toute amitié...

A contrario des deux premières estimations (couple et travail), les Sensitifs et les Tribaux ne se fréquentent que rarement en tant qu'amis. Ils ne partagent ni les mêmes valeurs ni la même sensibilité. Leurs intérêts sont divergents.

VIII

La famille Tribale

Il sait se vendre plus cher qu'il ne vaut.

Tribal et Cartésien ?

Voir la famille des Cartésiens p. 294.

Tribal et Challenger ?

Voir la famille des Challengers p. 302.

Tribal et Créatif ?

Voir la famille Créative p. 309.

Tribal et Idéaliste ?

Voir la famille Idéaliste p. 315.

Tribal et Narcissique ?

Voir la famille Narcissique p. 321.

Tribal et Relationnel ?

Voir la famille Relationnelle p. 325.

Tribal et Sensitif ?

Voir la famille Sensitive p. 328.

Tribal et Tribal ?

Au travail...

Contrairement aux autres couples clones, les Tribaux sont parfaitement capables de travailler de concert dans l'intérêt de la société qui les emploie mais aussi et surtout au profit de l'évolution de leurs carrières respectives. Toujours attentifs à leur entourage, ils sont parfaitement capables de parer les coups d'estoc de leurs collègues ambitieux sans avoir besoin de les agresser pour les tenir à distance. Les Tribaux sont rarement victimes d'un harcèlement moral, voire sexuel. Leur opportunisme naturel les protège, même s'ils n'occupent que des postes subalternes en attendant mieux.

En couple...

Deux individus tribaux en couple sont deux êtres dominants qui s'affrontent émotionnellement en permanence. Le couple peut fonctionner affectivement s'ils travaillent ensemble. Je vous rappelle que l'émotion est une énergie qui se colore en négatif ou en positif en fonction de l'affect qui est un sentiment. C'est ce dernier qui offre à l'émotion sa coloration négative ou positive. Un exemple célèbre et surexposé en prévision des élections présidentielles : François Hollande et Ségolène Royal. Le couple phare de la tribu tribale. Sur 500 000 élus en France, il devrait y avoir environ un quart de Tribaux, la politique les hypnotise.

En toute amitié...

Les Tribaux adorent se rassembler, donnant raison, pour une fois, au dicton qui prétend que « qui se ressemble, s'assemble ».

On les retrouve en majorité comme militants de partis politiques, dans les coteries, les associations professionnelles qui attirent les chefs d'entreprise ou les indépendants, dans les clubs sportifs, d'autant que, pour un Tribal, le sport n'est jamais qu'un prétexte opportun pour faire connaissance ou se faire des amis.

CINQUIÈME PARTIE

LES PROFILS MUTANTS

Cultiver ses propres différences, c'est déjà tolérer celles des autres.

I

Oreille droite ou oreille gauche ?

Tous les profils mutants ne débouchent pas sur des individus en crise, certains ambidextres, comme les mutants de l'oreille, en tirent un profit considérable.

Il ne s'agit pas de personnes qui sont passées d'un mode d'écoute à son contraire au cours de leur existence, mais bien de ceux qui peuvent écouter indifféremment leur correspondant de l'une ou l'autre oreille. Ce type de profil est considéré comme mutant, car il allie deux grilles peu compatibles mais dont la combinaison enrichit paradoxalement celui qui en bénéficie au lieu de l'appauvrir. Il tire profit d'une multiplication d'aptitudes et de talents potentiels associés aux deux profils combinés.

Ne cherchez pas à jouer les mutants en changeant volontairement d'oreille téléphonique, vous n'abuseriez que vous. Cette plasticité s'installe involontairement quand la chance vous sourit, quand un bouleversement heureux vous pousse vers la réalisation de vos rêves. Ou alors elle a toujours été présente mais vous n'en avez pas encore tiré profit. Beaucoup de profils classiques réussissent leur carrière sans pour autant devenir des mutants gestuels. Le geste ne suffit pas, évidemment, puisqu'il n'est que la balise corporelle d'un champ psychologique majeur. Dois-je vous le rappeler ?

Le Tribal Créatif

Bras droit dominant, pouce gauche dominant, oreille gauche ou droite au choix.

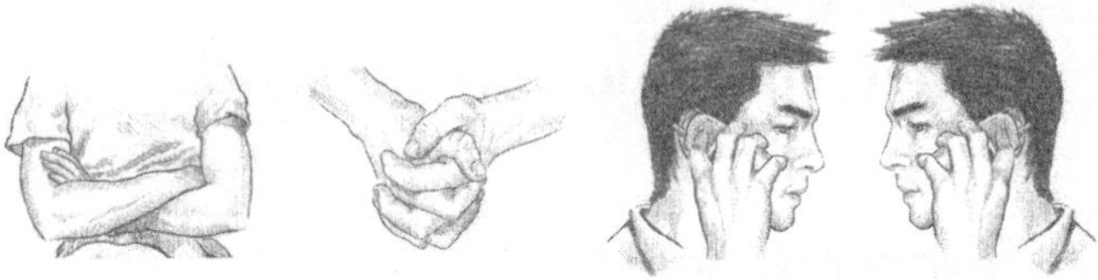

OFAFEX/OFAFIN

Il a tout, l'imagination, les idées, le flair et la capacité de réaliser ses rêves en fédérant une équipe qui le suivra dans sa réussite. Les Tribaux Créatifs sont des créateurs d'opportunités, des créateurs d'entreprises ou des créateurs tout court. Cependant, il devient parfois trop arrogant quand tout lui réussit trop vite ou trop facilement. Il semblerait que François Hollande soit un Tribal Créatif. Les Tribaux Créatifs sont de redoutables manipulateurs.

Le Challenger Narcissique

Bras droit dominant, pouce droit dominant, oreille gauche ou droite au choix.

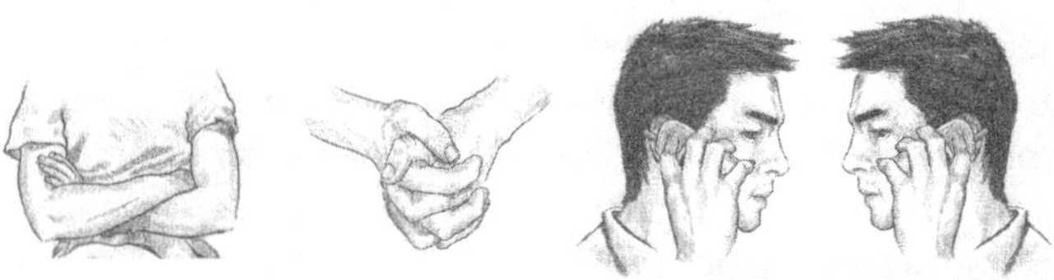

OFCOGEX/OFCOGIN

Très médiatique, très cabotin et avide de reconnaissance publique, s'il occupe un poste en vue.

Un peu de Tapie, un zeste de Messier, de Steve Jobs ou Bill Gates et beaucoup d'Albert Frère, le Challenger Narcissique a besoin de faire savoir au monde entier qu'il atteint le sommet de ses rêves. Il veut le pouvoir mais aussi les avantages qu'il procure à celui que le destin a choisi de pousser vers la gloire. Ça, c'est pour le côté jardin. Côté cour, on trouve aussi des Challengers Narcissiques qui ne trouvent pas leur voie ou qui ont été débarqués par leurs actionnaires.

L'Idéaliste Sensitif

Bras gauche dominant, pouce gauche dominant, oreille droite ou gauche au choix.

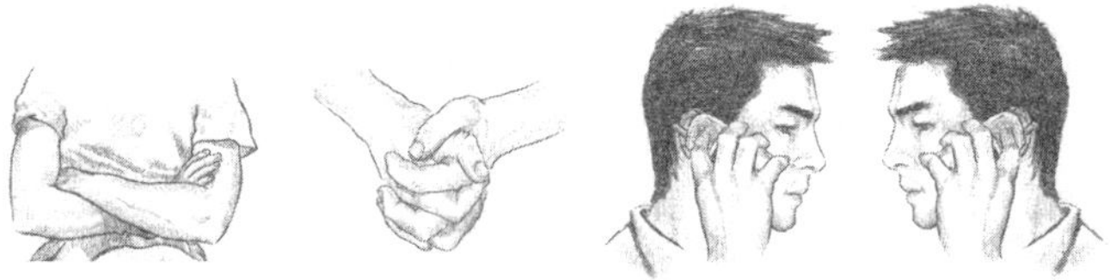

DEFAFEX/DEFAFIN

Il n'existe pas de meilleur auditeur ou observateur que l'Idéaliste Sensitif. Écrivain, il fera partie des stars du métier s'il parvient à juguler ses impatiences (Michel Houellebecq). Éditeur, il aura le flair et le souci de stimuler sa maison d'édition pour la qualité de ses productions. L'Idéaliste Sensitif est un homme ou une femme de culture au sens large du terme.

Le Relationnel Cartésien

Bras gauche dominant, pouce droit dominant, oreille gauche ou droite au choix.

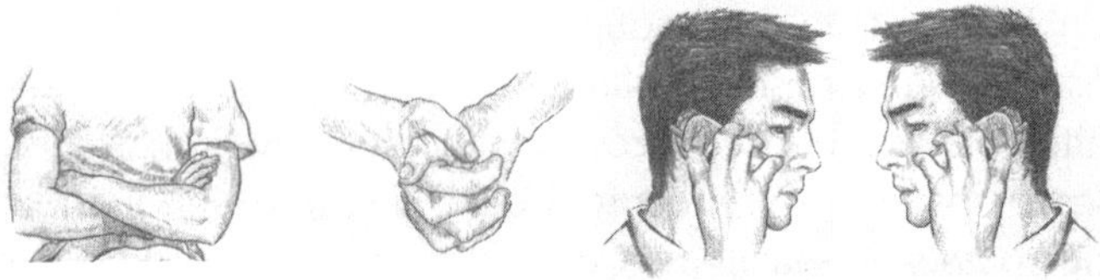

DEFCOGEX/DEFCOGIN

Le sujet est assez rare pour qu'on s'y arrête un instant. Oblatif et totalement humaniste, le Relationnel Cartésien est l'homme ou la femme qui vit sa croisade personnelle au profit des autres. On en trouve dans les ONG, dans les structures sociales et bénévoles, chez les pompiers, etc. Ils sont pratiquement les seuls à savoir vraiment ce que le terme « abnégation » signifie. Certains politiques se signalent dans cette catégorie.

II

Pouce droit ou pouce gauche ?

L'ambivalence du croisement de doigts amenant les pouces tour à tour en dominance est une curiosité qui trahit un profil mutant. Cette ambivalence peut apparaître chez chacun au cours d'une période de remise en question ou de crise d'identité. La dynamique mentale varie entre le goût du plaisir et l'envie du désir. Les enfants du désir (Cognitifs) se heurtent parfois à des murs infranchissables et se retournent alors vers le plaisir (Affectifs) pour une courte période. Les enfants du plaisir, en revanche, ne vont jamais vers le désir.

Le Créatif Narcissique

Bras droit dominant, oreille gauche, pouce gauche ou droit en alternance.

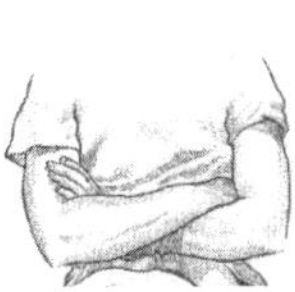

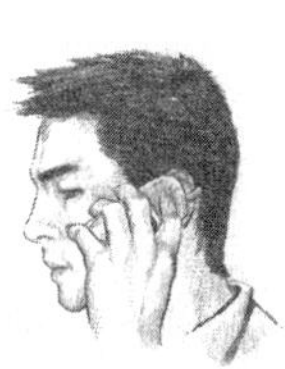

OFAFIN/OFCOGIN

Très identifié, voire introjecté, à sa ou ses créations, il ne supporte pas la critique, fût-elle constructive. Ce qu'il fait est plus que parfait et intouchable. Ça n'a pas de prix, même et surtout si c'est nul à ch... Le Créatif Narcissique est un écorché vif avide d'une reconnaissance qui ne vient pas à lui, d'un destin qui l'a laissé sur le bord de la route. C'est l'artiste de music-hall au costume bleu que chante Aznavour, l'« écriveur » obsessionnel qui se prend pour une plume ; trois lecteurs intimes ont suffi pour qu'il se sente l'âme d'un futur académicien. Il revendique un talent qu'il ne possède manifestement pas, mais dont la pseudo-existence lui donne l'impression de remplir le vide qu'il ressent. Si vous êtes dans ce cas, j'en suis navré pour vous, car vous rejetterez ce livre et son auteur à cet instant précis pour ne pas avoir... à affronter ce tourment du vide intérieur. Ou alors vous me ferez savoir par mail que vous n'êtes absolument pas d'accord avec mon analyse, ce qui est déjà une démarche plus relationnelle. Je vous répondrai en fonction des éléments que vous aurez bien voulu me fournir et j'essaierai de vous aider.

Le Challenger Tribal

Bras droit dominant, oreille droite, pouce gauche ou droit en alternance.

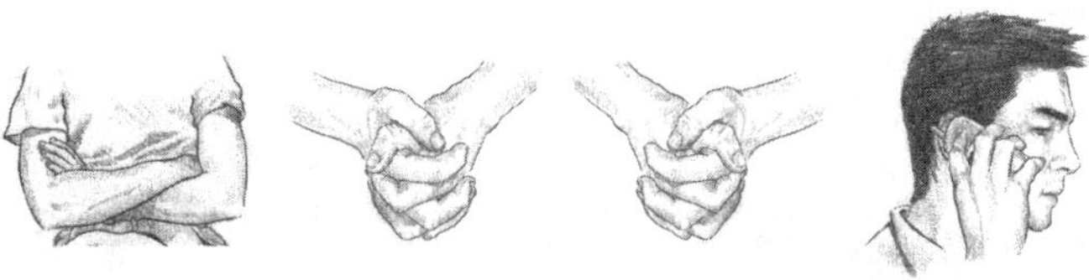

OFCOGEX/OFAFEX

Chef ou chef ? Le choix est vite fait : chef ! Challenger ou Tribal, ce qui vous manque, c'est de pouvoir exercer le pouvoir, une qualité inscrite dans la charte de votre double profil. En réalité, vous êtes soit Challenger soit Tribal, mais la situation que vous vivez perturbe votre dynamique mentale et vous empêche de fixer votre choix. Ce type d'alternance apparaît chez des individus assis entre deux chaises et disparaît quand ils ont retrouvé la voie médiane.

Le Relationnel Idéaliste

Bras gauche dominant, oreille droite, pouce gauche ou droit en alternance.

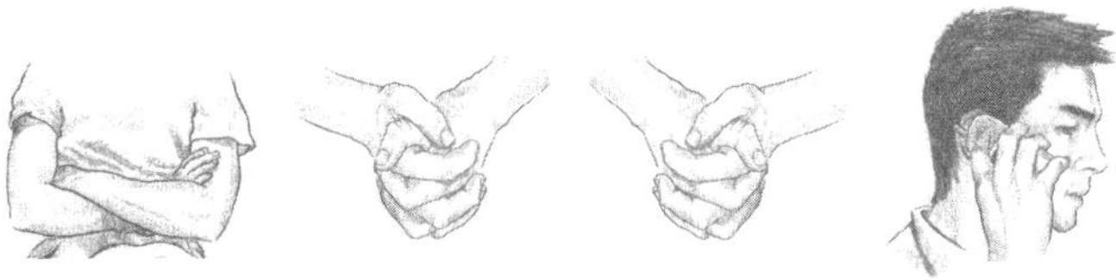

DEFCOGEX/DEFAFEX

Hypersociable, c'est le genre d'individu qui adresse la parole à tout le monde sans s'embarrasser de vains complexes. Julie pot-de-colle ! Il ou elle communique avec le monde entier, mais le monde entier n'apprécie pas toujours sa compagnie perçue comme une intrusion ou comme une ingérence. Trop sociable, c'est trop ! Une certaine retenue serait bienvenue.

Le Cartésien Sensitif

Bras gauche dominant, oreille gauche, pouce droit ou gauche en alternance.

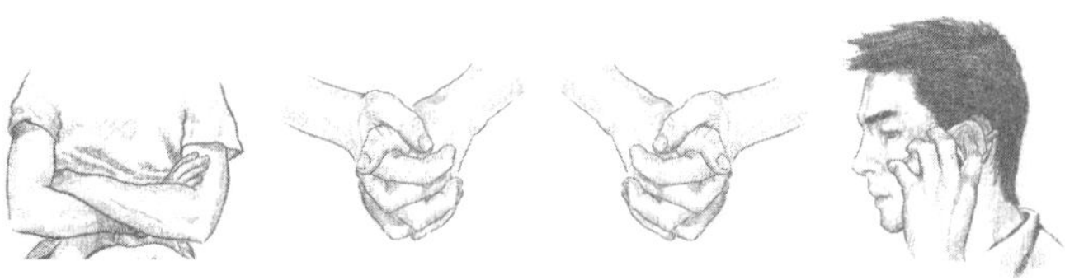

DEFCOGIN/DEFAFIN

Le mariage des contraires, sceptique et suggestible, logique et ésotérique. Les Cartésiens Sensitifs sont des individus déchirés entre deux croyances qui se rejettent mutuellement.

Ils ont envie d'y croire mais ne peuvent s'empêcher de douter. Le réalisme combat la magie occulte, par définition. Certains CARSEN (Cartésiens Sensitifs) voyagent du pays de la logique formelle à celui de la superstition suivant les époques ou suivant les personnes qu'ils rencontrent.

III

Bras droit ou bras gauche ?

Le Tribal Idéaliste

Pouce gauche, oreille droite, bras droit ou gauche en alternance.

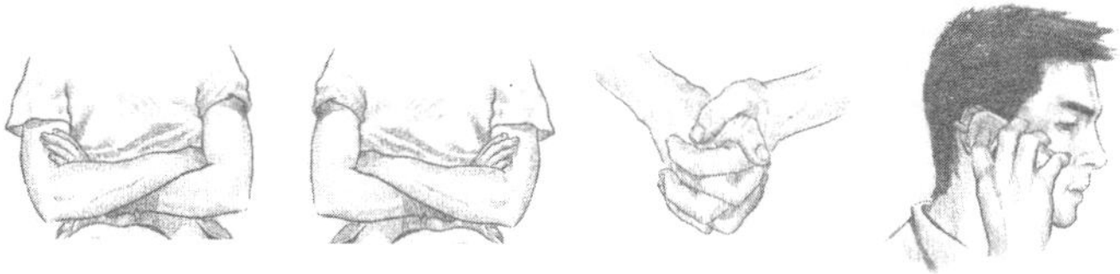

OFAFEX/DEFAFEX

C'est un individu qui s'engage systématiquement dans des croisades perdues. Il peut parfaitement donner l'impression d'avoir réussi sa carrière ou sa vie, mais ce n'est qu'une impression. L'amertume se cache derrière chacun de ses sourires. Je vous renvoie au second paragraphe du Narcissique Cartésien. L'inversion de bras lors du croisement est un symptôme de harcèlement ou de manipulation dont vous serez la victime si vous vous identifiez à ce profil hybride. N'importe quel Tribal qui devient la cible de critiques massives peut perdre pied, s'il n'a pas prévu un tir de barrage contre une attaque en règle de ses adversaires. Il se retrouve alors à croiser les bras des deux manières, indifféremment. Cette latéralité perturbée pourrait être le signe d'une défaite annoncée mais elle peut aussi indiquer une invasion massive du territoire mental. Le seul moyen de se protéger est de rompre ou d'éviter tout contact avec l'extérieur.

Le Créatif Sensitif

Pouce gauche dominant, oreille gauche, bras droit ou gauche en alternance.

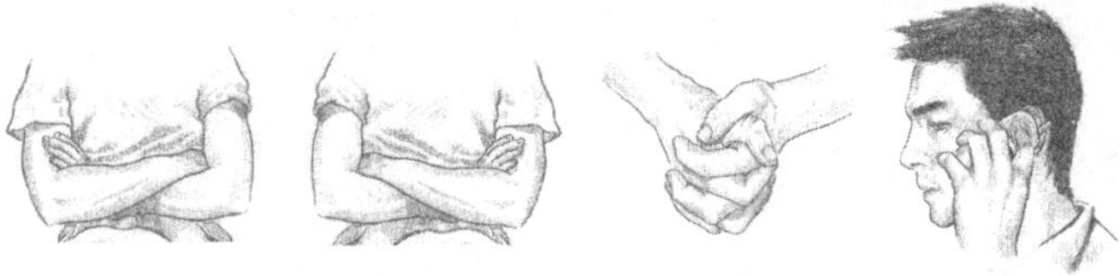

OFAFIN/DEFAFIN

Trop de sensibilité mène à l'hyperesthésie des convictions ou des croyances. Le Créatif Sensitif est un être hyperfragile qu'on repère souvent à la manière qu'il ou elle a d'ouvrir les muscles orbiculaires qui entourent les yeux en grand angle. Une fragilité dont abusent les gourous d'entreprise et les sectes religieuses.

Le Narcissique Cartésien

Pouce droit dominant, oreille gauche, bras gauche ou droit en alternance.

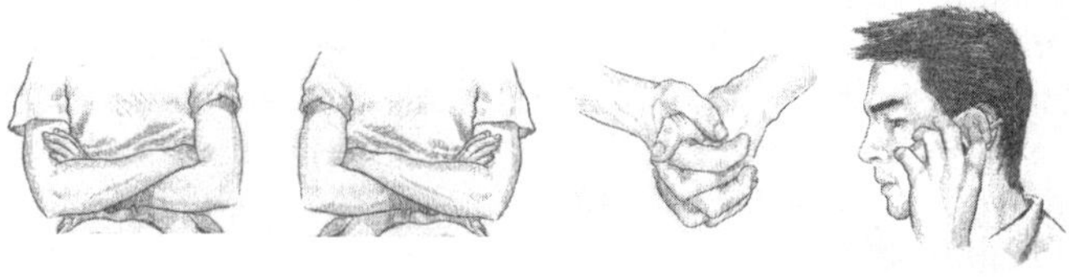

OFCOGIN/DEFCOGIN

On peut être fier de son physique et parfaitement stupide, on peut aussi être fier de sa culture et physiquement très laid. Le Narcissique Cartésien est un être que personne n'estime et qui ne se fait pas confiance, mais qui offre l'image caricaturale d'une intelligence supérieure en adoptant des postures doctorales pour jouer à être ce qu'il n'est évidemment pas. Tout n'est qu'apparence, rien n'est vrai, car la vérité est tellement désolante qu'il vaut mieux qu'elle reste cachée. Beaucoup de NARCAR (Narcissiques Cartésiens) fréquentent les coulisses du star-system, ils se bousculent dans les Salons du livre pour se frotter à la poussière des mots, certains usent leurs fonds de culotte sur les banquettes inconfortables des plateaux de télé dans l'espoir d'être capturés l'espace d'un instant par l'œil de la caméra. « J'y étais, mon cher ! »

Mais il y a aussi des NARCAR qui n'ont plus de territoire personnel, car ils sont victimes d'une entreprise de harcèlement qui sape les fondements de leur personnalité. Ils représentent la majorité des NARCAR que j'ai croisés. Cela me fait dire que si vous vous mettez à croiser indifféremment les bras dans un sens ou dans l'autre, je vous conseille de stopper les machines et d'observer votre vie au présent de l'indicatif, il y a problème, quel que soit votre profil mutant de cette famille des bras croisés.

Le Challenger Relationnel

Pouce droit dominant, oreille droite, bras gauche ou droit en alternance.

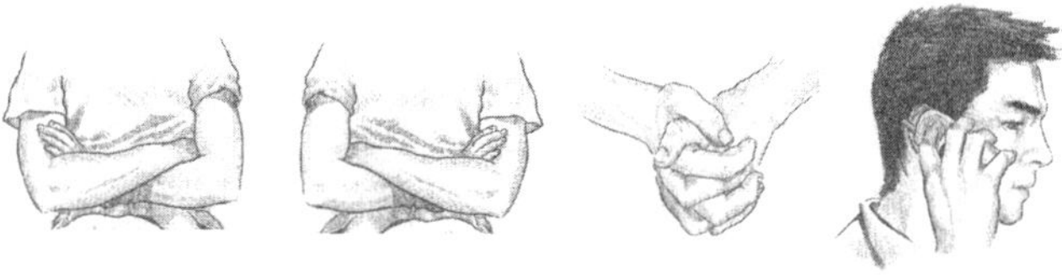

OFCOGEX/DEFCOGEX

Ça devrait sentir bon, cette fois-ci ? Hélas, non ! L'ambivalence du croisement des bras est un signal fort du subconscient à la conscience. Il indique un trouble du territoire mental, c'est-à-dire une perte de repères, un doute concernant des convictions bien ancrées jusque-là, une foi chancelante. Dans le cas du Challenger Relationnel, c'est la foi en soi qui est au plus mal et l'incapacité de retrouver cette maîtrise de soi qui est un vrai blindage psychique contre les harcèlements de tous bords. Il faut consulter un psy au plus vite pour remettre les pendules à l'heure. Et si vous considérez que ces quelques lignes ne correspondent pas à votre ressenti, je ne peux plus rien pour vous.

ANNEXES

Études statistiques

Les VIP au scanner : une étude sur les personnages du star-system

Population observée :
Hommes = 205 individus
Femmes = 107 individus

Offensifs ou Défensifs ?

	ACTEURS	POPULATION MASCULINE DE RÉFÉRENCE	ACTRICES	POPULATION FÉMININE DE RÉFÉRENCE
Offensifs	54 %	35 %	32 %	37 %
Défensifs	46 %	65 %	68 %	63 %

La différence de 19 % entre les acteurs et la population masculine de référence est considérable. Il semble que le besoin d'affirmation de soi et de confiance en soi soit les deux primats de la carrière artistique.

En revanche, les actrices ne feraient pas appel à ce type de conduite.

Ces premiers chiffres indiquent bien l'individualisme ou l'autonomie des acteurs par rapport à une population plus solidaire et dépendante du groupe. Un jeune acteur Offensif aura dès lors plus de chance de faire carrière qu'un acteur Défensif. Les Offensifs sont généralement plus audacieux que les Défensifs et disposent d'une indépendance d'esprit qui fait souvent défaut aux Défensifs. L'Offensif s'imposera pour pallier au manque de talent là où le Défensif mettra son talent en avant.

Affectifs ou Cognitifs ?

	ACTEURS	POPULATION MASCULINE DE RÉFÉRENCE	ACTRICES	POPULATION FÉMININE DE RÉFÉRENCE
Affectifs	50 %	56 %	67 %	53 %
Cognitifs	50 %	44 %	33 %	47 %

Les actrices seraient psychologiquement plus fragiles que les femmes qui constituent la population de référence. En revanche, les acteurs sont nettement plus ambitieux que les autres hommes.

Peut-on inférer un manque d'ambition chez les actrices comparativement à leurs collègues masculins ? Et s'il s'agissait d'une différence en nombre d'acteurs masculins en regard du nombre d'actrices ? Vous remarquerez que, dans la plupart des séries américaines ou françaises, le nombre d'acteurs est plus élevé que celui des actrices. La concurrence entre acteurs est donc plus forte que chez les actrices dont la carrière est plus souvent soumise à des critères plastiques que chez les hommes. La capacité d'achèvement des acteurs et autres animateurs TV est la qualité qui fait leur force et le gage de leur succès.

Introvertis ou Extravertis ?

	ACTEURS	POPULATION MASCULINE DE RÉFÉRENCE	ACTRICES	POPULATION FÉMININE DE RÉFÉRENCE
Introvertis	52 %	45 %	43 %	35 %
Extravertis	48 %	55 %	57 %	65 %

Les acteurs sont évidemment plus centrés sur leur nombril que l'homme de la rue. Idem en ce qui concerne les actrices, bien qu'elles conservent une majorité Extravertie inférieure de 8 % à la majorité Extravertie féminine de la population de référence. Que peut-on en déduire grossièrement ?

Que les profils Narcissiques et Créatifs masculins ont plus de chances de réussir dans ces métiers médiatisés que les autres profils. On ne retrouve pas ces deux profils chez les actrices qui sont majoritairement Idéalistes, comme la majorité des femmes de la population de référence. Comme nous le voyons, en matière de célébrité, les hommes ne fonctionnent pas du tout comme les femmes.

Une étude homogène : les pratiquants d'une salle de sport à Amboise

Tableau comparatif des profils hommes et femmes pratiquant un sport en salle

PROFIL	NOMBRE DE FEMMES	NOMBRE D'HOMMES	POURCENTAGE DE FEMMES	POURCENTAGE D'HOMMES
Narcissique	4	3	6 %	5 %
Challenger	16	10	22 %	17 %
Créatif	3	3	4 %	5 %
Tribal	5	9	7 %	16 %
Cartésien	9	1	12 %	2 %
Relationnel	12	13	16 %	23 %
Sensitif	5	5	7 %	9 %
Idéaliste	19	13	26 %	23 %
Total	73	57	100	100

Population globale étudiée : 130 individus
Répartition sexuelle : 57 hommes/73 femmes

J'ai choisi d'arrondir les pourcentages pour ne pas rendre rébarbative la lecture du tableau.

Qu'il s'agisse de l'un ou de l'autre sexe, les trois profils majoritaires sont identiques, à savoir Challenger + Relationnel + Idéaliste. Dans les deux cas, ils représentent 63/64 % de la population étudiée.

La disproportion entre hommes et femmes de profil Cartésien ne s'explique pas. Le fait qu'il y ait peu de Narcissiques dans ce genre de salle de fitness est en soi surprenant. Créatifs et Sensitifs ne sont pas de grands amateurs de sculpture du corps.

Si je rassemble les deux sexes, soit une population totale de 130 individus :

Tableau comparatif des personnes pratiquant un sport en salle, tous sexes confondus

PROFILS	NOMBRE	POURCENTAGE
Narcissique	7	5 %
Challenger	26	20 %
Créatif	6	5 %
Tribal	14	11 %
Cartésien	10	8 %
Relationnel	25	19 %
Sensitif	10	8 %
Idéaliste	32	24 %
Total	130	100

Majorité de Challenger + Relationnel + Idéaliste. Rien ne change, toujours 64 % de la population globale.

Les propriétaires de la salle sont respectivement Sensitif (Pascal) et Challenger (Marie, son épouse).

Quel est l'intérêt que l'on peut retirer d'une étude de ce type ?

Sachant que la population majoritaire (64 %) est représentée par trois profils sur les huit, il serait profitable d'axer la promotion de cette salle en direction de ces trois profils privilégiés. Comment ? En utilisant un vocabulaire spécifique qui éveillera les émotions des profils-cibles recherchés. Le Relationnel ne réagit pas aux mêmes termes que le Cartésien, le Tribal n'adhère pas aux mêmes valeurs verbales que le Challenger, etc. Chaque profil a son mode de transmission et un vocabulaire privilégié qui touche ses émotions.

Ce que je viens d'énoncer est une vision inédite de la transmission du message en fonction du profil de l'individu. Nous avons tous nos termes privilégiés à l'insu de notre conscience. Il suffit d'écouter les gens parler pour deviner, peu ou prou, leur manière de fonctionner en société. Les refrains gestuels génériques représentent évidemment un raccourci redoutablement efficace pour affiner la teneur émotionnelle du message.

Par exemple, imaginons les qualificatifs « utile, nécessaire et indispensable » ; ils appartiennent tous trois au même registre sémantique. Cependant, ils toucheront les émotions de trois profils distincts :

— l'adjectif « utile » sera privilégié par le Narcissique, car il y associe le terme agréable ;

— le terme « nécessaire » est un mot de Créatif pur et dur, car ce dernier allie toujours les adjectifs « nécessaire et suffisant » ;

— enfin, l'« indispensable » est typiquement Cartésien. Ce qui est indispensable est impérissable.

Quelle est la différence entre les verbes vouloir, pouvoir, croire, dire, faire, penser, (res) sentir, voir, aller et essayer ?

L'Idéaliste croit que c'est vrai ou non.
Le Cartésien pense qu'il faut agir.
Le Sensitif sent, ressent, pressent.
Le Créatif fait en paroles ou en actes.
Le Tribal va essayer de le faire.
Le Relationnel dit ou se dit qu'il faudrait le faire.
Le Challenger veut pouvoir le faire.
Le Narcissique voit ce qu'il faut faire.

Une étude hétérogène

Étude réalisée sur un total de 2 152 observations coiffant les trois refrains gestuels invariables génériques sur une population des deux sexes et sans distinction d'âge.

Hommes.

OFFENSIF (OFF)	DÉFENSIF (DEF)	AFFECTIF (AF)	COGNITIF (COG)	INTROVERTI (INTRO)	EXTRAVERTI (EXTRA)
35 %	65 %	56 %	44 %	45 %	55 %

Femmes.

OFFENSIVE (OFF)	DÉFENSIVE (DEF)	AFFECTIVE (AF)	COGNITIVE (COG)	INTROVERTIE (INTRO)	EXTRAVERTIE (EXTRA)
37 %	63 %	53 %	47 %	35 %	65 %

— Quels sont les enseignements que nous pouvons tirer de ces résultats ?

Offensif ou défensif ?

L'équilibre sociétal OF/DEF correspond à 45/55 %[1], soit un malus de 10 % pour la population masculine et 8 %

1. Cette proportion a été justifiée p. 43.

chez le groupe féminin. Trop de Défensifs inhibe le progrès socio-économique d'une nation et bloque la volonté des réformes. Plus les Défensifs sont majoritaires, plus ils sont contestataires et accrochés à leurs privilèges comme des moules à leur rocher. Les grévistes de la SNCM marseillaise étaient défensifs à plus de 70 %.

Affectif ou Cognitif ?

L'équilibre AF/COG est de 50/50[1].

Les résultats obtenus pour le groupe féminin de référence (53/47) se rapprochent plus de cet équilibre que ceux obtenus chez les hommes (56/44). Les femmes sont aujourd'hui plus ambitieuses que leurs compagnons, plus enclines à s'inscrire dans un projet social commun qui exigerait des sacrifices. Ce qui explique en partie l'émergence des femmes en politique.

Introverti ou Extraverti ?

L'équilibre IN/EX est de 33/67 ![2]

L'égocentrisme masculin (45 % d'Introvertis) est avéré (45/55). Les femmes sont l'élément relationnel et social du genre humain. Elles ont un sens de la communication sociale ou interpersonnelle qui manque aux hommes (35/65).

Plus Offensives, plus Cognitives et plus Extraverties : cela signifie que les femmes ont un sens du défi qui fait défaut à des messieurs du XXIe siècle.

Les vrais Challengers, ce sont elles ! Et ce constat est « incontournablement » objectif puisqu'il se fonde sur des refrains gestuels visibles et repérables par le premier venu.

---

1. Proportion justifiée p. 53.
2. Proportion justifiée p. 69.

Tableaux de compatibilités émotionnelles interpersonnelles

Ces tableaux sont théoriques et ne sauraient représenter la majorité des cas de figure. Les valeurs reprises le sont à titre indicatif. Je vous remets en mémoire le cas de figure d'une élection politique ou du choix d'une idole, cas de figure qui ne répond pas aux mêmes règles de résonance émotionnelle puisqu'il s'agit alors d'un mode d'identification par projection.

TRIBAL	OFFENSIF	AFFECTIF	EXTRAVERTI	COEFF.
Cartésien	Défensif	Cognitif	Introverti	3
Idéaliste	Défensif	Affectif	Extraverti	1
Narcissique	Offensif	Cognitif	Introverti	2
Créatif	Offensif	Affectif	Introverti	1
Sensitif	Défensif	Affectif	Introverti	2
Relationnel	Défensif	Cognitif	Extraverti	2
Challenger	Offensif	Cognitif	Extraverti	1

IDÉALISTE	DÉFENSIF	AFFECTIF	EXTRAVERTI	COEFF.
Challenger	Offensif	Cognitif	Extraverti	2
Relationnel	Défensif	Cognitif	Extraverti	1
Narcissique	Offensif	Cognitif	Introverti	3
Créatif	Offensif	Affectif	Introverti	2
Cartésien	Défensif	Cognitif	Introverti	2
Tribal	Offensif	Affectif	Extraverti	1
Sensitif	Défensif	Affectif	Introverti	1

SENSITIF	DÉFENSIF	AFFECTIF	INTROVERTI	COEFF.
Créatif	Offensif	Affectif	Introverti	1
Narcissique	Offensif	Cognitif	Introverti	2
Challenger	Offensif	Cognitif	Extraverti	3
Relationnel	Défensif	Cognitif	Extraverti	2
Idéaliste	Défensif	Affectif	Extraverti	1
Tribal	Offensif	Affectif	Extraverti	2
Cartésien	Défensif	Cognitif	Introverti	1

CRÉATIF	OFFENSIF	AFFECTIF	INTROVERTI	COEFF.
Narcissique	Offensif	Cognitif	Introverti	1
Cartésien	Défensif	Cognitif	Introverti	2
Challenger	Offensif	Cognitif	Extraverti	2
Tribal	Offensif	Affectif	Extraverti	1
Idéaliste	Défensif	Affectif	Extraverti	2
Sensitif	Défensif	Affectif	Introverti	1
Relationnel	Défensif	Cognitif	Extraverti	3

NARCISSIQUE	OFFENSIF	COGNITIF	INTROVERTI	COEFF.
Challenger	Offensif	Cognitif	Extraverti	1
Relationnel	Défensif	Cognitif	Extraverti	2
Sensitif	Défensif	Affectif	Introverti	2
Tribal	Offensif	Affectif	Extraverti	2
Créatif	Offensif	Affectif	Introverti	1
Idéaliste	Défensif	Affectif	Extraverti	3
Cartésien	Défensif	Cognitif	Introverti	1

CARTÉSIEN	DÉFENSIF	COGNITIF	INTROVERTI	COEFF.
Challenger	Offensif	Cognitif	Extraverti	2
Idéaliste	Défensif	Affectif	Extraverti	2
Sensitif	Défensif	Affectif	Introverti	1
Tribal	Offensif	Affectif	Extraverti	3
Créatif	Offensif	Affectif	Introverti	2
Narcissique	Offensif	Cognitif	Introverti	1
Relationnel	Défensif	Cognitif	Extraverti	1

CHALLENGER	OFFENSIF	COGNITIF	EXTRAVERTI	COEFF.
Idéaliste	Défensif	Affectif	Extraverti	2
Narcissique	Offensif	Cognitif	Introverti	1
Sensitif	Défensif	Affectif	Introverti	3
Tribal	Offensif	Affectif	Extraverti	1
Créatif	Offensif	Affectif	Introverti	2
Cartésien	Défensif	Cognitif	Introverti	2
Relationnel	Défensif	Cognitif	Extraverti	1

RELATIONNEL	DÉFENSIF	COGNITIF	EXTRAVERTI	COEFF.
Idéaliste	Défensif	Affectif	Extraverti	1
Narcissique	Offensif	Cognitif	Introverti	2
Sensitif	Défensif	Affectif	Introverti	2
Tribal	Offensif	Affectif	Extraverti	2
Créatif	Offensif	Affectif	Introverti	3
Cartésien	Défensif	Cognitif	Introverti	1
Challenger	Offensif	Cognitif	Extraverti	1

Interprétation des coefficients

0 : Il existe un coefficient 0 pour les clones gestuels (deux profils identiques). Peuvent-ils s'accorder ? Bien évidemment car ils sont identiques. Le degré d'adaptation de ce genre de couple sera souvent conflictuel au bout du compte. Deux personnes qui réagissent de manière identique ne peuvent s'enrichir mutuellement sur une longue distance.

A contrario, s'il s'agit d'adhérer au programme d'un homme politique, d'apprécier le talent d'un artiste, de supporter un sportif, l'identification est en miroir, elle joue sur la ressemblance des profils entre des individus, virtuels l'un pour l'autre.

1 : Le coefficient 1 est satisfaisant. Tout dépend des refrains gestuels clones. Deux Offensifs se heurteront inévitablement en cas de conflit ; deux Défensifs feront du surplace. Deux Cognitifs se confronteront et seront en concurrence frontale, mais ne seront pas rentables ; deux Affectifs feront des étincelles. Deux Introvertis s'adresseront la parole sur le mode du double monologue tandis que deux Extravertis s'entendront malgré leurs similitudes.

2 : Le coefficient 2 est idéal ! Par exemple : un Créatif et une Idéaliste représentent le couple idée-application, parole-écoute, ils se complètent en presque tout sauf au niveau de la gestion des émotions, ce qui provoquera quelques orages de temps à autre.

3 : Le coefficient 3 est le couple passionnel. Ça passe ou ça casse ! Mais si ça passe, c'est le Loto gagnant. Ce sont des équipiers antagonistes et complémentaires plus que parfaits. Le premier doit dominer et le second jouer les adjoints ou les *consiglieri*. Par exemple, si le coach qui vous drive dans un domaine spécifique est votre antagoniste complémentaire, vous retirerez un bénéfice XXL de son enseignement. S'il est votre clone gestuel, vous aurez très vite l'impression de jeter votre argent par les fenêtres. Un couple antagoniste complémentaire du type patron-secrétaire est d'une efficacité redoutable, pour autant que la secrétaire aime son job… ou son boss (au sens large du terme, bien sûr). Que la secrétaire soit Challenger et le boss Sensitif ne pose aucun problème.

Par-delà les confirmations gestuelles, nos prédispositions caractérielles nous conditionnent instinctivement à nous allier avec des individus qui nous sont compatibles.

Schémas psychogestuels

La tribu Créative
Offensif affectif introverti

↓

Individualiste

↙ ↘

Initiateur — Intelligence empirique

La tribu Challenger
Offensif cognitif extraverti

↓

Indépendant

↙ ↘

Meneur — Intelligence fonctionnelle

La tribu Idéaliste
Défensif affectif extraverti

↓

Solidaire

↙ ↘

Révélateur — Intelligence sociale

La tribu Sensitive
Défensif affectif introverti

↓

Fusionnel

↙ ↘

Compassionnel — Intelligence Créative

La tribu Tribale
Offensif affectif extraverti

↓

Autonome

↙ ↘

Fédérateur — Intelligence interpersonnelle

La tribu Relationnelle
Défensif cognitif extraverti

Consensuel

Coordinateur/régulateur — Intelligence pratique

La tribu Narcissique
Offensif cognitif introverti

Excentré

Animateur — Intelligence spéculative

La tribu Cartésienne
Défensif cognitif introverti

Dépendant du groupe

Coordinateur/régulateur — Intelligence logique

Références bibliographiques

Christophe ANDRÉ, François LELORD, *L'Estime de soi*, Odile Jacob, 1999

Christophe ANDRÉ, *Vivre heureux. Psychologie du bonheur*, coll. « Poches Odile Jacob », Odile Jacob, 2004

Maurice AUROUX, *L'Ambiguïté humaine*, Buchet/Chastel, 1985

Léon CHERTOK, *Hypnose et suggestion*, coll. « Que sais-je ? », PUF, 1993

Noam CHOMSKY, *Le langage et la pensée*, coll. « Petite bibliothèque Payot », Payot, 2001

Robert CIALDINI, *Influence et manipulation*, First Éditions, 2004

Boris CYRULNIK, *Un merveilleux malheur*, coll. « Poches Odile Jacob », Odile Jacob, 2002

Erich FROMM, *Le Cœur de l'homme*, coll. « Petite bibliothèque Payot », Payot, 2002

Daniel GOLEMAN, *L'Intelligence émotionnelle*, Volumes 1 et 2, Robert Laffont, 1999

Carl G. JUNG, *L'Homme à la découverte de son âme*, Albin Michel, 1994

Henri LABORIT, *L'Inhibition de l'action*, Masson, 1986

Daniel LACOTTE, *Le Pourquoi du comment*, Albin Michel, 2004

Jean LERÈDE, *Qu'est-ce que la suggestologie ?*, coll. « Regard », Privat, 1980

Jean LERÈDE, *Les Troupeaux de l'aurore*, Éd. de Mortagne, 1990

Desmond MORRIS, *Magie du corps*, Grasset, 1986

Desmond MORRIS, *La Clé des gestes*, Grasset, 1979

Desmond MORRIS, *Le Singe nu*, Livre de Poche, 2004

Vance PACKARD, *La Persuasion clandestine*, coll. « Liberté de l'esprit », Calmann-Lévy, 1989

David SERVAN-SCHREIBER, *Guérir*, coll. « Réponses », Robert Laffont, 2003

SIRIM (Société internationale de recherche interdisciplinaire sur la maladie), *Alors survient la maladie*, Empirika, 1983

Adam SMITH, *Les Cosmonautes de l'inconscient*, coll. « Réponses », Robert Laffont, 1976

Jean-Didier VINCENT, *Le Cœur des autres*, J'ai lu, 2005

Bibliographie de l'auteur

Aux Éditions Flammarion

En collaboration avec Caroline Messinger

Les mots qui polluent, les mots qui guérissent (2005)
Ne leur dites jamais..., (2005)
Dis ! Maman ! Pourquoi on peut pas dire merde ? (2007)

De Joseph Messinger

La Grammaire des gestes (2006)
Les gestes des politiques (2007)

Chez First Éditions

Le sexe des gestes (2007)
Les mots qui vous trahissent (2007)
Le décodeur gestuel (2006)
Ces objets qui vous trahissent (2005)
Le Langage psy du corps (2004)
Les Gestes du succès, les mots de la réussite (2004)
Ces gestes qui vous séduisent (2004)
Ces gestes qui manipulent, ces mots qui influencent, (Éditions 2003 & 2006)
Le Sens caché de vos gestes, Éditions 2002 & 2007
Ces gestes qui vous trahissent, Éditions 1994-1999-2001-2005
Les Gestes de la vie professionnelle (1997)
Les Gestes de la séduction (1995)
Les Étonnants Pouvoirs de l'énergie positive (1993)

Table des matières

Deuxième partie
Les combinaisons de base

TROISIÈME PARTIE
Les tribus psychogestuelles

QUATRIÈME PARTIE
Résonances et dissonances émotionnelles

Cinquième partie
Les profils mutants

Annexes

Bienêtre

Composition : NORD COMPO
Achevé d'imprimer en Espagne
par Black Print CPI
le 7 novembre 2011.
1er dépôt légal dans la collection : février 2008.

Éditions J'ai lu
87, quai Panhard-et-Levassor, 75013 Paris
Diffusion France et étranger : Flammarion